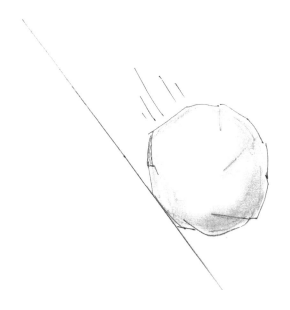

© Verlag KOMPLETT-MEDIA GmbH
2016, München/Grünwald
www.der-wissens-verlag.de
ISBN Print: 978-3-8312-0426-7
ISBN ebook: 978-3-8312-5766-9

Design Cover: Heike Collip, Pfronten
Druck und Bindung: CPI Books, Ulm
Satz: Pinsker Druck und Medien, Mainburg
Printed in Germany

DAS LÄCHELN DES SISYPHOS

vom Wissen zur Weisheit

Ray Müller

Vorwort

Stellen Sie sich vor, Sie sitzen in einem Biergarten. Die Sonne scheint, es ist ein idyllischer Tag unter weiß-blauem Himmel. Plötzlich fällt ihr Blick auf das Bierglas. Hektisch schwimmt eine Fliege auf der hellen Flüssigkeit. Für das Insekt eine Situation von Leben und Tod. Wird ihr Finger sie retten? Nach ein paar Sekunden treffen Sie eine Entscheidung.

Erschöpft krabbelt die Fliege noch kurz über ihre Fingerspitze, dann fliegt sie weg.

Wohin? In die Freiheit.

In solchen Momenten können uns eigenartige Gedanken kommen. Ist unser Leben nicht manchmal ähnlich? Auch wir strampeln uns ab, um den Anforderungen im Beruf und in der Familie nachzukommen. Nur um dann irgendwann abzutreten. Doch wir können auf keinen Finger hoffen, der uns aus der Tretmühle emporhebt und wieder in die Luft entschweben lässt.

Langsam zerfallen die Schaumblasen im Bierglas. In den Bäumen singt ein Vogel. Er macht in jedem Augenblick, was er will. Jetzt singt er, dann fliegt er weiter.

Gibt es auch für uns, die wir ja so viel mehr sind als ein Vogel oder eine Fliege, einen Weg in die Freiheit?

Und wenn ja, welchen?

Dieser Frage wollte ich nachgehen. Zugleich suchte ich die Antwort auf eine andere Frage, die mich ebenso beschäftigte: Gibt es im Zeitalter von Google, wo fast alles Wissen auf Knopfdruck zur Verfügung steht, noch das, was man früher Weisheit nannte? Wenn ja, was versteht man darunter?

Es wurde eine geistige Reise in unterschiedlichste Regionen. Sie hat mir neue Perspektiven eröffnet und mich immer wieder zu erstaunlichen Erkenntnissen geführt. Diese möchte ich gerne mit Ihnen teilen.

Die meisten von uns glauben, freie Menschen zu sein. Doch von welcher Freiheit reden wir? Zwar können wir grenzenlos reisen und grenzenlos konsumieren, aber was wird aus unserer Sehnsucht, unseren Wünschen und Träumen? Wenn wir ehrlich sind, müssen wir zugeben: Wir können selten leben, wie wir möchten. Materielle oder familiäre Zwänge engen uns ein, doch oft sind wir uns selbst das größte Hindernis. Warum ist das so und wie können wir das ändern?

In diesem Buch geht es um Barrieren und Grenzen, um die unsichtbaren Fesseln, die unser Leben einschränken, oder das, was wir dafür halten. Dass es diese Grenzen gibt, wissen wir. Sonst wäre ja alles möglich. Wer könnte das schon von sich behaupten?

Um zu sehen, wie klein der Spielraum für viele von uns ist, müssen wir nur hier, in einem der reichsten Länder der Welt, um 8 Uhr früh mit der U-Bahn fahren. Ein Blick auf die missmutigen Gesichter der Leute genügt. Sehen so Menschen aus, deren Leben reich ist – an Möglichkeiten oder Freude? Woran mag das liegen?

Diese Frage habe ich mir oft gestellt.

Die Antwort ruht in uns selbst.
Machen wir uns also auf die Suche nach ihr.

Dies ist das Thema dieses Buchs.

Im ersten Teil, ein eher unbeschwerter Spaziergang, wenden wir uns den Problemen unseres Alltags zu. Stellen unsere täglichen Sorgen und Ängste eine Notwendigkeit dar oder könnten wir uns von ihnen befreien? Wie steht es mit unseren Gefühlen? Sind wir Ihnen hilflos ausgeliefert, sind Schmerz und Leid etwas, das wir stumm ertragen müssen, oder können wir lernen, damit anders umzugehen? Vor allem dann, wenn wir der großen Herausforderung des Lebens begegnen – dem Tod. Vielleicht ist dieser ganz anders, als wir vermuten.

Dies führt uns zum zweiten Teil. Jetzt wird unser Weg steiler und mühsamer, aber dafür weitet sich auch der Blick.

Hier geht es vor allem um Wissenschaft und Spiritualität. Wir werden die letzten und tiefsten Fragen berühren, die sich Menschen seit Beginn der Zeiten gestellt haben. Wenn Sie jetzt bei dem Begriff „Spiritualität" allerdings irritiert den Kopf geschüttelt haben, kann ich das gut verstehen. Auch ich bin gegen das Wort allergisch, es wird im Umfeld der Esoterik für die unsinnigsten Vorstellungen missbraucht. Leider gibt es kein anderes. Doch uns geht es nicht um abgehobene Spekulationen. Wir versuchen, unsere Position im Universum mit dem gesunden Menschenverstand zu betrachten, vor allem die alte Dualität von Materie und Geist, die sich im Laufe unserer Untersuchung auflösen wird.

Dazu müssen wir wissen, was diese Materie ist, aus der wir und der ganze Kosmos bestehen. Schon bald werden wir feststellen, dass die meisten von uns ein Weltbild vertreten, das längst überholt ist. Die moderne Physik hat uns radikal neue Einblicke geliefert, die die Basis unserer Existenz neu definieren. Hinter den Kulissen der uns angeblich so vertrauten Welt lauert eine Realität voller Geheimnisse, ganz anders als die, die wir zu kennen glauben. Der Versuch, in die geistigen Labyrinthe der Quantenphysik vorzudringen, wird uns an die Grenzen unseres Denkens bringen. Dort erwarten uns Erkenntnisse, die ebenso aufregend wie haarsträubend sind.

Von der Physik zur Metaphysik ist es dann nur noch ein kleiner Schritt, vor allem unter dem Blickwinkel fernöstlicher Philosophien. Die Parallelen zwischen den Aussagen von Physikern und denen großer spiritueller Meister sind erstaunlich. Sie zeigen uns, Physik und Metaphysik sind keine Gegensätze, auch wenn sie von den meisten Menschen immer noch so gesehen werden.

Dagegen hat sich schon Einstein gewehrt:

Religion und Naturwissenschaft – sie schließen sich nicht aus, wie manche heutzutage glauben und fürchten, sondern sie ergänzen und bedingen einander. (1)

Dass er damit nicht die Dogmen der Kirche meinte, versteht sich von selbst.

Der Blick auf die Geheimnisse der Physik kann den Raum öffnen für die spirituelle Dimension des Universums. Viele Menschen lehnen diese vehement ab, da sie mit dem Begriff Religion nichts mehr anfangen können. Deshalb müssen wir uns fragen: Existiert diese spirituelle Ebene überhaupt oder ist sie ein Relikt vergangener Jahrhunderte?

Macht Metaphysik im 21. Jahrhundert noch Sinn?

Wenn ja, was verstehen wir darunter?

Das Wissen um die Wurzeln unserer Existenz und die kleinsten Bausteine der Materie (die es, wie wir sehen werden, letztlich gar nicht gibt) könnte unsere Vorstellung von der Welt radikal verändern. Dies wiederum kann uns helfen, den Sinn unseres Daseins neu zu definieren. Erst dann leben wir unser volles Potential, erst dann sind wir wirklich frei.

Und erst dann haben wir vielleicht eine letzte Chance, die Probleme, die auf uns und diesen Planeten zukommen, doch noch zu lösen.

Zwar werden wir auch weiterhin wie Sisyphos unseren schweren Felsen den Berg hoch wuchten, aber vielleicht werden wir dabei lächeln - und eines Tages erkennen, es gibt keinen Fels und keinen Berg.

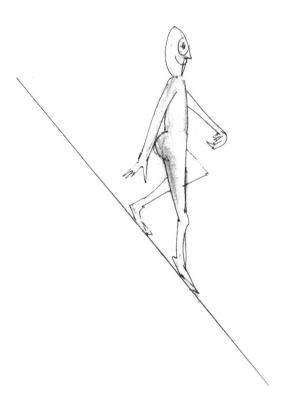

Inhaltsverzeichnis

Inhaltsverzeichnis

I) IM GEFÄNGNIS DES ALLTAGS

Für jeden von uns sind die Grenzen seines Denkens die Grenzen seiner Welt. Was das betrifft, leben die meisten Menschen in einer winzigen Kammer, halten diese aber für ein beeindruckendes Gebäude. Ein bedauerlicher Irrtum, aber kein grundsätzlich neuer. Er ist ungefähr so alt wie die Menschheit. Schon Plato zeigt uns in seinem berühmten Höhlengleichnis, dass wir Menschen unser ganzes Leben in einer dunklen Höhle verbringen, nämlich dort wo uns unser Denken gefangen hält. Kläglich sitzen wir all die Jahre ums Feuer gekauert. Was wir für die Wirklichkeit halten, sind nur unsere flackernden Schatten an der Wand. Mehr kennen wir nicht. Vor allem, da wir mit dem Rücken zum Ausgang der Höhle sitzen und uns nie umdrehen. Erst dann würde uns klar werden, dass wir in einem Gefängnis sitzen.

Dieser Text möchte Sie dazu einladen, sich umzudrehen.

Sind Sie nicht neugierig, wie aufregend es sein muss, plötzlich am Ausgang der Höhle zu stehen, mit blinzelnden Augen hinaus in die Welt zu blicken, zu sehen, wie sie wirklich ist?

Nun werden viele Menschen, die diese Zeilen lesen, keineswegs der Meinung sein, in einer Höhle zu leben. Sie sind erfolgreich, haben das Dasein gemeistert und ihr Leben im Griff. Ihnen kann man nichts erzählen von solchen Dingen, sie wussten immer schon, worauf es ankommt. Und wir anderen, die nicht so ganz Erfolgreichen, wir wussten es nicht?

In einer Welt scheinbar ohne materielle Grenzen, welche Generation hat solche Freiheiten genossen wie die heutige? Welche hat soviel erlebt, soviel gekauft, soviel gegessen?

Und dennoch, seien Sie ehrlich: Als die Kinder aus dem Haus waren. Ihr Mann von Termin zu Termin hetzte und Sie sich zu Hause täglich mehr gelangweilt haben, haben Sie sich da nie gefragt, ob das jetzt alles war in ihrem Leben? Was sollte denn jetzt noch kommen??

Oder die bewunderte Schauspielerin, ständig im Zentrum der Medienwelt – was ging in ihr vor, als sie auf dem Röntgenschirm den eigenen Brustkrebs beobachten konnte?

Wie war dem erfolgsverwöhnten Manager zumute, als sein Sohn tödlich verunglückte?

Was empfand die junge Millionenerbin, als sie erfahren musste, dass ihr schöner Körper mit Aids infiziert war?

Wahrscheinlich spüren die Menschen in solchen Augenblicken, wie der Boden unter ihren Füßen plötzlich ins Wanken gerät, obwohl sie glaubten, sie ständen unerschütterlich. Vielleicht kommen sie sogar für eine schreckliche Sekunde lang auf den Gedanken, sie stehen gar nicht auf festem Grund, sondern haben sich dies nur jahrelang eingebildet. In diesen Momenten wird uns klar: wenn der Druck nur groß genug ist, stürzen wir ins Bodenlose.

Und später, wenn wir uns aus dem Berufsleben verabschieden, vielleicht sogar verabschiedet werden, was kommt dann? Fragen wir uns da nicht manchmal: War das alles, mehr Geld zu verdienen als man ausgeben kann – und dann doch alt zu werden? Hilflos zusehen zu müssen, wie der Körper langsam verfällt? Die einen in einem trostlosen Heim, die anderen in einer Villa am See. Doch auch der neue Jaguar, die Finca in Mallorca, die Yacht in der Karibik, das geheime Konto in Zürich, das alles kann die Menschen nicht retten, vor dem Verfall, vor der Einsamkeit.

Und die anderen, die grauen Unbekannten in den Versicherungen, in den Ämtern und Büros, die ihr Dasein dem Schreibtisch geopfert haben – war das wirklich alles, was erreichbar war in diesem Leben?

Vielleicht hätten wir doch mehr Möglichkeiten gehabt – wenn wir uns solche Fragen schon früher gestellt hätten, nicht erst unter dem Druck einer Krise.

Ein Unbekannter hat dieses Thema in einem Toilettengraffiti gnadenlos auf den Punkt gebracht:

Fernsehen – Fressen – Autofahren
Gibt es ein Leben vor dem Tod?

Vielleicht hat dieser Sprayer geahnt: Indem wir immer mehr konsumieren, Dinge, Länder oder Menschen, kommen wir dem Ausgang der Höhle nicht näher. Wir gehen nur immer weiter in ihr auf und ab. Wohin wir auch fahren, wie erfolgreich wir auch sind – unser Gefängnis nehmen wir immer mit, denn es ist in unserem Kopf. Genauer gesagt, in unserem Verstand, dem treuesten Verbündeten, den wir zu haben glauben, mit dem wir so gerne grübeln über die Welt und wie ungerecht es darin zugeht. Doch das bringt uns leider nicht weiter.

Vielleicht haben wir uns manchmal sogar Fragen über den Sinn unseres Daseins gestellt, aber keine Antwort gefunden. Das sollte uns nicht wundern, denn wir haben die Antworten mit unserem Verstand gesucht – innerhalb unseres Verstands. Das klingt nicht nur merkwürdig, es funktioniert auch nicht.

Wir haben aber doch nichts anderes als unser Denken, könnte man einwenden. Ich möchte Sie einladen, mit mir nach dem Anderen zu suchen. Es könnte uns zum Ausgang der Höhle führen.

1) Sind wir intelligente Wesen?

Worauf wir Menschen am meisten stolz sind, ist unser Intellekt. Schließlich unterscheidet er uns vom Tier. Wir haben ihn so weit entwickelt, dass wir unseren Planeten mit einem Schlag vernichten könnten. Nicht nur einmal, sondern hundertfach. Andererseits hat uns der Verstand auch sinnvollen Fortschritt ermöglicht. Die Bilanz unserer wissenschaftlichen Leistungen ist beeindruckend, unsere Gier nach immer mehr (Leistung, Geld, Macht) ebenso. Zwar lebt ein Großteil der Menschen auf diesem Globus unter menschenunwürdigen Bedingungen, aber der kleinen Minderheit, zu der wir uns auf Grund einer Laune des Zufalls in Europa zählen können, mangelt es an nichts.

Auch an Verstand mangelt es nicht. Immerhin denken auf der Erde über 7 Milliarden Gehirne. Mit welchem Ergebnis?

In einem endlichen System (unserer Biosphäre) unbeschränktes Wachstum zum einzig möglichen Wirtschaftssystem zu erklären ist Wahnsinn, aber diesem Wahnsinn folgen wir blind. Brutaler Gewalt ebenso. Seit Ende des 2. Weltkriegs gab ca 300 weitere Kriege („bewaffnete Konflikte") mit 30 Millionen Toten, viele davon Frauen und Kinder. Jeden Tag sterben 100 000 Menschen an Hunger. Das interessiert leider nur wenige. Der Raubbau an unseren Ressourcen geht ungezügelt weiter, die Klimakatastrophe, die unsere Zivilisation vernichten könnte, scheint nur noch eine Frage der Zeit zu sein.

Die globalen Perspektiven sind also eher düster. Bei all dem, was Menschen sich und diesem Planeten antun, weiß niemand, ob unsere Spezies langfristig überleben wird.

Irgendetwas scheint mit uns also nicht zu stimmen. Was könnte das sein? Hat unser Gehirn einen schwerwiegenden Defekt?

Evolutionsbiologen wissen darauf keine eindeutige Antwort. In unseren Genen scheint tatsächlich eine erstaunliche Rücksichtslosigkeit verankert zu sein. Unaufhaltsam streben wir nach persönlichen Vorteilen und machen alles nieder, was sich uns in den Weg stellt, auch unsere Artgenossen. Früher, als wir noch im Lendenschurz durch die Wälder zogen, mag das eine Haltung gewesen sein, die uns das Überleben sicherte. Doch inzwischen haben wir Felle und Keulen abgelegt und wissen um die komplexe Interaktion zwischen Lebewesen und ihrer Biosphäre. Unser Verhalten aber ändern wir nicht.

Sind wir eine Fehlkonstruktion? Möglicherweise.

Im Lauf der Evolution hat der Mensch zwar vieles gelernt, doch vielleicht ist er von Natur aus gar nicht im Stande, sein genetisches und psychisches Programm zu zügeln oder gar zu ändern. (2)

Unser größtes Defizit scheint unser Unvermögen zu sein, auf zukünftige Katastrophen rechtzeitig, also jetzt, zu reagieren.

Wenn unsere Vorfahren von einem Tier oder einem menschlichen Gegner bedroht wurden, schwangen sie die Keule, um sich zu verteidigen. Sie hätten diese Keule aber nicht erhoben, wenn man ihnen gesagt hätte, der Feind würde erst in zwei Wochen auftauchen. Wir handeln also auf Grund einer aktuellen Bedrohung, zukünftige Gefahren lassen uns kalt. So verhalten wir uns auch heute noch wie Neandertaler. Niemand kommt auf die Idee, das Autofahren jetzt zu reduzieren, damit die übernächste Generation noch Luft zum Atmen hat.

Anscheinend sind wir nicht im Stande zu reagieren, so lange die Katastrophe, so gewaltig sie auch sein mag, nicht unmittelbar vor uns steht. Was tun? Können wir uns umprogrammieren, um unser Bewusstsein auf eine höhere Stufe zu bringen? Davon könnte unsere Zukunft abhängen.

Viele von uns scheinen sich damit zufrieden zu geben, ihr Leben mit dem Privileg grenzenlosen Konsums oder mit Vergnügungen aller Art zu verwirklichen.

Gibt es Alternativen? Woran sollen wir im Zeitalter des globalen Turbokapitalismus überhaupt noch glauben – an Aktienkurse?

Wir werden die großen Probleme der Menschheit nicht lösen können, bevor wir uns nicht genauer ansehen, was das eigentlich ist – ein Mensch und sein Bewusstsein. Schließlich schaffen wir uns nicht nur in der äußeren Welt immer größere Probleme, auch in unserem Innenleben machen wir wenig Fortschritte. Trotz ungeahnter materieller Errungenschaften scheint unser Alltag mit all seinen Sorgen und Ängsten immer noch nicht besser zu funktionieren.

Die Schwierigkeit, die uns im Laufe dieser Überlegungen begleiten wird, ist eine Grundsätzliche. Was immer wir denken, wir können es nur innerhalb der Grenzen unseres Verstands. Wenn wir über ihn selbst nachdenken wollen, müssen wir Distanz zu ihm schaffen, ihn zum Objekt unserer Beobachtung machen. Damit versuchen wir, mit dem Denken über das Denken nachzudenken.

Dies scheint nicht möglich zu sein. Schon bei der Vorstellung, aus unserem Verstand herauszutreten und irgendwo außerhalb einen neuen Standpunkt einzunehmen, sträuben sich uns die Haare.

Doch wenn wir wirklich frei werden und einen Blick auf den Ausgang der Höhle werfen wollen, müssen wir es versuchen.

2) Der Mensch als Opfer – d e s   V e r s t a n d s

Diese Behauptung klingt merkwürdig, denn so fühlen wir uns nicht. Im Gegenteil, wir sind sehr stolz auf unsere Intelligenz. Wer kommt schon auf den Gedanken, dass Gedanken in gewissen Situationen eine Bürde sein können, der Verstand eine Last?

Sehen wir uns näher an, was wir darunter verstehen. *Cogito ergo sum* war das Motto der Aufklärung: „Ich denke, also bin ich." Dies bedeutet, dass unser ganzes Sein vom Denken bestimmt wird. Bis heute glauben wir das immer noch. So leben wir dann auch, Kopfgeburten auf zwei Beinen. Wir sind, was wir denken. Doch wer sich die Mühe macht, sein Bewusstsein zu beobachten, wird feststellen, dass er keine Kontrolle hat über sein Denken. Solange wir uns nicht auf eine bestimmte Sache konzentrieren, kommen und gehen Gedanken wie sie wollen.

Wer oder was denkt in uns also?

Das Gehirn, eine gallertartige Masse, ist ein außerordentlich raffiniert strukturierter biochemischer Organismus. Er besteht aus vielen ineinander vernetzten Untersystemen, die beständig interaktiv reagieren: In unserem Hirn arbeiten 100 Milliarden Neuronen, jede etwa 10 000 mal verknüpft mit 50 verschiedenen Arten von Synapsen. Die Komplexität dieser biologischen Schaltkreise überbietet jeden Computer und stellt unserem Geist Kombinationsmöglichkeiten zur Verfügung, die ins Unendliche gehen.

Schätzungen lassen vermuten, dass die Zahl der dynamischen Zustände, die durch die Wechselwirkung von 10^{11} Nervenzellen erzeugt werden können, die Zahl der Atome im Universum bei *weitem übersteigt.* (3) Die Vielzahl der Prozesse, die im Gehirn ablaufen, ist bis heute noch nicht endgültig erforscht. Eben startet eines der ehrgeizigsten und aufwendigsten Wissenschaftsprojekte aller Zeiten, das sogenannte *Brain-Activity-Map* Projekt. (B.A.M.). Das Mammutprogramm, das von zahlreichen öffentlichen und privaten Organisationen finanziert wird, will die Aktivität jedes einzelnen Neurons im Gehirn untersuchen. Das wird Jahre dauern und was das Ergebnis bringen wird, ist noch völlig offen.

Doch uns geht es nicht um die Architektur neuronaler Systeme. Wir wollen verstehen, warum wir tun, was wir tun, auch wenn es manchmal unsinnig ist.

Wie funktionieren zum Beispiel unsere Augen?

Pupillen sind Photolinsen, die Photonen, also Licht einlassen. Von den 80 Oktaven elektromagnetischer Schwingungen, die wir messen können, nehmen unsere Augen allerdings nur eine einzige (!) wahr. Die Information, die wir bekommen, ist also alles andere als vollständig. Dieser winzige Ausschnitt der Wirklichkeit wird dann zum Gehirn geschickt und dort zu einem Bild verarbeitet.

Hinter dieser schlichten Aussage verbirgt sich eine schockierende Tatsache: Wir können unsere Umwelt nie direkt wahrnehmen. Die Bilder, die wir sehen, werden von unserem Gehirn konstruiert. Das heißt nichts anderes als: Die Welt, die wir wahrnehmen, *machen wir uns selbst.* Wie die Realität tatsächlich aussieht, <u>werden wir nie wissen.</u> (4)

Was wir von der Welt sehen, hören, riechen, fühlen ist das, was wir selbst erschaffen.

Von einer „objektiven Wirklichkeit" zu sprechen, macht in diesem Zusammenhang keinen Sinn. Doch unser Gehirn stellt nicht nur die Welt dar, es speichert sie auch. Unsere Sinneseindrücke werden dort abgelegt wie in einem Archiv. Wenn wir denken, kombiniert der Verstand Teile des Archivs, setzt sie in anderer Konstellation neu zusammen, spielt mit Varianten, führt Hochrechnungen durch. Man könnte sich den Verstand als einen lebendigen Computer vorstellen, der alles speichert, was er bekommt und dann damit arbeitet oder spielt.

Was uns selten bewusst ist: Der Verstand braucht für seine Funktion die Zeit, d.h. die Vergangenheit. In der Praxis sieht das so aus: Wenn wir einem Problem gegenüberstehen, reagiert der Verstand wie jeder Archivverwalter auch: Er sucht nach Daten, die mit der Situation zu tun haben könnten, ruft also alle im Gehirn dazu gespeicherten Informationen auf. Mit diesen stellt er dann Vergleiche an, kombiniert sie neu und versucht, Lösungen vorzuschlagen. Doch hat dieses System einen Nachteil: Der Verstand reagiert auf etwas Neues fast immer *mit etwas Altem.* Denn er hat nichts anderes.

Deshalb sind wir so verblüfft, wenn in unserem Leben etwas ganz Unerwartetes geschieht, da fällt uns dann buchstäblich nichts mehr ein. Der Verstand findet in seinem Archiv keine Analogsituation, er kann nicht reagieren – bleibt also für einen Augenblick ruhig. Unser Denken steht still. Wir reagieren dann spontan, leicht und souverän, ohne den Ballast von alten Daten, Urteilen und Bewertungen.

Das kann auch passieren, wenn durch die unerwartete, oft auch intuitive Kombination verschiedenster Informationen im Gehirn plötzlich etwas Neues entsteht: Eine Erfindung, eine mathematische Formel, eine geniale Idee. In der Sekunde dieser Erkenntnis läuft eine Welle von Energie und Euphorie durch unseren Körper. Wir sind hellwach, kraftvoll und glücklich. Unser Verstand hat seine Arbeit getan, er schweigt. Jedenfalls denken wir ausnahmsweise nicht und wenn wir uns in diesem Moment beobachten, stellen wir fest, dass auch unser Ego verschwunden ist. Wir spüren eine ungewohnte Freiheit.

Dies sind privilegierte Momente, in denen wir nahe am Ausgang der Höhle sind, wo Leben zur Möglichkeit wird ohne Einschränkung.

(Ob diese tiefe Erkenntnis oder geniale Idee allerdings tatsächlich vom Gehirn produziert wird oder vielleicht aus dem Reservoir eines anderen Bewusstseinsraums stammt, werden wir noch untersuchen. 5)

Leider sieht unser Alltag meist anders aus. Euphorie und Glücksmomente sind selten. Sehen wir uns also an, was das heißt:

Ich habe einen Verstand.

In diesem einfachen Satz liegt eine große Sprengkraft. Wenn ich einen Verstand *habe*, dann ist dieser etwas, das ich beobachten kann und ist damit von mir getrennt. Zum Vergleich: Wenn ich ein Auto habe, ist dieses ein Gegenstand, über den ich verfügen kann. Niemand würde auf die Idee kommen, zu sagen *Ich bin mein Auto*.

Doch wenn es um unsere Gedanken geht, verhalten wir uns anders. Wir identifizieren uns vollständig mit ihnen. Wäre das nicht so, könnten wir den Verstand benützen, wenn wir ihn brauchen, wären also ihm nicht ausgeliefert. Da wir es aber sind, müssen wir seine Stärken und Schwächen kennenlernen.

Werfen wir noch einmal einen Blick auf unseren Satz: „Ich habe einen Verstand."

Wenn ich diesen Verstand habe, aber nicht bin – *wer oder was bin ich dann*? Bin ich mein Körper, meine Gefühle?

Was ist das überhaupt, dieses Unbekannte, das wir „Ich" nennen?

Wer vor einem Publikum steht und die Besucher fragt: „Wer sind Sie?" bekommt meist folgende Antwort:

„Ich heiße Brigitte Bauer, bin Angestellte, mein Mann ist bei der Allianz, ich habe zwei Kinder und ein Reihenhaus, das noch nicht abbezahlt ist."

Die Antworten ähneln sich, die Leute erwähnen stets, was sie *tun* und was sie *haben*, aber nicht was sie *sind*.

Diese Frage haben sie sich nie gestellt. Doch sie ist so alt wie die Menschheit.

Schon vor über 2000 Jahren stand auf dem Orakel in Delphi die Inschrift:

WER BIST DU?

Die Antwort darauf kann ein ganzes Leben dauern.

Zu allen Zeiten haben Philosophen die Maxime „Erkenne dich selbst" als Tor zur Erkenntnis betrachtet. Dabei geht es nicht um das „Ich" der Psychoanalyse. Diese spricht Ebenen des Bewusstseins und der Psyche an, die wir *haben*. Damit variieren wir nur das Problem, kommen ihm aber nicht näher.

Der indische Weise Ramana Maharshi stellte die Frage WER BIN ICH? in den Mittelpunkt seiner Ausführungen. Er riet seinen Schülern, sich selbst zu erforschen.

WER ist es, der dieses Bewusstsein hat, das Fragen stellt? (6)

Die Antwort darauf enthält ein tiefes Geheimnis. Es könnte uns zum Ausgang der Höhle führen.

Darauf kommen wir noch zurück. Sehen wir uns zuerst an, wie unser Verstand im Alltag funktioniert. Dabei geht es nicht um neurobiologische Details. Wir wollen uns bemühen, zunächst ohne wissenschaftliche Fachbegriffe auszukommen und den Spielraum zu nutzen, den uns der „gesunde Menschenverstand" zur Verfügung stellt.

Untersuchen wir also, was die Gedanken mit uns machen, solange s i e unser Leben bestimmen und nicht wir. Wer sich darüber klar ist, wie sehr Sorgen und Ängste unser Leben verdüstern, weiß, wovon wir sprechen. Die meisten von uns *haben* nämlich keinen Verstand, sondern *sind* ihr Verstand. Damit sind sie ihren Gedanken hilflos ausgeliefert.

VIDEO 1

Als Laotse die Schalterhalle der Chase Manhatten Bank in der Fifth Avenue betritt, werfen sich die beiden uniformierten Sicherheitsbeamten alarmierte Blicke zu. In gleichzeitigem Einverständnis legen sie die rechte Hand auf den Revolver am Gürtel, um sich zu vergewissern, dass die Welt noch in Ordnung ist. Verständlich, denn diese lange, hagere Gestalt, die gerade durch die Drehtür schreitet, ist nur in ein weißes Tuch gehüllt.

Dies ist auch in New York eine merkwürdige Erscheinung, vor allem im Winter.

Laotse hat seinen Motorradhelm unter den Arm geklemmt, aus dem Kopfhörer des Smartphone, der fast ganz unter den langen, schneeweißen Haaren verschwindet, dröhnen rhythmische Bässe. Ist es das merkwürdige Lächeln auf dem Gesicht des Alten, ist es der lange, weiße Bart, ist es die Ruhe in der Energie der Bewegung, irgendetwas macht die beiden Wachposten stutzig, ohne sie jedoch wirkliche Gefahr wittern zu lassen.

Laotse scheint weder das Erstaunen der Sicherheitsbeamten noch die neugierigen Blicke der vorbeieilenden Geschäftsleute zu bemerken. In seinen abgetretenen Sandalen wandelt er gemächlich über den eleganten Marmorboden der Schalterhalle, in der rechten Hand eine bunte Plastiktüte.

Der junge Mann mit der bunten Krawatte hinter Schalter 7 erlaubt sich einen höflich erstaunten Blick. Doch Laotse ist nicht in Eile. Gelassen nimmt er den Kopfhörer ab, legt das pinkfarbene Smartphone auf den Tisch, holt einen Double-Cheeseburger aus der Plastiktüte und beißt herzhaft hinein. Dann murmelt er mit vollem Mund:

Habt ihr hier auch Optionsscheine auf asiatische IT-Werte?

Der junge Mann hinter dem Schalter hebt die Augenbrauen.

Sie wollen ein Börsengeschäft tätigen?

Laotse schluckt deutlich hörbar seinen Bissen hinunter.

Klar, aber ohne daytrading. Keine Derivate.
Und schon gar keine suprime-papers.
Saubere puts und calls über mindestens 6 Monate.

Sein Gegenüber sieht ihn entgeistert an. Laotse beugt sich vor und zieht dem jungen Mann die Krawatte zurecht, die etwas verrutscht war. Dann lächelt er fröhlich.

Und natürlich keine Swaps.

Irritiert beugt sich der Mann vor.

Keine was?

Laotse lächelt milde.

Swaps, sagte ich doch. Ich habe keinen Bock auf Poker mit Wechselkurseffekten.

Der Schalterbeamte wendet sich ab und tippt etwas in den Computer, als wäre das jetzt unumgänglich.

Selbstverständlich. Verstehe.

Laotse senkt die Stimme.

Das Ganze natürlich erstmal auf Kredit.

Der junge Mann lehnt sich zurück.

Haben Sie Wertpapiere, Immobilien – Sicherheiten?

Laotse kann ein Lachen nicht unterdrücken.

Sicher ist nur, dass wir beide sterben werden, junger Mann.

Er beißt noch einmal herzhaft in seinen Double-Burger, wobei er im letzten Moment geschickt verhindert, dass ein größerer Schwall von Ketchup auf die Marmorplatte tropft.
Einen Augenblick ist Stille im Raum. Dann beugt sich der Bankangestellte vor und wirft einen Blick auf die nackten Füße des Alten.

Für einen Gespräch mit unserem Kreditmanager sind Sie wohl kaum zeitgemäß gekleidet.

Zeitgemäß?

Mit einer schnellen Geste knallt Laotse seinen Motorradhelm auf die Platte, der Schalterbeamte kann gerade noch seine Hände in Sicherheit bringen. An der Stirnseite des weißen Helms klebt ein leuchtend roter Aufkleber: $E = mc^2$.

Gekrümmte Zeit – das Geilste, was das letzte Jahrhundert an Ideen hervorgebracht hat.

Der starre Blick des Schalterbeamten wandert von der roten Leuchtschrift zu einem großen Klecks Ketchup gleicher Farbe, der eben auf den weißen Marmor getropft ist.

Ich bring 'nen Rap-Song über die Story raus. Wenn der in den Charts ist, hat den alten Einstein endlich jeder im Ohr. Und von dort zum Gehirn ist es ja nur noch ein kleiner Schritt. Sozusagen ein halber Quantensprung.

Aus dem Mund des ehrwürdigen Alten ertönt jetzt ein röhrendes Lachen.

Der junge Mann blickt immer noch gebannt auf den Ketchup-fleck. Dann wandern seine Augen wieder hoch zu dem Motorrad-helm mit der mathematischen Formel.

Sorry, Sir – aber was soll das alles?

Für einen langen Augenblick sehen sich die beiden stumm an. Dann nimmt Laotse blitzschnell den Helm in beide Hände und stülpt ihn dem Schalterbeamten über den Kopf.

Passt. Weil auch dein Kopf rund ist.

Der Mann springt hoch. Seine weit aufgerissenen Augen leuchten unter dem Visier des Helms. Laotse beugt sich vor und flüstert.

Und warum ist unser Kopf rund?
Damit wir beim Denken öfters die Richtung ändern.

Bei diesem Satz drückt der entsetzte Schalterbeamte auf den Alarmknopf.

Um umzudenken, müssen wir verstehen, warum das nötig ist. Wir müssen uns ansehen, wie der Verstand, auf den wir so stolz sind, uns immer wieder in Schwierigkeiten bringt.

a) Mensch ärgere dich nicht – *unser Lieblingsspiel*

Der Mann, der dieses beliebte Familienspiel erfunden hat, muss ein intimer Kenner der menschlichen Psyche gewesen sein. Seine Aufforderung klingt wie ein ironischer Aphorismus, wissen wir doch sehr wohl, dass Ärger ein fester Bestandteil unseres Lebens ist. Sich nicht zu ärgern, scheint ein unmögliches Unterfangen zu sein.

Das beginnt am frühen Morgen mit der störrischen Milchtüte, die die frisch gereinigte Bluse ruiniert oder mit dem Autoschlüssel, der sich immer dann versteckt, wenn wir es besonders eilig haben. Es geht weiter mit der Suche nach einem Parkplatz, und dem Anblick der Kollegin im Lift, die dasselbe Kleid aus demselben Sonderangebot trägt. Im Büro ärgern wir uns dann natürlich weiter, über die Launen des Chefs, den frechen Ton der jungen Kollegin, die unmöglichen Termine und die unbezahlten Überstunden.

Auch abends spielen wir gerne. Wir ärgern uns über die dröhnende Partymusik aus der Nachbarwohnung, über die Tochter, die wortlos die Tür hinter sich zuknallt, über die erotische Pflichtübung eines müden Ehepartners oder sein ungerührtes Schnarchen danach. Unser Lieblingsspiel hat Varianten von bestechender Vielfalt.

Wir spielen es von dem Augenblick an, wo wir aufwachen bis zu dem Moment, in dem wir einschlafen. Gab es diese Woche einen Tag, an dem Sie sich nicht geärgert haben?

Ärger scheint zum Leben zu gehören wie das tägliche Brot. Warum eigentlich?

Sehen wir uns dieses merkwürdige Phänomen genauer an. Wenn wir eine Reihe beliebiger Beispiele für Ärger betrachten, fallen uns zwei Dinge auf:

- Es gibt immer einen Anlass, der den Ärger auslöst.
- Ärger bezieht sich immer auf etwas, das bereits Vergangenheit ist.

Dies zeigt uns, dass Ärger mit der Zeit zu tun hat. Etwas ist passiert und wir ärgern uns darüber. *Nachher* – denn Ärger ist immer eine Reaktion.

Es gibt Leute, die im Stande sind, sich über etwas zu ärgern, das vor Tagen passiert ist oder gar vor Wochen. Ob der Vorfall eine Minute, eine Stunde oder einen Monat zurückliegt, ist belanglos. Selbst wenn wir glauben, wir ärgern uns jetzt, ist der Anlass in diesem Augenblick schon vorbei.

Stellen Sie sich vor, Ihr Chef stürzt ins Zimmer, macht eine bissige Bemerkung und knallt die Tür dann hinter sich zu. Auch wenn er stehen bliebe – der Satz, der Sie provoziert hat, ist bereits gesagt. Er ist Vergangenheit. Was im Augenblick des Ärgers spontan in uns hochkommt, bezieht sich also auf etwas, das nicht mehr existiert, das unser Ärger auch nie mehr einholen kann. *Ärger kommt immer zu spät.*

Eine Reaktion, die immer zu spät kommt und außerdem am Geschehen nichts mehr ändern kann, ist ziemlich sinnlos, nicht wahr?

Die andere Voraussetzung für Ärger ist der *Anlass* – also etwas, das den Ärger in uns hervorruft. Deshalb empfinden wir Ärger als ganz natürliche Reaktion, wird er doch von Menschen oder von Ereignissen in der Außenwelt provoziert. Nicht wir sind schuld an unserem Ärger, *schuld sind immer die anderen.*

Und weil das so ist und wir nicht anders können, ärgern wir uns immer weiter. Wir leben in einem geschlossenen Kreislauf von Ursache und Wirkung, von Anlass und Ärger. Wie Ratten im Käfig reagieren wir auf ein bestimmtes Signal immer gleich. Wollen wir versuchen, etwas weniger Ratte und etwas mehr Mensch zu sein, müssen wir uns ansehen, wie der Mechanismus von Ärger in uns funktioniert.

Meist sprechen wir über Ärger so:

Das ärgert mich / Du ärgerst mich

Doch sobald wir den Vorgang anders ausdrücken, wird deutlich, was tatsächlich passiert:

Etwas ist geschehen.
Meine Reaktion ist Ärger.

Dies sind zwei verschiedene Sätze, also auch zwei verschiedene Abläufe! Es gibt einen Vorfall und eine Reaktion, zwei voneinander unabhängige Ereignisse.

Unser Verstand formuliert das allerdings anders. Er verkürzt beide Aussagen zu einer und suggeriert einen Zusammenhang.

„Er hat mich beleidigt, <u>deshalb</u> bin ich wütend"
„Ich ärgere mich, <u>weil</u> du schon wieder zu spät kommst"

Damit verknüpft er Tatbestände, die nichts miteinander zu tun haben, sich jetzt aber kausal bedingen. Er suggeriert eine Illusion von Ursache und Wirkung.

In der Realität sieht das Ereignis allerdings so aus:

Du hast etwas gesagt/getan
<u>Ich</u> ärgere <u>mich</u>

Nun gibt es zwischen den beiden Sätzen keine kausale Verbindung mehr. Jetzt erkennen wir auch, was wirklich geschieht: Niemand verursacht unseren Ärger, *wir tun es selbst.*

Sobald wir die falsche Verknüpfung weglassen, verändert sich etwas Grundlegendes: Wir sind nicht länger in der Rolle des Opfers, sondern selbst verantwortlich für unser Handeln. Nun können wir es auch selbst bestimmen.

Eine schöne Theorie, könnte man sagen, doch was bringt sie? Ärger ist doch ein automatischer Reflex, dagegen kann man nichts machen. Von der Energiewelle, die plötzlich in uns hochkommt, werden wir buchstäblich überrollt. Richtig – und genau das ist der Punkt: Sie kommt in uns hoch. Es ist ein Vorgang <u>innerhalb unserer eigenen Psyche.</u>

Sind wir denn nicht verantwortlich für das, was in uns geschieht? Wer sollte es sonst sein? Es müsste sich dann tatsächlich die unsichtbare Hand eines Anderen zu unserer Psyche vortasten und dort den inneren Schalter auf die Position ÄRGER stellen.

Das ist offensichtlich Unsinn. Die Hand, die den Schalter auf Ärger stellt, ist meine eigene. Der Einzige, der in mein Inneres vordringen kann – *bin ich selbst*. Nun gut, dann ärgern wir uns eben selbst. Aber schuld daran sind dennoch die anderen.

Doch auch dies ist eine Falle des Verstands, diesmal täuscht er uns mit einer neuen Illusion: Die Vorstellung, *es gäbe nur diesen <u>einen</u> Schalter*. Damit sind wir in der gleichen Sackgasse: Wir haben keine Wahl und bleiben Opfer.

Das muss nicht so sein. Wir können nämlich den Inhalt unseres Satzes *Du ärgerst mich* noch weiter zerlegen:

Etwas ist geschehen.
Ich reagiere – mit Ärger

Wenn wir die letzte Zeile einen Augenblick betrachten, kommt uns vielleicht der Gedanke, dass wir auch *mit etwas Anderem* reagieren könnten. Vielleicht mit einem Lächeln.

Oder nur damit, dass wir das Ereignis sachlich zur Kenntnis nehmen. Weiter nichts.

Der Mechanismus von Ärger könnte dann so ablaufen:

Es ist etwas geschehen
Ich wähle eine Reaktion: Ärger / Lachen / Ignorieren /
Vergessen

Damit ist etwas grundsätzlich Neues entstanden: Wir haben eine Wahl! Nun sind _wir_ verantwortlich für unsere Reaktion. Als Subjekt kann ich wählen, was ich will, als Objekt bleibt mir nur eine Rolle – die des _Opfers_, und nur ein Spiel – _der Ärger_.

Wenn uns bewusst wird, dass am Schaltpult unserer Psyche tatsächlich Knöpfe sind, die wir frei wählen können, sind wir auf dem Weg, unser Leben selbst in die Hand zu nehmen. Sie tun jetzt, was S i e wollen und nicht das, was Ihr Ärger will!

Sobald wir uns darüber klar sind, wie dieser Mechanismus funktioniert, werden wir feststellen, dass wir als Reaktion immer seltener Ärger wählen. Ganz einfach weil er nichts bringt. Und weil uns bewusst wird, was uns diese Wahl kostet.

Wenn wir ganz nüchtern die negativen Situationen betrachten, die wir durch Ärger oder Wut verursacht haben bzw. die guten Momente, die wir dadurch zerstört haben, wird uns klar, welchen Preis wir im Leben für Ärger bezahlen.

In solchen Situationen kämpfen wir nicht nur gegen unser äußeres Umfeld, sondern auch gegen uns selbst – und zwar mit enormem Aufwand. Wer jemals einen Menschen beobachtet hat, der so richtig wütend war, weiß, welche erstaunlichen Energien dabei freigesetzt werden.

Wer nun glaubt, dies alles sei viel zu theoretisch und im rauen Alltag nicht durchführbar, sollte einfach warten – auf den nächsten Ärger. Er kommt bestimmt. Wenn die Gelegenheit da ist, versuchen Sie auf keinen Fall, sich _nicht_ zu ärgern. Das funktioniert nicht. Kämpfen Sie auch nicht gegen den Ärger an, das würde nur dazu führen, dass Sie sich über den Ärger ärgern. _Beobachten sie nur, was in Ihnen vorgeht._

Sehen Sie die Energiewelle einfach an, so wie sie ist. Sie spüren, wie ihr Herz schneller schlägt, wie es Ihnen heiß im Gesicht wird, wie Sie die Fäuste ballen – interessante Phänomene, nicht wahr? Wenn wir das kühl feststellen, haben wir bereits die Distanz des Beobachters übernommen und sind nicht mehr direkt betroffen.

Nun können wir gelassen zusehen, wie dieser Prozess in uns abläuft, welche Mechanismen unsere Psyche steuern.

Ein gutes Übungsfeld, in dem unser Ego besonders verwundbar ist, kennen wir: Der Straßenverkehr. Stellen wir uns also vor, wir fahren entspannt auf der mittleren Spur einer Autobahn. Plötzlich taucht einer dieser dynamischen Luxuslimousinen im Rückspiegel auf. Der Fahrer blinkt schon von weitem, rast vorbei und zieht dann hart nach rechts auf unsere Spur. Kurz gesagt, der Idiot schneidet uns brutal. Sofort spüren wir eine heiße Energiewelle, unsere Wut. Sie schießt vom Bauch hoch in den Magen, von dort rast sie weiter ins Gehirn.

Und jetzt? Wir erinnern uns an unsere Überlegung und halten eine Sekunde inne. Dabei beobachten wir, was passiert und entscheiden, den Schalter unserer Psyche auf IGNORIEREN zu stellen. Sozusagen als Test, auch wenn unser Ego noch so zappelt und protestiert.

Sobald wir das tun, werden wir feststellen: Die Wut löst sich schnell wieder auf. Wir werden uns kraftvoll fühlen und vielleicht sogar lächeln. Es wird das Lächeln eines Menschen sein, der die Freiheit besitzt, zu handeln wie e r will, nicht wie sein Ärger will.

Wenn wir das üben, hat das Konsequenzen. Unser Verhalten wird sich ändern, nicht nur auf der Autobahn. Unser ganzer Alltag kann sich verwandeln, weil wir uns verwandelt haben.

Doch niemand ist perfekt, Rückschläge sind unvermeidlich.

Trotz bester Vorsätze haben wir eines Tages das Pech, eine gewaltige Beule in den neuen Wagen zu fahren. Das ist nun wirklich sehr ärgerlich, da kann uns auch die schönste Theorie nicht trösten. Darüber ärgern wir uns dann auch noch. Und schon sind wir wieder im alten Fahrwasser. Doch plötzlich halten wir inne, uns wird klar, was hier abläuft. Dann handeln wir entsprechend. Als Reaktion wählen wir, den Unfall sachlich zur Kenntnis zu nehmen. Nicht mehr und nicht weniger. Die Reparatur wird dadurch weder teurer noch billiger. Aber wir sparen eine Menge Energie. Das spüren wir, schon fühlen wir uns wieder ganz gut, trotz der Beule im neuen Wagen.

Wenn wir den Vorfall dann beim Abendessen unserer Frau erzählen, wird diese vielleicht erstaunt feststellen, dass wir darüber lachen.

Menschen nehmen genau wahr, wenn ihr Gegenüber anders reagiert als gewöhnlich. In Augenblicken, in denen bisher nur vorhersehbare Rituale abliefen, entsteht plötzlich eine Öffnung. Sie schafft Freiräume, die vorher nicht denkbar waren.

Lassen wir unsere Phantasie spielen, es gibt erstaunlich viele Varianten, Ärger durch andere Reaktionen zu ersetzen. Dabei können sich Möglichkeiten eröffnen, von denen wir bisher nichts ahnten.

b) Sorgen und Ängste

Menschen sind merkwürdige Wesen. Beobachtet man Exemplare dieser Spezies, wenn sie erregt miteinander diskutieren, fällt auf, dass es meist um Dinge geht, die vor kurzem passiert sind oder die bald, allerdings nur vielleicht, passieren könnten. Über die man sich aber am besten schon jetzt aufregt, als hätte man Angst, später für die Aufregung keine Zeit mehr zu haben. Genauso ist es.

Ärger bezieht sich auf Vergangenes, Sorgen und Ängste haben mit der Zukunft zu tun. Erinnern wir uns an unsere letzte Prüfung. In der Fahrschule, beim Abitur, an der Universität. Schon lange vorher waren wir aufgeregt und nervös. Bei einem wichtigen Examen können manche Menschen Wochen vorher nicht mehr richtig schlafen, andere steigern sich in eine Neurose, die das Examen ernsthaft gefährdet. Aber wenn es dann wirklich soweit ist, in der entscheidenden Stunde, haben wir dann immer noch Angst? Wie war es bei den Prüfungen in der Schule? Sobald die Blätter mit den Fragen verteilt waren, wurden wir da nicht ganz ruhig, meist sogar eiskalt? Ganz unabhängig davon, ob die Fragen schwer oder leicht waren, ob wir die Antwort wussten oder nicht – in dem Moment, in dem wir handeln müssen, handeln wir. Für Angst ist dann keine Zeit mehr.

Angst und Sorgen sind Gefühle, die sich auf z u k ü n f t i g e Ereignisse beziehen.

Werde ich die Operation überstehen?

Wird die Tochter von der Reise gesund zurückkommen?

Wird meine Frau erfahren, dass ich eine Affäre habe?

Solche Ängste kennen wir.

Doch wenn das Ereignis dann wirklich da ist, haben wir dann immer noch Angst? Nein – denn jetzt reagieren wir – wie immer es die Situation erfordert.

Wenn ein wütender Grizzly oder ein eifersüchtiger Taliban auf Sie zukommt, haben Sie keine Zeit für Sorgen oder Ängste, denn dann müssen Sie handeln.

Was bringt uns dieser Gedanke für den Alltag? Da quälen uns Ängste doch ständig, immer wieder machen sie uns das Leben schwer.

Stellen Sie sich vor, Sie sind in einer fremden Stadt. Es ist spät nachts, Sie gehen durch ein düsteres Viertel. Die Straßen sind dunkel und verlassen, in den Häusern ist kaum noch Licht. Sie sind nicht einmal sicher, wo Sie jetzt sind. Nun bekommen Sie Angst. Das scheint ganz natürlich zu sein, vor allem, wenn Sie eine Frau sind.

Sehen wir uns an, was dabei wirklich passiert: Der Verstand fängt an, uns schreckliche Bilder vorzuspiegeln – von Dingen, die geschehen könnten. Vielleicht im nächsten Augenblick, oder erst in fünf Minuten, auf jeden Fall *aber in der Zukunft* – denn bis jetzt ist ja nichts passiert. Wir gehen friedlich spazieren und haben Zeit, uns Gedanken zu machen, also Zeit, Angst zu haben. Dann werden die Phantasien noch schlimmer.

Plötzlich läuft in Ihrem Gehirn ein ganzer Film ab, lauter schrecklicher Szenen: Sie werden überfallen, ausgeraubt, vergewaltigt.

Der Körper reagiert auf diese Bilder und zwar so, *als wären sie real.* Sie bekommen einen Schweißausbruch, das Herz schlägt wie wild, Sie geraten in Panik. Schuld daran ist aber nicht die Situation, in der Sie sind, denn es ist ja gar nichts passiert.

Sie gehen weiterhin unbelästigt durch die dunkle Gasse.

Es ist der F i l m in unserem Kopf, der uns in Panik versetzt, nicht die Wirklichkeit. Diese bietet keinerlei Grund zur Beunruhigung. Der einzige Anlass für die Angst sind die Schreckensbilder, die in unserem Gehirn aufflackern. Doch diese sind nicht wirklich, sie sind – ein Trick des Verstands.

Wenn nun aber tatsächlich eine dunkle Gestalt auftaucht und uns belästigt? Dann werden wir handeln – schreien, weglaufen, uns wehren. Es bleibt keine Zeit, Angst zu haben. *Im gegenwärtigen Moment kann Angst nicht existieren.*

Unter diesen Umständen wäre es doch sinnvoller, unbelastet durch die dunkle Gasse zu gehen. Sie haben sicher mehr Spaß an Ihrem Spaziergang. Wenn Sie überfallen werden, reagieren Sie ohnedies so, wie Sie dann eben regieren. Ob Sie vorher Angst gehabt haben oder nicht, ändert gar nichts. Dieses überflüssige Gefühl könnten wir uns also sparen, da es nichts bringt.

Im Gegenteil: Ein potentieller Angreifer ist eher gewillt, auf eine Person loszugehen, die ängstlich und zitternd vor sich hinstolpert, als auf jemanden, der fest und entschlossen einherschreitet.

Angst bringt nichts, aber trotzdem haben wir sie und lassen uns von ihr quälen.

Wer nun einwendet, Angst sei eine sinnvolle Reaktion, um negative Erfahrungen zu vermeiden, verwechselt Angst mit Vorsicht. Denn es gibt einen Unterschied: Vorsicht lässt uns nicht leiden, davon bekommen wir weder Schweißausbrüche, noch Herzklopfen. Vorsicht ist eine normale Haltung, der Körper reagiert darauf nicht. Nur der Horrorfilm, den uns der Verstand vorspielt, löst Panik aus. Unsere Psyche kann fiktive Wirklichkeit nicht von realer unterscheiden, sie reagiert einfach. Das einzige Werkzeug zur Überprüfung von Wirklichkeit, das wir haben, ist der Verstand. Doch gerade er ist es, der uns mit falschen Bildern täuscht. Was also können wir tun?

Aus Erfahrung wissen wir, dass uns Angst in manchen Situationen einfach überfällt. Der Verstand spult seine Bilder ab, ohne uns zu fragen. Wir scheinen unseren Ängsten völlig ausgeliefert zu sein. Sehen wir uns an, wie wir uns auch hier wieder von unseren Gedanken und ihren Formulierungen täuschen lassen. Das Gefühl von Angst formulieren wir so

Wir haben Angst

Aber so verhalten wir uns nicht. Die Wirklichkeit sieht anders aus:

Die Angst hat uns

Sie hält uns fest, nimmt uns die Luft, hat uns in der Hand.

Ein erster Schritt, mit Angst umzugehen, könnte also sein, wieder verantwortlich zu werden.

<u>Ich</u> *habe Angst*. (Es ist so, ich akzeptiere das einfach.)

Das ist keineswegs ein banaler Trick. Wenn wir Angst *akzeptieren* (dieses Schlüsselwort wird uns noch öfters begegnen), dann haben wir sie einfach. So wie andere Leute eine Warze haben.

Denn genau das ist der Unterschied: Ein Mensch, der eine Warze hat, lässt sein Leben nicht von dieser Warze bestimmen. Er handelt, wie e r will – *nicht wie die Warze will.*

Wenn wir akzeptieren, dass wir in manchen Situationen Angst haben, dann haben wir sie eben! Wichtig ist, dass wir weiterhin so handeln, wie w i r wollen, nicht wie unsere Angst es will. Damit geschieht etwas Überraschendes: Wir werden langsam frei – von dieser Angst. Zwar ist sie noch da, sie behindert uns aber nicht mehr. Wir nehmen sie jetzt einfach mit, wie einen Rucksack. Wir gehen hin, wo wir wollen, nicht wohin der Rucksack will. Das ist ein gewaltiger Unterschied. Vorher bestimmte die Angst die Richtung und wir waren der Rucksack. Wenn wir uns daran gewöhnt haben, Angst zu akzeptieren, können wir handeln – *als hätten wir keine.*

Wenn wir den psychischen Mechanismus von Angst durchschauen wollen, müssen wir die Situation wahrnehmen, *wie sie wirklich ist.* Wenn Sie also wieder einmal Angst haben, beobachten Sie, was in diesem Augenblick tatsächlich passiert. Unterscheiden Sie zwischen den künstlichen Bildern in Ihrem Kopf und der Realität, in der Sie sich befinden.

Dafür müssen wir nicht unbedingt nachts allein durch den Wald gehen. Ängste beherrschen unseren ganz normalen Alltag. Manche Leute haben Angst, jemanden anzusprechen, andere wagen es nicht, dem Chef die Meinung zu sagen, andere wiederum haben Angst, Beziehungen zu beenden und dem Partner die Wahrheit zu sagen. Gelegenheiten gibt es genug. Die Mechanismen, die Ängste und Sorgen auslösen, funktionieren immer gleich. Deshalb genügt es, wenn wir in solchen Momenten genau beobachten, was wirklich geschieht – jetzt.

Stellen Sie sich vor, Sie sitzen in einem Eisenbahnabteil und lesen Zeitung. Wie so oft, wandern Ihre Gedanken zu allen möglichen Dingen, die mit der eigentlichen Situation nichts zu tun haben. Besonders gerne kreisen sie um Sorgen und Ängste. Vielleicht spielt Ihnen der Verstand immer wieder den Film eines Ereignisses vor, über das sie sich kürzlich so geärgert haben. Oder die Bilder einer Situation, vor der Sie Angst haben. Eine

Aussprache mit Ihrem Mann, ein Besuch beim Arzt, die Konfrontation mit dem Personalchef. Ob im Zug oder Auto, die Gedanken sind immer woanders.

Doch es gibt eine Lösung: Wenn wir das Leben wahrnehmen, <u>wie es wirklich ist, jetzt,</u> in diesem Moment, werden wir erstaunt feststellen, dass es jetzt *nichts,* aber auch gar nichts gibt, was Sorge oder Ärger verursachen könnte.

Wir sitzen gemütlich in unserem Abteil, aus dem Radio klingt Musik, die alte Dame gegenüber putzt ihre Brille, der Kaffee im Plastikbecher vibriert und die Zeitung auf unseren Knien rutscht langsam zu Boden. Alles nicht besonders aufregend.

Was also wirklich passiert, ist dies: Wir sitzen im Zug und bewegen uns fort. Das ist alles – das ist die einzige Wirklichkeit. Sie ist real spürbar. Wir können die Häuser draußen vorbeiziehen sehen, fühlen die Wärme des Kaffees in unserer Hand, das Papier der Zeitung in der anderen. An den Füßen spüren wir den warmen Luftzug der Heizung, unter uns die bequemen, aber etwas zu weichen Polster des Abteils. Es riecht leicht nach Parfum, denn jetzt hat die Dame gegenüber ein Erfrischungstuch aus der Tasche geholt. Das ist Realität in diesem Augenblick. Wir können sie sinnlich wahrnehmen.

Wo aber sind Ängste, Ärger und Sorgen geblieben?

Sobald wir beobachten, was wirklich i s t, sind sie verschwunden. Die ins Gehirn gespulten Szenen aus der Vergangenheit (Ärger) oder Projektionen aus der Zukunft (Sorge) werden erkannt, als das was sie sind: Phantasiebilder, die mit unserer gegenwärtigen Situation nichts zu tun haben, diese aber sinnlos belasten.

Illusionen eben – Kopfgeburten des Verstandes.

Diese kleine Übung zeigt uns, wie leicht sich Problemberge, die uns manchmal fast erdrücken, in Luft auflösen können. Wenn wir es wollen. Wie frei könnten wir sein, wenn es uns gelänge, ganz in der Gegenwart zu leben, unbelastet von Vergangenheit und Zukunft? (7)

Doch wir haben nun einmal unseren Verstand und damit auch die Fähigkeit zur Imagination und Phantasie. Diese eröffnen uns faszinierende Möglichkeiten und sind die Grundlagen unserer Kreativität, können uns aber auch sehr quälen. (Wer jemals Depressionen hatte, weiß, wie zerstörerisch negative Gedanken sein können.) Deshalb müssen wir erkennen, wie der Verstand funktioniert. Wir müssen seine Manipulationen verstehen, erst dann haben wir die Chance, sein Potential sinnvoll zu nutzen.

c) Ein Problem – was ist das?

Probleme sind etwas, das wir haben, solange wir leben. Sie beschäftigen uns so sehr, dass wir darüber oft und lange nachdenken. Wenn wir dabei besonders viel Energie verbrauchen, nennen wir den Vorgang grübeln.

Es gibt Menschen, die Tag und Nacht über komplizierte Probleme nachdenken, die sich ihren Kopf darüber buchstäblich zerbrechen. Ihre Gesichter haben einen sehr ernsten, vom Gewicht des eigenen Problembergs gezeichneten Ausdruck. Für Heiterkeit ist unter solchem Druck kein Platz. Die ganze Kraft dieser Leute scheint sich ganz im Grübeln zu erschöpfen. Schade, denn gerade das bringt nichts.

Grübeln ist eine Illusion, die vortäuscht, wir würden uns mit dem Problem beschäftigen. Das hat einen Haken. Ein Problem lösen wir nicht durch grübeln, sondern indem wir es anpacken, also handeln.

Wer im Schwimmbad auf dem 10m Turm steht und überlegt, ob er springen soll oder nicht, wird der Lösung dieses Problems nicht näher kommen, wenn er dort oben eine Stunde grübelt. Zwar könnte er die Aufprallgeschwindigkeit seines Körpers berechnen und die Zeit, die er im freien Fall verbringt, wie tief er eintauchen wird und wie lange er dann die Luft anhalten müsste. Doch werden solche Überlegungen seine Entscheidung erleichtern? Sicher nicht. Diese Situation ist allein durch Handeln zu lösen, durch Aktion *im gegenwärtigen Augenblick.*

Entweder der Mann springt oder er steigt wieder herab. Beide Handlungen lösen das Problem. Oben zu stehen und zu grübeln, löst das Problem auf keinen Fall, selbst wenn der hartnäckige Denker dort tagelang ausharren würde.

Vielleicht ist uns bei diesem Beispiel aufgefallen, dass hier wieder der Faktor *Zeit* ins Spiel kommt. Der Mann auf dem Sprungturm kann sein Problem nur lösen, indem er handelt und zwar *jetzt*, in der Gegenwart. Damit ist das Problem gelöst.

Für jemanden, der in einer Situation sofort, also spontan und intuitiv handelt, taucht es gar nicht auf. Erst wenn er sein Tun in die Zeit verlagert, nämlich in die Zukunft indem er grübelt „Soll ich oder soll ich nicht?" – wird aus einer Entscheidung ein Problem. Dabei spielt oft Angst eine wichtige Rolle, doch auch dieses Gefühl ist, wie wir gesehen haben, an die Zukunft gekoppelt.

Natürlich spricht nichts dagegen, sich die Folgen einer möglichen Handlung zu überlegen. Das kann durchaus Vorteile haben. Wir können damit Problemlösungen im Kopf durchspielen, ohne alle Varianten in der Realität ausprobieren zu müssen. Im Bereich der Technik haben Computersimulationen den Bau aufwendiger Modelle und langwierige Versuchsreihen überflüssig gemacht. Menschen hatten schon immer die Fähigkeit, sich Ereignisse gedanklich vorzustellen und Reaktionen mental zu simulieren.

Im Überlebenskampf der Evolution war das ein enormer Vorteil. Doch wie jede Fähigkeit birgt auch diese die Gefahr des Missbrauchs. Wohin das führt, wissen wir: Zu Phänomenen wie Angst und Ärger – oder eben das Grübeln über Probleme, die erst entstehen, weil man nicht handelt, sondern grübelt.

Was also ist ein Problem?

Probleme sind Kopfgeburten unseres Verstandes. Sie sind nicht real, existieren nicht in der wirklichen Welt wie ein Apfel, ein Stein oder ein Vogel. Dennoch belasten uns diese Phantasiegebilde enorm.

Nun könnte man einwenden, dass es durchaus Probleme gibt, die sehr real sind: Die frisch geschiedene Ehefrau, die neben ihrer Arbeit plötzlich drei Kinder erziehen soll, die kranke Rentnerin, der die Wohnung wegen Luxussanierung gekündigt wird, der arbeitslose Familienvater, der zum Alkoholiker wird, der Flüchtling, der mit seiner Familie in ein Krisengebiet abgeschoben werden soll – sie alle haben sehr reale Probleme.

Doch Vorsicht: Wir dürfen Probleme nicht mit Schwierigkeiten verwechseln. Schwierigkeiten sind Teil des Lebens, damit müssen wir uns abfinden. Unser Dasein ist zweipolig: Tag und Nacht bedingen einander, ebenso wie plus oder minus, leicht und schwer, gut oder schlecht.

Schwierigkeiten werden wir also immer begegnen, mit ihnen müssen wir uns auseinandersetzen. Das bedeutet aber nicht, sie zum Problem zu erklären, endlos darüber nachzugrübeln oder sich permanent darüber zu ärgern.

Damit vergeuden wir nur unsere Kraft, die Schwierigkeiten aber werden nicht beseitigt.

Geht es hier nur um Wortklauberei? Der Unterschied zwischen Hindernissen und Problemen ist derselbe, wie zwischen Denken und Grübeln. Das eine macht Sinn, das andere nicht. Schwierigkeiten werden wir immer wieder haben, unser ganzes Leben ist ein Hindernislauf. Ob uns das passt oder nicht, ist dem Leben egal.

Ein Hindernis zu überwinden, bedeutet, ihm entweder auszuweichen oder die Ärmel hochzukrempeln, um es zu beseitigen. Es bedeutet handeln und nicht grübeln. Natürlich kann diesem Handeln oft ein rationaler Denkprozess vorausgehen, der entscheidet, welche Aktion der Situation angemessen ist. Das ist völlig normal, damit nutzen wir nur unsere Fähigkeit, die Konsequenzen einer möglichen Handlung virtuell durchzuspielen.

Erst wenn sich die Gedanken im Kreis drehen und sich zu einer endlosen Spirale verknoten, entsteht ein Problem. Nun fangen wir an zu grübeln und stehen ratlos da wie der Mann auf dem Sprungturm. Dabei sind wir mit unseren Überlegungen nur noch zu keinem Ergebnis gekommen. Das ist alles.

Wenn wir jedoch zulassen, dass unser Verstand diese Fakten verstellt durch Konzepte wie Ungeduld, Erwartung, Angst, Ärger oder Sorge – dann haben wir ein Problem. Vermeiden wir das, sind wir nur mit der Realität konfrontiert. Und die ist, wie sie ist. Ob wir uns aufregen oder nicht.

Bei großen Hindernissen kann es manchmal länger dauern, bis wir eine Lösung gefunden haben. Dies geschieht aber nicht durch grübeln, sondern indem wir das Hindernis genau betrachten und es als das *akzeptieren*, was es ist: Ein Hindernis – aber kein Problem. Wir sollten uns gelassen die Fakten ansehen und handeln, sobald sich eine Gelegenheit bietet.

Wie ein Tiger, der eine Beute belauert und im richtigen Augenblick zum Sprung ansetzt. Er beobachtet, lautlos und präzise – dann handelt er. Ich glaube nicht, dass ein Tiger grübelt, ob er springen soll oder nicht.

Was uns oft nicht klar ist: Probleme entstehen nicht einfach, wir schaffen sie uns selbst. Auch sie sind eine Falle des Verstandes. Sehen wir an, wie das geschieht.

Viele Probleme tauchen auf, weil wir mit einer festen Vorstellung durch das Leben gehen: *Schwierigkeiten und Hindernisse sollten nicht sein* – wenigstens nicht in unserem Leben. Wir mögen sie nicht, außerdem haben wir das alles nicht verdient, das Schicksal ist ungerecht. Damit tappen wir in die nächste Falle.
Wer hat jemals behauptet, dass das Leben gerecht ist?
Wir erwarten das einfach. Doch die Bewertung, dass etwas „gerecht" ist, „gut" oder „schlecht" ist eine Erfindung des menschlichen Verstands. Tiere werten nicht. Außerhalb des menschlichen

Verstands ist auf der Welt nichts gut, schlecht oder ungerecht – weder auf diesem Planeten noch sonst irgendwo im Universum. Die Skala von negativen und positiven Wertungen gibt es nur in unserem Kopf – *in der realen Welt existiert sie nicht.*

Schon von Geburt an teilt der Mensch die Welt ein in *gut* oder *böse.* Dies geschieht mit dem binären Code des kindlichen Ego: *Ich will / ich will nicht.*

Was ich will, ist gut, was ich nicht will, schlecht.

Bewertungen sind ein perfektes Mittel, uns unglücklich zu machen. Oder glücklich, wenn sie positiv ausfallen.

Doch das muss nicht so sein. Nehmen wir Bewertungen, als das, was sie sind: Ein Werkzeug des Verstands, um sich in der Umwelt besser zurechtzufinden und aus vielen Optionen eine auszuwählen.

Auch ich trinke lieber einen guten Wein als einen schlechten, ziehe eine attraktive Wohnung einer Bruchbude vor, unterhalte mich lieber mit geistreichen Frauen, als mit solchen, die nur ihren Schmuck oder Körper spazieren führen.

Die Bewertung von Umständen ist also nicht sinnlos. Der Mensch hat diese Begriffe entwickelt, weil er sie braucht. Grundlage für eine Gesellschaft ist, dass man gewisse Wertvorstellungen teilt. Ethik ist die Basis von Zivilisation. Ein komplexes Sozialgefüge könnte in Anarchie nicht existieren. Auch wenn es außerhalb unseres Verstands kein GUT oder BÖSE gibt, brauchen wir diese Begriffe. Nur so können wir vernünftig handeln. Tiere können das nicht, sie handeln nur nach Instinkt.

Wertungen sind ein Konzept unseres Verstands, ein Werkzeug zum Überleben. Wenn wir es sinnvoll anwenden, ist es nützlich, andernfalls schafft es Probleme.

Das sieht dann ungefähr so aus: Stellen Sie sich einen Menschen vor, der zu dem Spaziergang aufbricht, den wir Leben nennen. Auf dem Rücken trägt er einen schweren Rucksack voller Ängste und

Sorgen, über den Schultern balanciert er eine riesige Kiste mit Problemen. An seinem Gürtel hängen große Taschen, sie sind voller Konzepte, Prinzipien und Erwartungen, die ihn mit ihrer Last nach unten ziehen. Um seinen Bauch ist eine schwere Eisenkette gewickelt, daran hängt eine lange Reihe von Idealvorstellungen – Traumfrau/mann, Traumjob, Traumwagen, Traumhaus.

Stolpernd und keuchend zerrt Mann/Frau diese ganzen Lasten mit sich herum.

Das Erstaunliche dabei ist: Obwohl er sich nur mühsam auf den Beinen halten kann, würde er jederzeit behaupten, er ginge frei und unbeschwert durchs Leben.

Dieser Mensch sind wir.

Wie entgeistert würde uns dieser Mann wohl ansehen, wenn wir ihm klar machen, er muss diesen sinnlosen Ballast loswerden, um wirklich frei zu sein?

Verhalten wir uns nicht ziemlich absurd? Wir vergleichen die Realität mit unseren Konzepten und stellen dann betrübt fest, dass es eine Diskrepanz gibt. Das gefällt uns nicht, also haben wir ein Problem und leiden. Da wir die Realität oft nicht ändern können, müssen wir versuchen, unsere Konzepte zu ändern. Überlegen Sie, wie viel Ärger und Frustration würden verschwinden, wenn Sie das Konzept fallen lassen *Im Leben muss alles gerecht sein.*

Oder – gut, oder – angenehm?

Gibt es einen ungerechten Baum, einen schlechten Stein, eine enttäuschten Fisch?

Andere Manifestationen des Lebens haben kein Bewusstsein wie wir. Deshalb sind sie auch nicht den Fallstricken des Verstandes ausgeliefert. Sie denken nicht daran, das Leben jeden Augenblick an einer Skala selbsterfundener Werte zu messen.

Doch erinnern wir uns: Was wir haben, können wir auch wieder loswerden. Wenn wir die Erwartung fallen lassen, in unserem

Leben müsste es immer gerecht zugehen, es sollte am besten ganz ohne Schwierigkeiten ablaufen, ändert sich bereits viel. Wenn wir Hindernisse nicht mehr als schlecht oder ungerecht einstufen, sind wir weniger enttäuscht, wenn welche auftauchen. Dann nehmen wir das einfach gelassen zur Kenntnis und akzeptieren sie.

Damit haben wir den Schlüssel gefunden, mit dem wir auch viele andere Probleme im Leben lösen können:

Die Akzeptanz.

Dabei geht es keinesfalls um phlegmatische Passivität, um ein willenloses Hinnehmen von Dingen und Ereignissen. Im Gegenteil. Gefordert ist ein waches Bewusstsein, ein glasklarer Geist, der sich nicht manipulieren lässt – weder von Stimmungen und Launen, noch von Ängsten und Sorgen. Ein Geist, der souverän beobachtet und sich konzentriert auf das, was wirklich geschieht. Daraus resultiert eine kraftvolle Haltung, voller Energie. Diese können wir dann einsetzen, um die Dinge zu verändern, die wir glauben verändern zu müssen.
Dies gelingt uns oder es gelingt uns nicht. Doch daraus müssen wir dann kein Problem machen.

Wenn wir das Leben akzeptieren, w i e e s i s t – dann läuft es einfach ab. Mit all den Vorfällen und Schwierigkeiten, die es eben gibt.
Es ist etwas geschehen.
Wir nehmen es zur Kenntnis und handeln.
Oder auch nicht.
Das ist alles.

Die Interpretation oder Wertung des Vorfalls als Problem ist überflüssig und hat mit dem wirklichen Ereignis <u>nichts</u> zu tun.
Davon abgesehen – können wir im Augenblick des Geschehens überhaupt beurteilen, ob etwas gut oder schlecht für uns ist? Stellt

sich dies nicht oft erst nach größerem zeitlichen Abstand heraus? Vielleicht dann, wenn wir ein einzelnes Ereignis mit all seinen Konsequenzen in unsere Biographie einordnen können?

Erinnern wir uns an unsere Jugend, als unsere erste große Liebe zerbrochen ist. Haben wir da nicht geglaubt, jetzt wäre alles zu Ende, diese Enttäuschung werden wir nie überleben?

Und war es nachträglich nicht gut, dass es so kam, sonst hätten wir nicht den Partner kennengelernt, mit dem wir jetzt zusammen sind?

Ein Mann, der entlassen wird und plötzlich arbeitslos auf der Straße steht, wird dies sehr wohl als negatives Ereignis werten. Erst Jahre später wird ihm vielleicht klar, dass dieser Vorfall ihn aus der Lethargie seines Büroalltags gerissen hat und durch diesen Schock ungeahnte Energien in ihm freigesetzt wurden. Diese wiederum haben ihn zu beruflichen Initiativen befähigt, die er sich vorher nicht vorstellen konnte. Mit dem Resultat, dass ihm schließlich eine Position angeboten wurde, an die er früher nicht zu denken gewagt hatte.

Natürlich gibt es tatsächlich Ereignisse, die sich negativ auswirken. Doch wissen wir das im dem Augenblick, in dem sie geschehen? Welchen Sinn hat also die Bewertung von Ereignissen, die wir permanent vornehmen?

Wenn wir schon unbedingt werten müssen, sollten wir es auf eine Art tun, die uns das Leben erleichtert. Wir könnten uns zum Beispiel fragen, warum ausgerechnet wir jetzt vor diesem Hindernis stehen. Ist das Zufall oder geht es zurück auf ein früheres Ereignis, das wir verdrängt haben?

Wenn es uns gelingt, hinter dem Hindernis einen Sinn zu vermuten, dann wird aus einem negativen ein positives Ereignis. Ein Vorfall, der uns zwingt, etwas zu lernen. Wer glaubt, alles im Leben sei Zufall, mag das tun. Niemand kann das Gegenteil beweisen. Doch als Denkmodell ist diese Haltung nicht besonders konstruktiv, denn wir sind dann wieder nur Opfer – Opfer des Zufalls.

Erinnern wir uns an den Mechanismus von Ärger: Wie wir auf ein Ereignis psychisch reagieren und wie wir einen Vorfall beurteilen, muss nichts zu tun haben mit dem, was wirklich passiert ist. Sobald wir auf diese Reaktion verzichten, können wir mit dem Ereignis sachlich und effizient umgehen. Ohne den unnützen Ballast einer Wertung, die negative Energiewellen wie Ärger, Enttäuschung oder Frustration in uns hervorruft, die uns nur hemmen oder blockieren.

Wenn wir uns darin üben, Ereignisse wertfrei zu akzeptieren – vielleicht nur aus Neugierde, um zu sehen, was passiert – können erstaunliche Dinge geschehen.

Henry Miller, dieser im Alter zu einem Weisen gewordene Erotiker, hat das so formuliert:

„Ein ganzes Leben lang rennen wir mit dem Kopf gegen die Wand und wundern uns, dass wir dauernd Kopfweh haben. Wenn wir uns einfach hinsetzen und gelassen die Mauer betrachten, werden wir vielleicht erkennen, dass es gar keine Mauer ist, sondern eine Brücke." (8)

VIDEO 2

Als die tief stehende Sonne auf ihrem Weg in den Pazifik sich hinter die Autobahnbrücke des Hollywood Freeway senkt, verlässt Laotse die Schnellstraße und biegt in den Sunset Boulevard ein. Gelassen zieht er seine schneeweiße Kawasaki auf die rechte Spur und lässt die schwere Maschine in die Zufahrt der Walmart-Filiale neben den KCET Studios rollen. Auf dem Parkplatz des Supermarkts kommt die Maschine vor einem schwarzen Truck zum Stehen, ein Pick-up mit hochgelegtem Fahrwerk und überdimensionierten Chromfelgen.

Elegant schwingt sich der Meister aus dem Sattel und nimmt den weißen Helm ab. Er stellt ihn auf den Beifahrersitz, die Sonnenbrille legt er daneben. Dann zieht er seine Sandalen aus und setzt sich vor dem überdimensionierten Hinterrad des Trucks auf den Boden. Sekunden später schließt Laotse die Augen und nimmt die Lotusstellung ein. Er beginnt zu meditieren.

Als am Strand von Malibu der inzwischen tiefrote Ball der Sonne den Horizont des Pazifiks berührt, rasen achtzehn schwarze Harleys der *FUCK SATAN BROTHERS* über den Sunset Boulevard, der jetzt seinem Namen endlich Ehre macht.

Die Gang donnert geschlossen durch das Rot der Ampel vor dem Supermarkt, dann biegen die Maschinen scharf nach rechts ab und erreichen dröhnend den Parkplatz.

Auf das Gesicht von Laotse, der mit geschlossenen Augen bewegungslos dasitzt, fällt ein Schatten. Zentimeter vor den nackten Füßen des Meditierenden kommt die Maschine des Gangleaders zum Stehen. Little Big Devil schaltet zuerst die dröhnende Stereoanlage aus, dann den Motor. Plötzlich ist es ganz still.

Nur die zwei schweren Eisenketten, die vom Hals des Anführers baumeln, klirren leise unter der offenen Lederjacke. Eine Phalanx von achtzehn Augenpaaren starrt unter achtzehn schwarzen Stahlhelmen auf die dürre Gestalt im Lotussitz.

Little Big Devil steigt ab. Sein mächtiger Schatten verschluckt die Silhouette des Meisters auf dem Betonboden. Er hebt den rechten Fuß und drückt seine Stiefelspitze hart gegen die Nase des Meditierenden. Laotse öffnet die Augen. Sein Blick fällt auf zwei silberne Sporen, die dicht vor seinem Gesicht in den letzten Strahlen der Sonne funkeln.

Wenn ich jetzt noch einen halben Muskel spanne,
hast du nichts mehr im Gesicht, womit du rotzen kannst,
Motherfucker.

Eine Sekunde später knallt der Stiefel den Kopf des Meisters brutal gegen die Chromfelge. Trotz des stechenden Schmerzes im Hinterkopf blickt Laotse ruhig auf den Fuss, der sein Gesicht eisern festhält. Dann wandert sein Blick hoch zu dem verschwitzten Gesicht des massigen Riesen, das unter dem schwarzen Stahlhelm, der dunklen Brille und dem mächtigen Bart fast verschwindet.

Dies ist sowohl richtig, als auch falsch.

Verdutzt vermindert Little Big Devil den Druck seines Fußes für einen Augenblick.

Ohne Nase hätte ich wohl kein Bedürfnis mehr,
mich mit dieser zu schneuzen.

Little Big Devil ist es einerseits nicht gewohnt, länger auf einem Fuß zu stehen, andererseits ist er sich nicht sicher, ob er in den Reihen der Gang hinter seinem Rücken nicht doch ein leises Kichern vernommen hat. Wütend beugt er sich vor, packt den alten Mann am Gewand und reißt ihn hoch.

Komm mir bloß nicht mit klugen Sprüchen, du Wichser.
Typen wie dich zerdrück ich mit der bloßen Hand.

Laotse blickt neugierig auf die Eisenketten, die jetzt auf der nackten, dicht behaarten Brust heftig hin und herschwingen.

Für Jemanden, der so viel Kraft hat wie du,
ist das doch kein Problem.
Das wäre wirklich nichts Besonderes.

Die zwei Totenköpfe von der Größe eines Golfballs, die Little Big Devil als Ohrringe, trägt, wackeln heftig, als er den Alten jetzt wild hin und herschüttelt.

Das Besondere ist dann, dass du deine verdammten
Sprüche jetzt gleich im Sarg murmeln kannst.

Mit einem verächtlichen Blick auf die dürren Rippen, die sich unter dem halb offenen Kimono abzeichnen, fügt er grinsend hinzu:

Wenn es sich überhaupt noch lohnt,
deinen Knochenhaufen irgendwo einzubuddeln.

Laotse's Blick wandert von den Totenköpfen zurück zu den zusammengekniffenen Augen unter der dunklen Brille.

Natürlich kannst du meinen Körper zerstören.
Das kann aber jedes Auto auch. Oder eine Gewehrkugel
Sogar ein kleiner, unsichtbarer Virus kann das.
Daran ist doch wirklich nichts Besonderes.

Little Big Devil spuckt seinen Kaugummi vor die nackten Füße des Alten und zieht Laotse jetzt so nah zu sich heran, dass sich ihre Gesichter fast berühren.

Sag noch ein verdammtes einziges Wort Mann, und es war
dein letztes. Ich schwör´s bei Satan, motherfucker.

Laotse sieht ihn lächelnd an.

Ich habe zwar diesen Körper, aber ich bin nicht dieser Körper. Zudem ist er schon etwas alt und abgenützt, Deshalb kann ich auch auf ihn verzichten, wenn es sein muss. Du musst dich wegen mir nicht beherrschen, wenn dir das große Mühe bereitet.

Für den Bruchteil einer Sekunde schließt Little Big Devils die Augen. Er spürt hinter seinem Rücken ein verhaltenes Grinsen auf den Gesichtern der Gang. Mit leicht zitternder Hand läßt er Laotse zu Boden sinken. Dabei fällt sein Blick auf die weiße Kawasaki, dann auf die beiden Reisstrohsandalen neben dem Vorderrad.

Ist dieses japanische Stück Scheiße etwa deines?

Laotse nickt freundlich.
Ein breites Grinsen macht sich auf dem Gesicht des Gangleaders breit.

Mal sehen, was dir jetzt einfällt, motherfucker..

Blitzschnell zieht er ein Bajonett aus dem Gürtel und stößt die Spitze in den Tank der Maschine. Sofort sprudelt ein Schwall Benzin über den Motorblock.
Ein betroffenes Raunen geht durch die Reihen der Gang.

Sieht geil aus, Motherfucker, nicht wahr?

Laotse blickt ruhig auf sein Motorrad.

*Ich sehe ein Motorrad, aus dem Benzin läuft.
Mehr ist dazu nicht zu sagen.*

Little Big Devils Augen blitzen gefährlich.

So, so, mehr fällt dir dazu nicht ein. Schade.

Mit einem Satz ist er bei der demolierten Maschine, schiebt sie auf eine freie Fläche zwischen die geparkten Limousinen und läßt sie dort zu Boden fallen. Einen Augenblick ist nur das leise Blubbern des ausströmenden Benzins zu hören, das schnell eine größere Pfütze um den Motorblock bildet.

Der Gangleader beugt sich zu Laotse herab, zündet ein Streichholz an und hält ihm die Flamme triumphierend vor das Gesicht.

Und was sehen die schlauen Augen des motherfuckers jetzt?

Immer noch lächelt Laotse.

Ein brennendes Streichholz und einen Menschen,
der sehr aufgeregt ist.

Die Adern am Hals des Gangleaders scheinen im Licht der flackernden Flamme kurz aufzuleuchten.

Gleich wirst du noch ein bisschen mehr sehen,
you fucking old bastard.

Little Big Devil springt auf und wirft das brennende Streichholz in die Benzinlache unter der Maschine.

In der Sekunde, in der die winzige Flamme durch die Luft fliegt, lassen sich achtzehn *FUCK SATAN BROTHERS* wie auf ein Kommando zu Boden fallen und pressen ihre erschrockenen Gesichter auf den Boden.

Einen Augenblick später ist der grelle Feuerblitz des explodierenden Motorrads bis zu den Hügeln von South-Hollywood zu sehen.

Als Little Big Devil die Augen wieder öffnet, sitzt Laotse mit dem Rücken zu den Flammen im Lotussitz und setzt seine Meditation fort. Der Gangleader starrt ihn fassungslos an. Dann kniet er sich hin, packt den Meister an den Haaren und reißt ihm den Kopf zur Seite.

Sag was, du Scheißkerl, verdammt nochmal,
sag, was du jetzt siehst, motherfucker.

Laotse öffnet die Augen und überlegt eine Sekunde.

Ein Motorrad brennt.
Mehr ist dazu nicht zu sagen.

Eine kleine Pause unterstreicht das freundliche Lächeln, das sich wieder auf seinem Gesicht ausbreitet. Mit einem Schrei knallt Little Big Devil seinen Kopf gegen die Stirn des Meisters. Für eine Sekunde starren sich beide Augenpaare regungslos an.

Es ist d e i n Motorrad, das jetzt im Arsch ist.
Your own fucking piece of shit, man.

Die Stirn des Meisters blutet, aber seine Stimme ist ruhig und freundlich wie immer.

Mein Körper braucht kein Motorrad.
Er kann sich auch anders fortbewegen.

Ganz langsam lässt Little Big Devil sein Gegenüber los. Die schweren Ketten auf seiner Brust blitzen im Schein des lodernden Feuers, das immer noch von kleinen Explosionen unterbrochen wird. Laotse wirft einen kurzen Blick auf die brennende Maschine, dann wischt er sich das Blut aus dem Gesicht und sieht den Gangleader freundlich an.

Übrigens, vor mir brauchst du nicht zu knien.
Du hast doch schon genügend Probleme mit deinem
kräftigen Körper.

Little Big Devil blickt entgeistert auf Laotse's Hand, die jetzt sanft und mitfühlend über die Tätowierungen auf dem gewaltigen Muskel seines nackten Oberarms streicht.

Wer ist stärker, du oder deine Muskeln?

In diesem Augenblick ertönt im Hintergrund eine Polizeisirene. Die Mitglieder der Gang starten ihre Motoren. Mit einem Ruck springt Little Big Devil auf und läuft zu seiner Maschine.

Wir werden nie wissen, ob er den Satz noch gehört hat, den Laotse leise hinzugefügt hatte.

Ich hoffe, dir bleibt genügend Zeit, das herauszufinden.

Als die *FUCK SATAN BROTHERS* mit röhrenden Motoren auf dem Sunset Boulevard nach Santa Monica donnern, versinkt dort die Sonne im Pazifik.

Laotse schlüpft in seine Sandalen. Dann holt er das pinkfarbene Smartphone aus seinem Beutel, drückt sich die Lautsprecher ins Ohr und geht auf die Ausfahrt des Hollywood Freeway zu. Als er hoch zu dem im letzten Glanz des Tages glühenden Himmel blickt, ist ein friedliches Lächeln auf seinem Gesicht zu erkennen.

3) Der Mensch als Opfer – d e r   P s y c h e

Sehen wir uns etwas an, das wir alle kennen und mit dem sich die Menschen seit Anbeginn der Zeit herumschlagen mussten. Für die Naturwissenschaften existiert dieses Objekt allerdings gerade einmal hundert Jahre. Erst Sigmund Freud hat es zum Gegenstand seriöser Forschung gemacht: unsere Psyche. Über sie wissen wir bis heute erstaunlich wenig.

Könnte das, was wir Psyche nennen, identisch sein mit dem, was man früher Seele nannte? Nun würden wir wohl kaum auf die Idee kommen, der Seele Komplexe, ödipale Neigungen oder Kastrationsangst zu unterstellen. Zwar benutzen Menschen diesen Begriff seit Jahrtausenden, aber was die Seele wirklich ist, konnte bisher niemand definieren.

Dieses Defizit hat die Seele mit der Psyche gemeinsam, denn auch die Psyche ist etwas merkwürdig Unbekanntes. Ganze Berufszweige leben davon, sich mit ihr zu beschäftigen, aber niemand weiß genau, was sie ist. Obwohl uns ihre Reaktionen das Leben mitunter zur Hölle machen, kann man sie wissenschaftlich nicht in den Griff zu bekommen. Agiert die Psyche über elektromagnetische Impulse oder generiert sie biochemische Prozesse? (9)

Dinge, die wir mit den Sinnen nicht wahrnehmen können, wie z.b. Radioaktivität messen wir mit Instrumenten. Manchmal können wir die Existenz eines Phänomens auch durch mathematische Schlussfolgerungen nachweisen. Immerhin.

Ist das bisher mit der Psyche gelungen?

Die meisten von uns hätten ein fiktives Objekt, das sich dem Zugriff der Naturwissenschaft weitgehend entzieht, längst als fixe Idee belächelt, wenn nicht jeder Wissenschaftler selbst „spüren" würde, wie sich in ihm permanent genau das zu Wort meldet, das sich seinem Zugriff hartnäckig verweigert – die Psyche.

Ob es uns passt oder nicht, dieses unbekannte Objekt steuert unsere Gefühle. Mächtige Energien wie Liebe, Eifersucht oder Wut beherrschen uns im Alltag oft stärker als unser Verstand. Wir sind ihnen dann hilflos ausgeliefert.

Wo also ist das geheimnisvolle Objekt, das wir Psyche nennen? Sitzt es in der Brust, im Gehirn, im Solarplexus?

In manchen Kulturen Asiens wird dem Bauch ein anderer Stellenwert zugeschrieben als im Westen. Das *Hara*, die Mitte des Körpers unterhalb des Nabels, gilt für die Japaner als Pol des Lebens, als physischer Mittelpunkt der Existenz. Die Lotusstellung hat unter anderem den Sinn, beim Meditierenden die Wirbelsäule gestreckt und den Bauch, dieses wichtige Energiezentrum, aufrecht zu halten, ihn also nicht zusammenzudrücken, denn das *hara* soll frei atmen können. Da im Westen der Begriff des *hara* kaum bekannt ist, haben wir auch den Hintergrund von *Seppuku* (bei uns meist als *Harakiri* bekannt), nie richtig begriffen. Diese in unseren Augen so schreckliche japanische Tradition, Selbstmord zu begehen, verrät indes keine Neigung zum Masochismus. Die Selbstentleibung ist eine rituelle Handlung, bei der das Schwert beim *hara* ansetzt, also das Lebenszentrum des Körpers öffnet, um die Seele entschweben zu lassen. In der fernöstlichen Philosophie ist das *hara* dem Herz und Gehirn zumindest ebenbürtig.

Auch wir spüren immer wieder, dass unser Inneres nicht nur der Verdauung dient: Etwas schlägt uns „auf den Magen", wir fühlen ein „Kribbeln in Bauch", ein Unbehagen „steigt in uns auf". Was heißt das? Oft scheint es, als würde etwas Undefinierbares in unserm Inneren von unten nach oben dringen – vom Bauch zum Gehirn?

Genauso ist es. Neueste biologische Erkenntnisse haben eine erstaunliche Entdeckung gemacht: Im Bauch existiert ein zweites Hirn, das sogenannte *Bauchhirn*. Experten sprechen von „Enterischen Nervensystem". (10)

Dieses Gebilde verfügt über die größte Ansammlung von Nervenzellen außerhalb des Kopfes. Es produziert psychoaktive Substanzen wie Serotonin und Opiate und ist damit direkt für unsere Gefühlslage verantwortlich. Doch nicht nur das: Das Bauchhirn versorgt das Gehirn im Kopf mit wichtigen Informationen. Es scheint, dass Gefühle sogar unsere rationalen Entscheidungsprozesse steuern. Der Kontakt zwischen unserem Hirn im Bauch und dem im Kopf ist erstaunlicherweise recht einseitig. Anscheinend fließen wesentlich mehr Informationen vom Bauch zum Kopf (etwa 90%) als umgekehrt (10%). Das Denkorgan im Bauch wäre also von dem Gehirn, das wir kennen, weitgehend unabhängig. Wir kennen das, Bauchgefühlen ist mit rationalen Argumenten nicht beizukommen. Unser Hirn im Bauch ist eine hoch komplexe Datenbank, die selbstständig arbeitet und deren Funktionsweise noch nicht endgültig erforscht ist.

Doch damit bestätigt die Wissenschaft nur, was wir intuitiv längst wissen: Entscheidungen, die wir „aus dem Bauch heraus" treffen, sind meist nicht die schlechtesten.

Bauch oder Gehirn, viele Biochemiker sind der Meinung, dass wir ohnedies nur der Spielball tanzender Moleküle sind. Versuchen wir dennoch, mit diesem Ball zu spielen und ihn so wenigstens gelegentlich unter Kontrolle zu bringen. Sonst kann uns die Psyche zu Reaktionen treiben, über die wir mit dem Verstand nur den Kopf schütteln können. Allerdings können wir den Konflikt zwischen Kopf und Bauch, wie es volkstümlich heißt, nicht grundsätzlich lösen, denn es gibt eine Schwierigkeit: Wir versuchen, die Psyche mit unserem Verstand zu analysieren, dem einzigen Werkzeug, das uns zur Verfügung steht. Da die Psyche aber keine Physis hat und als solche auch bis heute nicht dingfest gemacht werden konnte, tut sich der Verstand bei dieser Aufgabe schwer. Deshalb versucht er, fehlende Ergebnisse durch K o n z e p t e zu ersetzen, also Modelle möglicher Wirklichkeiten. Dass man auch damit ganz gut arbeiten kann – vorausgesetzt, man weiß, dass es Modelle sind – wird jeder Psychoanalytiker bestätigen.

Das Fatale dabei ist: Unser Verstand hält diese Konzepte für die Wirklichkeit. Damit sitzen wir wieder einmal in der Falle.

Schon am Beispiel Ärger haben wir gesehen, dass uns der Verstand kausale Zusammenhänge suggeriert, die in Wirklichkeit nicht existieren („ich ärgere mich, weil.."). Damit löst er am Schaltpult unserer Psyche die Reaktion „Ärger" aus. Unser Pech ist, dass die Psyche in solchen Fällen den Impuls des Verstandes nicht hinterfragt, sie reagiert einfach – *weil sie gar nicht anders kann.* Die Psyche ist nie von sich aus aktiv, sie kann nur auf Ursachen r e a g i e r e n. Sie ist das Potential, in dem sich Gefühle realisieren – zum Beispiel Freude, Ärger, Leidenschaft. Zur Realisierung benötigt die Psyche einen Impuls von außen.

Da sie selbst kein Instrument besitzt, die äußere Wirklichkeit zu überprüfen, denn das wäre ja der Verstand – reagiert unsere Psyche auf Impulse sozusagen „blind".

Kein Wunder, dass sie uns so oft in Schwierigkeiten bringt.

a) Im Chaos der Gefühle

Mit Emotionen klug umzugehen, fällt uns schwer. Immer wieder werden wir vom Strudel unserer Gefühle mitgerissen. Ob wir nun wütend sind oder verliebt, mit dem Verstand kommen wir in solchen Situationen nicht weiter. Was also können wir tun?

Verstand und Gefühle sind nicht unsere Gegner, sie sollten unsere Verbündeten sein. Wenn es meist nicht so ist, dann nur, weil wir dies zulassen. Gefühle sind nichts, wogegen wir ankämpfen sollten. Im Gegenteil, sie sind ein wesentlicher Überlebensfaktor. Ohne Mutterliebe hätte unsere Spezies nicht überlebt.

Im Zeichen eines radikalen Materialismus kann man die Möglichkeiten, die uns die Psyche durch Intuition und Emotionen zur Verfügung stellt, nicht hoch genug schätzen. Verstand und Psyche können sich perfekt ergänzen – wenn wir mit beiden richtig umgehen. Sie bedingen sich wie zwei Seiten einer Münze. Nur in ihrer Synthese können wir unser Leben sinnvoll gestalten. Doch wie viele Menschen gibt es, die das tatsächlich tun, die Verantwortung übernommen haben für ihr Leben? Menschen, die sich entschieden haben, nicht länger Opfer zu sein – weder ihrer Psyche noch ihres Verstandes.

Die meisten von uns geben sich damit zufrieden, als Psychokrüppel durch das Leben zu schleichen und mit ihren Kompensationstrieben anderen auf die Nerven zu gehen.

Muss das so sein? Wenn wir unsere Psyche mit ihrem Reichtum an Gefühlen nutzen wollen, dürfen wir uns nicht von ihr manipulieren lassen. Das bedeutet, wir müssen uns der Wirklichkeit stellen – *so wie sie ist*. Ohne Konzepte, Bewertungen, Interpretationen oder Gefühlen, die uns wie Mühlsteine zu Boden drücken. Es geht darum, f r e i zu sein.

Was das in letzter Konsequenz bedeutet, können wir im Dunkeln unserer Höhle nicht ahnen.

Nun ist es nicht so, dass wir Gefühle prinzipiell ablehnen. Angenehme Gefühle sind willkommen, nur die negativen hätten wir lieber nicht. Leider können wir diesem Dilemma nicht entkommen. Positiv und negativ sind die beiden Pole unseres Daseins. Das Universum hat nun einmal binäre Strukturen entwickelt, ob uns das gefällt oder nicht, ist der Welt egal.

In Gedanken können wir das Thema zurückverfolgen bis zur Geburtsstunde dieses Planeten: Seit es die Erde gibt, empfängt sie bestimmte Informationen. Als sich im Ozean vor Milliarden von Jahren die ersten Mikroorganismen entwickelten, bekamen auch sie von Anfang an diese Impulse. Was kann das gewesen sein? Welche Informationsquelle über die Welt hatten die ersten Einzeller auf diesem Planeten?

Die gleiche, die es schon immer gab: Die Abfolge von Tag und Nacht. Es wurde hell, dann wieder dunkel. Diese Information konnte die unbelebte Materie wie auch jeder Organismus vom ersten Tag an wahrnehmen, spüren, empfinden. Hell oder dunkel, in regelmäßiger Abfolge, das war alles. In der Sprache der Informatiker könnten wir sagen, *die älteste Information auf diesem Planeten war binär.* (Hell und dunkel = 1 und 0).

Viele Millionen Jahre später hat sich dann diese zweibeinige Spezies entwickelt, die wir wohlwollend „homo sapiens" nennen. Bis heute plagt sie sich mit ihrem Verstand und ihrer Psyche. In den zentralen Schaltstellen des Organismus funktionieren auch wir nach denselben Impulsen: Herzschlag und Atem folgen einem binären Rhythmus, unser ganzes Sein ebenfalls: Wir sind lebendig oder tot.

Inzwischen haben die Menschen Technologien entwickelt, mit denen wir jede Information in Computern speichern können. Damit transformieren wir unser Wissen zurück in einen Code, der so alt ist wie der Planet – das binäre System. Es ist inhärenter Bestandteil des Universums: Beim Urknall entstanden im allerersten Moment Materie und Antimaterie, der fundamentale Dualismus unserer Welt. Er ist in den Naturgesetzen vorgegeben.

Auch philosophisch kann man diesem ersten Moment des Kosmos nachspüren: Warum gibt es überhaupt etwas? Das Sein und das Nichts sind die ersten Gegenpole, die wir gedanklich fassen können.

Bei Analogien kosmischer Dimension sollten wir uns nicht wundern, dass auch die Welt der Gefühle und Empfindungen binär ist. Auch das war von Anbeginn der Zeiten so. Wenn positive Emotionen existieren – und solche hätten wir gerne – muss es auch negative geben. Können wir diese Tatsache akzeptieren, gewinnen wir zu den Gefühlen, die uns das Leben schwer machen, eine heilsame Distanz. Wir lernen, mit den beiden Polen emotionaler Energie besser umzugehen. Freude und Liebe können dann zum intensivsten Energiefeld werden, das es im Leben gibt. Leider können wir dieses nicht selbst erzeugen, positive Gefühle lassen sich nicht steuern. Wir erwarten, dass sie uns in den Schoss fallen. Das kann so sein, manche Menschen warten ein Leben lang darauf. Doch sie tun nichts, um dieses Geschenk möglich zu machen. Warum?
Das Hindernis ist wieder einmal unser Denken.

Das kann dann so aussehen: Wir würden gerne spontan handeln, doch sofort erfindet unser Verstand Gründe, warum das nicht möglich ist. Diese sind zwar völlig fiktiv, aber die Psyche kann das nicht überprüfen. Sie nimmt diese Argumente für bare Münze und reagiert entsprechend: Wir bekommen Angst, werden schüchtern, haben Hemmungen. Das Ergebnis: Wir verlieren unseren Elan und tun – nichts.

Erinnern wir uns an eine Situation, die banal ist, die aber jeder kennt: Wir wollen eine Frau ansprechen – im Café, in der Straßenbahn, im Supermarkt. Schon bei dem Gedanken bekommen wir oft Herzklopfen, ein Indiz für Angst. Warum? Weil uns der Verstand sofort tausend Gründe suggeriert, weshalb es in diesem Augenblick nicht sinnvoll ist, zu tun, was wir tun wollen. Anstatt zu handeln, produzieren wir Kopfgeburten: *Die Dame ist wahrscheinlich schon verabredet / ihr Freund kommt sicher gleich durch die Tür / wahrscheinlich will sie nicht gestört werden / eigentlich ist sie viel zu alt / zu jung etc.*

Das gilt natürlich für Frauen ebenso. Auch sie quälen sich gerne mit dem ältesten aller Vorurteile: „Ich kann ihn doch nicht so einfach ansprechen". Warum nicht? Gibt es dann ein Erdbeben, werden Sie öffentlich ausgepeitscht oder geht nur die Welt unter?

Wir wissen es doch: Je länger wir nachdenken, desto verfahrener wird die Situation.

Wenn wir uns nach 10 Minuten grübeln doch noch zu einer Handlung aufraffen, sind wir so verkrampft, dass sie kaum noch Erfolg verspricht. Dafür können wir uns dann den ganzen Tag über die verpasste Gelegenheit ärgern.

Wenn die Dame, die wir nun schon länger beobachten, aber wirklich verabredet ist, wenn also tatsächlich gleich jemand durch die Tür kommt? Die Chancen sind gut, dass wir den Tag dennoch überleben. Vor allem werden wir dies nie herausfinden, wenn wir grübeln, anstatt zu handeln.

Versuchen wir also, uns einmal anders zu verhalten: Sobald wir das Objekt unserer Begierde wahrnehmen, gehen wir spontan auf die Unbekannte zu und sprechen sie an – *bevor* der Verstand uns all die Gründe einredet, warum das nichts bringt.

Wir reagieren so schnell, dass die innere Stimme der Verweigerung buchstäblich nicht zu Wort kommt. Und dann passiert es: Das strahlende Lächeln der Unbekannten belohnt uns. Warum? Wenn wir tun, was wir in unserem Innersten tun wollen, sind wir im Einklang mit uns selbst, sind kraftvoll und strahlen Energie aus. Der schreckliche erste Satz, der immer so schwierig ist, fällt uns plötzlich wie von selbst ein. Wir plaudern charmant, oder gestehen ganz offen, dass *small-talk* nicht unsere starke Seite ist.

Was immer passiert, wir werden von der Energiewelle unserer spontanen Reaktion getragen. Selbst wenn die Dame uns einen Korb gibt (sie war leider doch verabredet), wird dieser Korb hübsch verpackt sein. Durch den positiven Energieschub, den die spontane Aktion in uns hervorgerufen hat, sind wir souverän genug, die Absage hinzunehmen. Wir können die Situation *akzeptieren, wie sie ist*, ohne zu werten, ohne Groll. Im Gegenteil, gestärkt von dem Gefühl, unserer inneren Stimme gefolgt zu sein, gehen wir beschwingt durch den Tag. Im Fall der Verweigerung hingegen strahlen wir nur die gepflegte Frustration aus, die wir und andere an uns schon so gut kennen.

Frauen spüren solche Schwingungen schon von weitem und werden einen großen Bogen um uns machen. Auch wenn wir uns sorgfältig parfümiert im neuen Armanihemd präsentieren – niemand wird uns zur Kenntnis nehmen.

Wirklich attraktiv werden wir durch Energie und Lebendigkeit. Doch diese Energie können wir nicht einfach abrufen, wir müssen sie erschaffen. Das ist nur möglich. wenn wir unsere Intuitionen ernst nehmen, nicht die Stimme im Ohr, die uns immer bremst. Handeln anstatt zu grübeln bedeutet, gute Ideen nicht nur zu haben, sondern sie auch auszuführen.

Selbst wenn sie manchmal etwas verrückt sind.

Stellen Sie sich folgende Situation vor: Es ist Mittag, Sie betreten ein überfülltes Restaurant und setzen sich auf den letzten freien Platz. Während Ihr Blick unruhig durch das hektische Geschehen im Speisesaal wandert, fällt Ihnen auf, wie eine ältere Bedienung zu jedem Gast erstaunlich freundlich ist, trotz der allgemeinen Turbulenz. Auch als sie schließlich zu Ihnen kommt, ist diese Frau äußerst liebenswürdig. Natürlich könnten Sie der Dame einfach ein großzügiges Trinkgeld geben. Heute aber beschließen Sie, einmal ganz anders zu handeln – obwohl Ihnen die kleine Stimme im Ohr energisch zuflüstert, dies nicht zu tun. Doch Sie stehen zu Ihrer Idee, ungeachtet der Tatsache, dass die Serviererin nicht jung und attraktiv ist, sondern eine dieser Frauen, die Sie sonst gar nicht wahrnehmen.

Sie gehen also zum Blumenladen an der Ecke, kaufen einen bunten Strauss und überreichen ihn der freundlichen Dame – vor allen Gästen. Dabei sagen Sie ihr ganz offen, warum sie diese kleine Aufmerksamkeit verdient hat. Sie können sicher sein: Die Frau wird diesen Augenblick ihr ganzes Leben nicht vergessen. Und jetzt kommt die Überraschung: Auch Sie selbst werden diesen Moment nicht mehr vergessen.

Die positive Energiewelle, die Sie durchströmt, wenn Sie den Strauss überreichen (auch wenn Sie dabei erröten) wird Sie durch den ganzen Tag tragen.

Dieser kleine Exkurs zeigt uns, wie oft das, was wir intuitiv tun wollen, vom Verstand vereitelt wird. Verstand und Psyche agieren auf völlig unterschiedlicher Ebene. Kein Wunder, dass der Verstand mit der Psyche nicht umgehen kann. Wenn wir uns allerdings blind mit unseren Emotionen identifizieren, geraten wir ebenfalls in Schwierigkeiten. Der Strom unserer Gefühle reißt uns dann mit und macht mit uns, was er will. Das kann äußerst unangenehme Folgen haben.

b) Wut und Hass:

Negative Energiewellen können wir nicht verhindern, aber wir können lernen, damit umzugehen. Das beginnt mit einem Schritt, den wir schon kennen: unangenehme Gefühle müssen wir zulassen, also akzeptieren. Wieder beobachten wir nur, was in uns geschieht. Diese Haltung kennen wir aus anderen Situationen: Es ist Sommer. Wir haben das Fenster geöffnet und eine dieser lästigen Fliegen kommt ins Wohnzimmer. Sie surrt wie wild umher und stört uns bei der Arbeit.

Nun könnten wir versuchen, die Fliege zu fangen oder zu erschlagen. Wer Fliegen kennt, weiß, dass dies ein frustrierendes Unterfangen ist. Wenn wir aber warten und das Fenster vielleicht noch etwas weiter öffnen, wird die Fliege wahrscheinlich wieder ins Freie schwirren und wir können in Ruhe weiterarbeiten.

Mit negativen Gefühlen funktioniert es ähnlich. Wenn wir sie akzeptieren, ohne uns von ihnen beeinflussen zu lassen, verschwinden sie langsam wieder und haben keinen Schaden angerichtet. Wenn wir allerdings unter dem Druck der Emotionen agieren, können Dinge geschehen, die wir nachher bitter bereuen.

Handeln ist besser als grübeln, das wissen wir. Doch wenn wir blind handeln, beherrscht von negativen Gefühlen, kann das fatale Konsequenzen haben.

Menschen, die nicht Opfer ihrer Gefühle sein wollen, lassen sich vom Strudel der Emotionen nicht unkontrolliert fortreißen, aber sie stellen sich ihm auch nicht entgegen. Sie lassen ihn einfach an sich vorbeiziehen und entscheiden selbst, ob sie mitschwimmen wollen und oder nicht. Konkret könnte das so aussehen: Jemand hat uns etwas Entsetzliches angetan. Wir zittern vor Wut. Als Opfer reagieren wir spontan. Wir machen das, was unsere W u t will – nicht das, was w i r wollen. Das sieht dann so aus:

- wir schlagen zu (wenn wir stärker sind),
- wir holen einen Revolver (wenn der andere stärker ist),
- wir schlagen unsere Frau (weil wir uns irgendwo abreagieren müssen)
- wir zertrümmern die Wohnung (weil wir uns nicht erlauben, unsere Frau zu schlagen)

Dies alles mag psychisch durchaus befreiend sein, aber wir werden schnell feststellen, welch gehöriges Maß an Leid uns erwartet, wenn unsere Wut das Sagen hat und nicht wir.

Was wäre die Alternative? In dem kurzen Augenblick zwischen Gefühlsaufwallung und Reaktion halten wir eine Sekunde inne und sehen uns an, was in diesem Moment in uns passiert.

Habe ich die Wut oder hat die Wut mich?

Wenn wir entscheiden, dass wir Herr/Frau der Situation bleiben wollen, wird im Bruchteil dieser Sekunde alles anders. Wir stehen dann vielleicht genauso zitternd da, haben aber die Klarheit zu sehen, was i s t. Und was sehen wir?

Jemanden, der zitternd dasteht. Eine Person, die gerade von einer riesigen, negativen Energiewelle durchflutet wird. Gut, das ist jetzt eben so. Und was geschieht noch?

Jetzt, in diesem Augenblick – NICHTS. Der Anlass ist schon Vergangenheit.

Wir kennen diesen Gedanken aus unserem Gespräch über den Ärger. Die Situation ist die gleiche, nur dramatischer. Vielleicht hat man uns betrogen, verprügelt, das Auto geklaut, das Haus geplündert. Nicht jetzt, sondern vor einer Minute. Was immer es war, es ist vorbei. Wir können es nicht ungeschehen machen.

Es gibt in solchen Augenblicken also nichts, das uns dazu zwingt, zum Revolver zu greifen oder andere unüberlegte Dinge zu tun. Der einzige Impuls, der uns dazu drängt, ist unsere Wut. Doch wir wissen inzwischen, Emotionen kommen und gehen.

Und wir haben beschlossen, Entscheidungen selbst zu fällen und diese nicht an unsere Gefühle abzugeben. Daran erinnern wir uns, genau jetzt, während uns die Wut den Atem nimmt!

Wenn uns dieses kurze Heraustreten aus dem automatischen Ablauf der Dinge gelingt, dieser Riss im Gefüge, indem wir uns vielleicht nur eine Sekunde aufhalten – dann sind wir wieder Subjekt, also Herr/Frau unserer Handlungen. Auch wenn wir die Wut und den Hass weiter in uns spüren. Wir akzeptieren die negative Gefühlswelle, *lassen uns aber von ihr nicht vorschreiben, was wir tun sollen.*

Das blitzartige Umschalten eröffnet die Möglichkeit, als freier Mensch zu handeln. Das hat nichts mit stoischer Passivität zu tun. Wenn ich sehe, wie jemand misshandelt wird, werde ich wütend. Das ist gut so. Aber wenn ich die Wut im Griff habe, kann ich überlegt einschreiten, anstatt blind loszustürmen. Wir können uns dann mit der Situation sachlich auseinandersetzen und sinnvoll handeln – eine Freiheit, die wir als Gefangener unserer Gefühle nie haben werden. Als Sklave falscher Vorstellungen auch nicht.

Instinktiv wissen wir das. Wir spüren genau, wenn wir wieder einmal Spielball unserer Emotionen sind, denn dann fühlen wir uns besonders hilflos. Unser Verstand funktioniert dann nicht mehr oder wir wollen nicht auf ihn hören.

Wer frisch verliebt ist, eignet sich besonders gut als Spielball. Begeistert lassen wir uns von unseren Gefühlen hin und her werfen. Nur ein Eifersüchtiger macht das noch besser, auch wenn er behauptet, dabei entsetzlich zu leiden. Gefühle übermannen/frauen uns so vollständig, dass wir glauben, keinen eigenen Willen mehr zu haben. Bei angenehmen Emotionen strahlen wir, bei negativen sind wir suizidgefährdet. In beiden Fällen sind wir Opfer und den Gefühlen ausgeliefert.

Nehmen wir also einen anderen Standpunkt ein und verlassen den Teufelskreis. Das tun wir, indem wir aussteigen – aus dem Kurzschluss von Anlass und Wirkung, von Impuls und Energiewelle.

Ich habe Gefühle, aber ich b i n nicht meine Gefühle.

Wir treten einen Schritt zurück und sehen uns einfach an, wie das Ganze abläuft – in uns und auf unsere Kosten. Als Beobachter können wir deutlich wahrnehmen, wie die Energiewellen der Gefühle in uns ablaufen, dieses Karussell der Emotionen, das sich in unserer Brust dreht, oft so schnell, dass uns schwindelig wird.

In dem Moment, in dem wir das tun, geschieht etwas Entscheidendes: Das Karussell dreht sich zwar weiterhin – *aber wir sitzen nicht mehr darin!*

Als Zuschauer haben wir eine neue Freiheit. Wir können entweder aufspringen (wenn es um positive Gefühle geht) oder einfach nur zusehen (bei negativen Emotionen).

W i r bestimmen, was wir tun, nicht unsere Emotion.

Wenn wir schließlich doch beschließen, mitzufahren, haben wir eine freie Wahl getroffen. Dann kann uns die Energiewelle nicht mehr mitreißen und in einem unkontrollierbaren Strudel stürzen. Das wäre mit Sicherheit ein Weg des Leidens.

Das gilt besonders für das schwierigste und schönste Gefühl, zu dem wir fähig sind.

c) Problemfeld L i e b e

Liebe ist ein äußerst positives Gefühl, mit dem wir keine Schwierigkeiten haben. Jedenfalls nicht zu Beginn. Später kann sich das ändern, dann bekriegen sich vielleicht die Scheidungsanwälte. Deshalb müssen wir auch hier Verantwortung übernehmen für unsere Emotionen. Schließlich sind wir damit nicht allein, sondern belasten unsere Mitmenschen, zumindest einen. Wir sollten dieses elektrisierende Energiefeld also genießen *ohne Schaden zu verursachen.* Dies ist leichter gesagt als getan. Funktionierende Partnerschaften sind vielleicht das Schwierigste im Leben überhaupt. Jede zweite Ehe wird geschieden. Immer wieder versuchen wir, Beziehungen aufzubauen, immer wieder scheitern wir. Was machen wir falsch?

Vielleicht sind wir nicht offen für das, was uns das Leben anbietet. Auch wenn wir es nicht wahrnehmen, konditioniert sind wir von Anfang an. Wieder folgen wir Konzepten, die unser Verstand konstruiert hat. Unsere Idee von Schönheit und Attraktivität orientiert sich an Vorbildern. Sie kommen aus unserer Erziehung, aus der Werbung, aus Filmen. Oder sie gehen auf romantische Ideen aus unserer Kindheit zurück.

So haben wir von Anfang an genaue Vorstellungen, wie Liebe sein soll. An diesem Ideal orientieren wir uns. Wir wissen, wie unser Partner aussehen muss, wie er sich verhalten darf und wie nicht. Im Klartext heißt das: Wir lieben, solange das <u>Objekt</u> der Liebe unseren Vorstellungen entspricht. Daran ist nichts romantisch. Wir behaupten zwar, den anderen zu lieben, aber nur, wenn er so ist, wie wir erwarten. Das bedeutet:

Wir stellen <u>Bedingungen</u> für unsere Liebe.

Werden diese nicht erfüllt, ziehen wir die Liebe zurück. Dann aber ist sie nur ein Tauschgeschäft wie beim Gebrauchtwagenhandel. Außerdem erwarten wir noch lebenslängliche Garantie.

In einer Zeit, da viele die Liebe an Partnerbörsen im Internet suchen, ist die Versuchung groß, Menschen zu konsumieren wie andere Dinge auch. Ein Mausklick, ein kurzes Wischen auf dem Smartphone, schon finden wir ein neues Gesicht, das uns anlächelt. Im Labyrinth der Beliebigkeit ist es schwer, sich auf einen anderen Menschen wirklich einzulassen, bei der geringsten Schwierigkeit steht ja bereits ein neuer Kandidat zur Verfügung. Wir können uns also beruhigt immer wieder aufs Neue bestätigen, wie der ideale Partner aussehen muss und wie er sich verhalten darf, natürlich nur innerhalb der Grenzen unserer Vorstellung.

Aber kann wirkliche Liebe innerhalb von Grenzen und Forderungen gedeihen?

Offensichtlich wollen wir keinen freien Menschen, sondern ein Objekt, das unseren Wünschen entspricht. Deshalb ist das, was die meisten Menschen „Liebe" nennen, eine Haltung voller Gebote und Einschränkungen, kein Gefühl, das offen ist für Möglichkeiten und Veränderungen. Potenz interessiert uns in Beziehungen mehr als Potentialität. Vielleicht können wir nicht anders.

Mit freien Menschen kann auf gleicher, also partnerschaftlicher Ebene nur umgehen, wer selbst frei ist. Wie wir gesehen haben, sind wir das selten.

Aber wie immer wissen wir alles besser. Wir halten fest an unserer Vorstellung, wie Liebe sein soll und sehen deshalb nicht, wie Liebe i s t. Wieder einmal folgen wir einem Konzept unseres Verstandes. Ob dieses mit der Realität übereinstimmt, interessiert uns nicht. Wenn unsere Psyche auf diese falschen Signale reagiert und Emotionen wie Enttäuschung oder Eifersucht produziert, leiden wir. Anstatt unter solchem Druck das Konzept zu wechseln, wechseln wir lieber den Partner. Dann können wir dasselbe Spiel noch einmal spielen und wieder verlieren. Ist das vernünftig?

Wenn wir in den Sog von erregenden Gefühlen geraten, sind wir selten vernünftig, wenn es um Leidenschaft geht, noch weniger. Dieser geben wir uns gerne hin, denn ihr Energiefeld ist so lustvoll, dass es zum Schönsten gehört, was Menschen erleben können. Doch umso größer ist die Fallhöhe. Wir kennen es gut, das Leiden, das Leidenschaft schafft. Denn oft fesselt uns das erotische Magnetfeld eines anderen Menschen so, dass wir ihm hilflos verfallen.

Wie sehr uns die Triebe beherrschen, hat nicht nur Freud festgestellt. Schon im ersten literarischen Text der Menschheit, dem *Gilgamesch-Epos*, ist es das zentrale Thema. (11) Kein Wunder, sexuelle Energie ist äußerst lustvoll und ein wesentlicher Bestandteil dessen, was wir Liebe nennen. Doch wenn wir sie blind und nicht bewusst genießen, gehen wir im Labyrinth der Sinne verloren. Damit gefährden wir das äußerst komplexe psychische Gewebe, das den Nährboden von Liebe bildet.

Woher kommt der Impuls, der uns dazu bringt, uns in einen anderen Menschen zu verlieben? Niemand weiß es. Genauso wenig wissen wir, ob dieser Gefühlsstrom aktiv bleibt oder bald wieder versiegen wird. Er gleicht einem Geschenk, das uns vom Schicksal gemacht wird. (Wobei man unter Schicksal auch die Evolution verstehen könnte. Das Gefühl der Zuneigung brachte Männer dazu, bei der Sexualpartnerin zu bleiben und so den Nachwuchs zu beschützen, was dann dem Überleben der Spezies zugute kam.)

Geht es bei der Liebe um Resonanz? Wie wir noch sehen werden, bestehen wir und alles andere im Universum im Innersten aus Energieschwingungen. Wenn diese zwischen zwei Menschen in Resonanz treten, könnte das die Ursache sein für das intensivste Gefühl, zu dem wir fähig sind.

Sehen wir uns an, wie wir mit diesem Geschenk umgehen. Oft brüsten wir uns damit, unsere Liebe sei grenzenlos. Ehrlicher und verpflichtender wäre eine andere Formulierung: Alles, was geschieht, bleibt innerhalb der Grenzen unserer Liebe. Anders ausgedrückt: Was immer passiert, ob es uns gefällt oder nicht, die Liebe zu unserem Partner wird immer größer sein als die Schwierigkeit, die in der Beziehung entstehen kann.

Mutterliebe kann dafür ein Beispiel sein. Die meisten Mütter lieben ihre Kinder auch dann noch, wenn diese zu Verbrechern geworden sind. Sie bleiben immer ihre Kinder und damit im Lichtkegel ihrer Liebe (auch wenn die Mutter mit ihrem Verstand die Taten ihres Sohnes durchaus verabscheut.) Das hat nichts mit blinder Liebe zu tun. Im Gegenteil. *Liebe, die Bedingungen stellt, ist blind.*

Schwierig wird es, wenn die prickelnde Elektrizität beschwingter Verliebtheit in das tiefere, kraftvolle Gefühl von Liebe übergeht. Dieses bleibt nur, wenn wir es pflegen, wenn wir darauf verzichten, den Anderen unseren Bedürfnissen anzupassen. Jeder Mensch hat das Recht zu sein, wie er ist. Wenn unsere Psyche mit diesem „Sein" des anderen in Resonanz tritt, wenn sich also beide Energiefelder anziehen und ergänzen, stellt sich das wunderbare Gefühl ein, das wie so schätzen. Das erfordert ein souveränes Subjekt, kein Opfer, keinen Menschen, der abhängig ist – von Emotionen, die kommen und gehen.

Wer wirklich liebt, will den Partner nicht besitzen. Er schafft ein offenes Energiefeld, das zu einem fruchtbaren Nährboden für die Liebe wird. In diesem können sich beide weiterentwickeln. So können wir in der Zeit der starken Gefühle die Basis errichten, auf der später, wenn diese Emotionen durch Gewohnheiten und Pflichten des Alltags in den Hintergrund gedrängt werden, eine sinnvolle Partnerschaft möglich wird.

Oft sieht die Praxis anders aus: Man bleibt zusammen, solange das berauschende Gefühl da ist. Kaum ist es weg, trennt man sich und sucht das schöne Gefühl bei einem neuen Partner. Oder man führt die Beziehung notgedrungen fort, weil es finanzielle oder andere Zwänge gibt. In beiden Fällen sind wir Opfer, Spielball von Meinungen oder Umständen, die u n s kontrollieren, nicht umgekehrt.

Solange das so ist, leiden wir. Manchmal sehr lange, manchmal immer.

Etwas verlegen rutscht Laotse auf dem weichen Sessel aus unbekanntem Material hin und her. Das Ufo schwebt immer noch bewegungslos über dem Lichtermeer von Berlin. Der Extraterrestrische lässt seinen fluoreszierenden Kugelkörper näher vor das Gesicht des Meisters gleiten und sieht ihn aus seinem 5. Auge ungläubig an.

Und warum wollen sie es ununterbrochen tun?

Laotse zuckt hilflos die Achseln.

Sie nennen es Sex und finden es toll.

Das Kugelwesen lässt sich ungläubig um die eigene Achse rollen. Es ist anscheinend der Kommandant. Sein 5. Auge färbt sich rosa.

Bemerkenswert. Doch anders als bei denen, die ihr Tiere nennt, entstehen vorher und nachher oft komplizierte Situationen, die alles andere als wünschenswert sind.

Laotse zuckt mit den Achseln, dies war nicht wirklich sein Thema.

Lust und Vernunft sind Gegner.

Das Wesen rudert mit den drei Armen, drückt seine Saugnäpfe an die Glaswand und fixiert sein Gegenüber.

Aber es ist doch nur ein genetisches Programm.
Ihr sollt es tun und damit ihr es tut, sind gewisse Nerven-
zellen so placiert, dass ihr dabei Vergnügen empfindet.

Die Saugnäpfe auf dem Glas zittern vor Ungeduld.

Marionetten der Evolution!
Und das bei einer Gattung, die sich anschickt,
den genetischen Code zu manipulieren.

Das 5. Auge glüht jetzt bläulich, dann wechselt es in ein zartes Rot.

Eine Spezies, bei der sich die eine Hälfte ein Leben lang
darum bemüht, in der anderen Hälfte ein kleines Stück
Fleisch hin und herschieben zu dürfen? Lächerlich.

Drei jüngere Kugelwesen, die aus einem Loch in der Decke lautlos in den Raum geschwebt sind, haben den letzten Satz mitgehört und kugeln sich im wahrsten Sinne des Wortes vor Heiterkeit.

Die Stimme des Kommandanten wird lauter.

Wie kann ein so simpler genetischer Auftrag
alle Lebensbereiche eurer Gattung beherrschen –
von der Verpackung der Körper bis zu den Ritualen
eurer Egospiele und Balztänze?
Und dann die endlosen Dramen eurer Gefühlsmaschine.

Die Augen von Laotse fixieren den Schatten, den der Kugelkörper auf den glänzenden Metallboden wirft. Er will etwas sagen, doch die Stimme fährt fort.

Nur wegen des bisschen Schiebens, das einige Minuten…

Nun hebt Laotse die Hand zu einem zögernden Einspruch.

schon gut, vielleicht auch mal eine Stunde dauert.
Und das ihr in vielen Ländern auch noch heimlich tun
müsst.

Warum denn? Jeder weiß doch, dass diese Nerven da sind
und es alle anderen auch tun wollen?

Laotse sucht nach Worten. Man sieht ihm an, dies ist nicht sein Thema.

Es gibt da einen Begriff, der ist schwer zu verstehen.
Man nennt ihn Moral, ein Art inneres Konzept.
Es verbietet manche Dinge, andere nicht.

Der Kugelkörper des Kommandanten wechselt jetzt in ein tiefes Purpur.

Das ist doch völlig absurd.
Ihr seid rücksichtslos gewalttätig,
ihr quält und tötet euch nach Belieben,
aber das, was euch Spaß macht,
dürft ihr nur heimlich tun.

Laotse will etwas sagen, zuckt aber nur hilflos die Achseln. Die Stimme seines *instant translators*, der wie ein metallischer Halbkreis über seinen Kopf im Raum schwebt, wird lauter.

Dann seid ihr also tatsächlich nur genetisch
programmierte Puppen,
die ein Leben lang um sich selbst tanzen.
Wenn sie nicht gerade Krieg spielen.

Laotse nickt, mit einem Anflug von Traurigkeit. Die Stimme, die aus dem *translator* kommt, wird schärfer.

Bist du auch ein Sklave deines Fleischstücks?
Denkst auch du dauernd daran, es bei einem anderen hin
und herschieben zu dürfen?

Unwillkürlich richten alle 25 Augen der im Raum schwebenden Kugelkörper ihren Blick auf die Stelle, wo sich das so unverhofft angesprochene Körperteil unter dem Kimono des Meisters verbirgt. Irritiert will Laotse den Kopf schütteln, doch die Bewegung war etwas zu schnell, denn jetzt fällt die Membrane des Sprachsynthezisers aus seinem rechten Ohr.

Während er etwas unbeholfen den metallenen Bügel wieder über die Ohrmuschel hängt, hat er einen Augenblick Zeit nachzudenken. Er spürt, es wird höchste Zeit das Thema zu wechseln.

Das ist lange her.

Die Stimme aus dem Lautsprecher wird jetzt energisch..

*Lenke nicht ab. Die für euch typische Gier
übertragt ihr doch auf alle Lebensbereiche.*

Die Blicke der 25 Augen wandern hoch zu seinem Gesicht. Laotse sucht nach Worten, doch der Kommandant kommt ihm zuvor.

*Vor allem auf das, was ihr „Geld" nennt.
Nach diesem…*

Die Stimme stockt. Eifrig kommen die jüngen ETs ihrem Chef zu Hilfe

Sex

Der Kommandant schüttelt seine Arme und fährt zügig fort.

*Also, nach diesem „Sex" ist Geld doch euer
Lieblingsspielzeug.*

Laotse gefällt immer weniger, wie sich das Gespräch entwickelte.

Das Wirtschaftssystem, das die Menschen entwickelt haben..

Die metallene Stimme unterbricht ihn scharf.

Unsinn. Beantworte mir eine einzige Frage.

Irritiert hebt Laotse den Blick.

Würdest du fünf Tierkadaver essen?

Laotse antwortet nicht. Einer der jüngeren ET´s erkennt den ratlosen Ausdruck auf seinem Gesicht.

Er meint, das, was ihr „Steaks" nennt.

Eigentlich ist Laotse Vegetarier, aber er gönnt sich Ausnahmen, um die Regel nicht zum Dogma werden zu lassen. Deshalb kann er sich in diese Frage ein wenig einfühlen.

Warum sollte ich mehr essen als nötig?

Der Kommandant lacht ironisch. Jedenfalls verziehen sich seine Züge in einer Art, dass man, hätte ein Kugelwesen ein Gesicht, dies so bezeichnen könnte.

Warum will dann ein Privilegierter eurer Spezies, wenn er, von dem, was ihr Geld nennt, drei Millionen besitzt, nichts anderes, als daraus fünf Millionen zu machen?

Dem kann Laotse nicht widersprechen und tut es auch nicht. Doch langsam geht ihm die Situation auf die Nerven. Wie kam er dazu, die Psychologie der Menschen einem Wesen zu erläutern, das vielleicht keine Psyche hat?

Der Kommandant wechselt die stahlblaue Farbe seiner glatten Haut in ein zartes Lila.

Woher kommt euer Drang, mehr haben zu wollen, als ihr braucht? Was bringt euch diese Gier?

Im Raum der ovalen Kabine ist für einen Augenblick nur noch das leise Surren des Gravitationsaggregats zu hören. Laotse räuspert sich, in der künstlichen generierten Atmosphäre fällt es ihm schwer zu sprechen.

Das Bewusstsein der Menschen ist nicht voll entwickelt, noch nicht.

Es wird still. Unbeweglich schweben die schillernden Kugelkörper im Raum. Dann mischt sich zum ersten Mal das kleinste der Wesen ins Gespräch. Die Schuppen seiner noch durchsichtigen Haut zittern erregt.

Was soll sich denn noch entwickeln?
Ihr liebt euch doch nicht einmal selbst.
Sonst würdet ihr euch nicht ständig
gegenseitig vernichten.

Auch die beiden anderen Kugelwesen rollen jetzt aufgeregt herbei.

Nicht nur das, ihr zerstört euren Planeten und wisst es sogar. So ein Verhalten war uns bisher unbekannt.

Die Farbe des Kommandanten ist langsam wieder in ein tiefes Blau übergegangen. Auch er spricht mit leiser Stimme, in der eine Spur von Traurigkeit mitschwingt.

Wir hätten uns begegnen können.
Doch dafür fehlt die Voraussetzung.

Das Wesen will seinen Körper nach hinten gleiten lassen, doch der fragende Blick von Laotse lässt ihn fortfahren.

Vielleicht seid ihr doch nur, was wir vermuten.

Gebannt starrt Laotse auf die Kugel mit den fünf Augen an, die jetzt in mehreren Farben pulsiert.

Eine Fehlentwicklung. Ein bisschen Technologie, aber sonst?

Laotse hebt zögernd die Hand, doch der Kommandant lässt ihn nicht zu Wort kommen.

Ihr seid nicht wirklich erwähnenswert.
Technische Zivilisationen existieren allein in eurer Galaxis
auf über 1000 Planeten. Einige gibt es noch.
Doch ihr werdet nie von ihnen hören,
ihre Lebensdauer ist kurz.
Technische Zivilisationen zerstören sich selbst.

Für einen Augenblick ist es wieder still, dann ist ein Hauch von Resignation in der Stimme spürbar.

Denn sie sind selten intelligent.

Laotse hebt noch einmal die Hand, es bleibt unklar, ob es eine Geste der Hilflosigkeit ist oder des Protests. Seine Lippen bewegen sich lautlos. Doch dann wird seine Stimme leise, aber deutlich hörbar.

Vielleicht ist es noch zu früh, eines Tages
könnten wir es erkennen.

Einige Sekunden blickt Laotse in die Runde der leuchtenden, schwebenden Kugeln. Die fünf Wesen schweben lautlos vor, 25 Augen blicken ihn gebannt an.

Wir stehen noch am Anfang unserer Evolution...

Ein schrilles Pfeifen unterbricht seine Worte.

Die fünf Kugeln entschweben blitzschnell in kleine Luken, in denen zahllose Sensoren und Lichter blinken. Nur der Kommandant hält sich mit einem Saugnapf des dritten Arms an der Luke fest und dreht sich noch einmal um.

Wir werden kurz die Zeitebene wechseln.
Eure Metallvögel kommen auf uns zu.

Ein gläsernes Lachen lässt den fluoreszierenden Leib des Kommandanten vibrieren.

Überleg dir deine Worte gut. Ich bin sehr neugierig.

Im nächsten Augenblick taucht das Bewusstsein von Laotse in eine angenehme, große Leere.

d) Die Sehnsucht nach dem Glück

Diese Sucht scheint ungewöhnlich stark verbreitet zu sein. Seit Jahren boomen auf dem Buchmarkt Titel zu Thema „Glück". Sogar der wissenschaftliche Berater des Dalai Lama hat eines geschrieben, doch dieses hebt sich wohltuend ab von den Platituden der Glücks-Experten und Psycho-Coaches. (12)

Wir reden hier nicht von den flüchtigen Glücksmomenten im Leben, die wir alle kennen.

An diese erinnern wir uns gerne oder hoffen darauf, dass sie bald wiederkommen. Sie speisen unsere Sehnsucht, leben wir doch ständig in der Illusion, irgendwann in der Zukunft glücklich zu werden – *sobald die Voraussetzungen stimmen.* Sobald wir dieses oder jenes haben, von dessen Besitz wir unsere Zufriedenheit abhängig machen: mehr Geld, einen besseren Job, den idealen Partner. Aber wie können Freiheit und Glück in Abhängigkeit von etwas anderem existieren? Damit jagen wir nur wieder neuen Konzepten nach, die uns aufs Neue einengen.

Wie die Liebe finden wir das Glück nicht auf Grund von Erwartungen oder Bedingungen. Diese müssen wir als allererstes loslassen. Das gilt besonders für die materiellen Attribute, mit denen sich unser Ego so gerne schmückt. Doch auch hier lauert ein Missverständnis. Loslassen heißt nicht, dass wir unseren Besitz verschenken sollen. Wir sollten nur unsere Abhängigkeit von Besitz hinterfragen. Geld ist nichts Negatives, es kommt darauf an, wie man damit umgeht. Mit einem großen Vermögen kann man viele Menschen unterstützen.

Versuchen wir also, eine neue Haltung einzunehmen: Es ist schön, dass ich etwas habe, es wäre aber auch in Ordnung, wenn ich es nicht hätte. Macht und Geld könnten sich dann in ein elegantes Spiel verwandeln, bei dem wir durchaus erfolgreich sein können – aber nicht sein müssen. Ganz einfach weil wir nicht mehr abhängig sind, weil wir loslassen können von Konzepten wie:

Ich bin zufrieden, wenn...

Sobald wir das Wort „wenn" streichen, eliminieren wir auch das Konzept, das uns festhält.

Ich bin zufrieden.

Jetzt, in diesem Moment. Ungeachtet, ob die Dinge so gelaufen sind, wie ich es wollte. Wir können beide Möglichkeiten akzeptieren, sind also keiner ausgeliefert. Nun haben wir die Chance, als freie Menschen zu leben.

Wer nun irritiert den Kopf schüttelt und behauptet, dass eine Haltung von solcher „Gleichgültigkeit" die nötige Initiative und Leistungsbereitschaft untergräbt, die im Alltag unentbehrlich ist, unterliegt einem Irrtum. Gleichgültigkeit bedeutet <u>nicht</u> Passivität, es ist weder träges Herumsitzen, noch faules Desinteresse. Ganz wörtlich heißt es: Erfolg oder Misserfolg sind g l e i c h – gültig, beide können gleichermaßen akzeptiert werden.

Wer das erkannt hat, ist von Konzepten, die ihm der Verstand einredet, nicht mehr abhängig, bleibt aber engagiert. Als wirklich freier Mensch setzt er sich mit größerer Energie und Souveränität ein, als jemand, der von einer Karriere-Neurose beherrscht wird und dessen Entscheidungen oft Zwangshandlungen sind. Er kann handeln wie ein Ehrgeiziger – *ohne ehrgeizig zu sein.* Er stellt dem Leben keine Bedingungen mehr.

Ist es nicht merkwürdig, dass gerade bei uns, in den reichen Industrieländern, wo vielen alles im Überfluss zur Verfügung steht, Menschen so selten fröhlich sind? Viele gehen wie lebende Tote durch das Leben. Depression hat sich zur Volkskrankheit entwickelt. Ist der Verlust von Freude und Lebendigkeit der Preis, den wir für Sicherheit und Wohlstand bezahlen, für die Illusion, alles festhalten zu können? Ist dieser Preis nicht etwas zu hoch? Der Mensch ist das einzige Lebewesen, das im Stande ist zu lächeln oder zu lachen. Doch es sollte nicht das Lachen von Gefangenen sein, die mit Konzepten und Illusionen durchs Leben stolpern und sich Witze über ihren Hindernislauf erzählen.

Erinnern wir uns: Die meisten Hindernisse sind in unserem Kopf. Meinungen, Vorstellungen, Vorurteile. Wir haben sie und halten daran fest. Wieder einmal vergessen wir die Konsequenz:

Was wir festhalten, hält u n s fest.

Das wird offensichtlich, wenn wir uns für einen Augenblick in die Rolle eines Außerirdischen versetzen, der mit unserem Planeten und seinen Bewohnern nicht vertraut ist. Dieses Wesen beobachtet zum Beispiel einen Menschen, der eine große Kiste trägt. Mühsam schleppt er die Last eine steile Treppe hinauf, hält sie mit beiden Armen umklammert. Den Vorgang könnte ein externer Beobachter unterschiedlich interpretieren: Der Mann will die Kiste nicht loslassen oder er k a n n die Kiste nicht loslassen *denn sie hält ihn fest.* So, als verfüge sie über ein magnetisches Feld, das die Hände des Mannes unsichtbar an die Kiste presst.

Von außen kann man nicht erkennen, was wirklich zutrifft. Es könnte sein, dass die Kiste ihn tatsächlich festhält. Würden wir auf ihn zugehen und ihm zur Begrüßung die Hand entgegenstrecken, könnte er uns seine reichen? Nein – die Kiste würde zu Boden fallen. Solange er sie festhalten will, hält die Kiste auch ihn fest. Diesem Mann sind buchstäblich die Hände gebunden. Er ist nicht frei. Um es zu werden, müsste er – l o s l a s s e n .

Wie schwer das sein kann, müssen die Leute intensiv gespürt haben, die den Ausdruck „Beziehungskiste" geprägt haben.

Versuchen wir, diesen Gedanken zu verstehen: Was wir festhalten, hält auch uns fest. Das gilt nicht nur für Gegenstände oder Beziehungen zwischen Menschen, sondern auch für Ideale, Konzepte und Erwartungen. Wie frei könnte zum Beispiel ein Mann in seiner Partnerwahl werden, wenn er das Konzept loslassen würde: „Dicke Frauen sind hässlich?" Wie viel mehr Chancen hätte ein

Frau, die loslässt von ihrer Vorstellung: „Männer mit Bart sind schrecklich?"

Das fällt uns schwer. Doch im Grunde hat jeder von uns nur ein Ziel: Glücklich zu sein. Doch leider haben wir dafür unsere Bedingungen:

Ich werde glücklich sein – wenn...

Sobald wir uns von dieser Erwartung lösen, ändert sich alles. Zukunft wird Gegenwart.

- Ich bin glücklich.

Echte Freude braucht keine Bedingungen. Doch nur wenn wir uns für sie öffnen und frei sind. Frei von den Wünschen und Konzepten unseres Egos, unseres Verstandes und all den anderen Teilen unserer Persönlichkeit, die in uns ständig um ihre Interessen kämpfen. Das alles müssen wir loslassen.

Das ist auch die Botschaft des Todes: *Loslassen.* Die Weisen sagen: *Sterbe, um zu leben.*

Erst wenn das Wollen des Egos in uns stirbt, sind wir bereit für das, was wir Glück nennen. Es ist voraussetzungslos.

Die meisten von uns kennen sie deshalb nicht: die gelöste Heiterkeit auf den Gesichtern weiser Menschen. Das feinsinnige, entrückte Lächeln auf den spirituellen Statuen Asiens ist das Lächeln eines von Illusionen befreiten Menschen.

4) DER MENSCH ALS OPFER – d e s K ö r p e r s

Beginnen wir dieses Kapitel einmal ganz anders und zwar mit einer simplen Frage
Sind wir unser Körper?

Das klingt merkwürdig, denn natürlich glauben wir, dass wir der Körper sind.

Doch was heißt das? Biologisch gesehen ist unser Körper ein äußerst komplizierter, biochemischer Mechanismus, der uns zur Verfügung steht, um in dieser Welt leben zu können. Er steuert sich zum Großteil selbst, nur etwa 5% unserer Entscheidungen fällen wir bewusst. Woraus besteht dieses Gebilde aus Fleisch und Knochen? Vor allem aus der Nahrung, die ihm zugeführt wird. Dann können wir mit Recht fragen: Wenn ich einen Apfel esse und dieser in meinem Magen verdaut wird, bin ich dann dieser Apfel geworden?

Nein, diesen Gedanken weisen wir spontan zurück.

Wie weit muss also die Assimilierung der Nahrungsstoffe gehen, wie weit müssen sich die Moleküle in uns verwandeln und in unser biochemisches System eingefügt werden, damit ich der Apfel geworden bin? Immer noch erscheint uns die Frage eigenartig.

Aber diese Moleküle, um die es geht, die sind wir doch, oder etwa nicht? Ich glaube, viele zögern bei dieser Vorstellung immer noch. Wie kann ich etwas sein, das ich unter dem Mikroskop beobachten kann?

Wir wollen diesen Gedanken vorerst nicht weiterführen, er sollte uns nur auf noch größere Irritationen einstimmen.

a) Schmerz und Leid

Bisher haben wir analysiert, wie Leid im Bereich des Verstandes und der Psyche entsteht. Nun wollen wir untersuchen, wie wir mit

Leiden im Körper umgehen. Ein biologischer Organismus kann funktionieren oder nicht, das nennen wir dann Krankheit. Dieser können wir nicht entkommen, denn von unserem Körper sind wir anhängig. Eines wissen wir schon: wir hassen Schmerz. Niemand will leiden. Leider haben wir keine Wahl. Schon als kleines Kind machen wir die Erfahrung, dass dieser Körper verwundbar ist und dies schmerzhaft sein kann. Als Erwachsene wissen wir, dass körperlicher Schmerz im Leben unvermeidlich ist. Wenn er zu lästig wird, gehen wir zum Arzt und erwarten, dass er das Übel behebt. Am besten sofort, denn auf Schmerz reagieren wir immer gleich – mit Ärger oder Verzweiflung.

Mit anderen Worten: Zu einer negativen Sinnesreizung fügen wir ein negatives Gefühl hinzu. Nun geht es uns natürlich noch schlechter. Unter der Bürde von so viel negativer Energie bleibt uns wenig Freiheit. Schuld daran sind natürlich nicht wir, sondern der Schmerz oder die Krankheit. Wir sind nur Opfer und deshalb nicht verantwortlich. Diesen Gedanken kennen wir inzwischen, wissen aber auch, dass er meistens falsch ist.

Sehen wir uns Situationen an, in denen Schmerz entsteht: Wir fügen uns entweder eine Verletzung zu, haben einen Unfall oder werden einfach krank. Darauf reagieren wir unterschiedlich. Wenn wir uns kochendes Wasser über die Hand schütten, werden wir unwillkürlich einen Schrei ausstoßen. Erst dann wird uns klar, dass wir nicht einfach Pech gehabt haben, sondern an dem Missgeschick selbst schuld sind. Wir waren unaufmerksam.

Durch diese Einsicht werden die Schmerzen zwar nicht geringer, aber als Verantwortlicher kann ich meine Reaktion frei wählen. Ich kann entscheiden, mich zu ärgern, zu jammern, zu leiden *oder auch nicht*. Dem Schmerz ist das egal, er ist sowieso da.

Also könnten wir ihn auch akzeptieren.

Natürlich ist es schwer, nicht zu leiden, solange eine Wunde wie Feuer brennt.

Die Vorstellung, bei einer Kieferoperation den Weisheitszahn herausgemeißelt zu bekommen und dabei Ruhe und Gelassenheit auszustrahlen, klingt absurd.

Doch auch da hilft der Gedanke, den wir schon kennen und der uns inzwischen vielleicht schon auf die Nerven geht: Ich habe Schmerzen, aber ich bin nicht diese Schmerzen.

Das bedeutet: Ich registriere die Anwesenheit von Schmerz. Das ist alles. Ich muss den Schmerz zwar spüren, aber ich muss mich nicht darüber aufregen.

Die Reaktion auf den Schmerz kann ich frei wählen. Wenn ich seine Anwesenheit akzeptiere, hat das erstaunliche Folgen: Er bleibt, wo er hingehört – auf der verbrannten Hand, im gebrochenen Fuß, in der Wurzel des Zahns. Im anderen Fall verlassen die Schmerzen ihren Platz und erobern uns vollständig. Dann schmerzt nicht nur die Stelle, an der die Wunde ist, sondern unser ganzer Körper leidet, all unsere Gedanken pulsieren im Rhythmus des Schmerzes. Das muss nicht so sein. Wenn wir Schmerz akzeptieren, wird er erträglich.

Wir können dann mit ihm umgehen, sonst geht er mit uns um und das kann noch schmerzlicher sein.

Woran wir oft nicht denken: Es gäbe auch die Möglichkeit, die unangenehme Situation positiv zu sehen. Schmerz und Krankheit können eine Botschaft unseres Körpers sein, dass wir falsch mit ihm umgehen. Eine Botschaft unserer Psyche – die sich ja nur über Materie, also den Körper, ausdrücken kann – dass wir falsch mit unseren Gefühlen umgehen. Eine Botschaft unserer Seele, dass wir falsch mit unserem Leben umgehen. Krankheit und Schmerzen müssen dann kein negatives Ereignis mehr sein.

Wer lange leidet, wird sich vielleicht nur mir großer Anstrengung zu dieser Sichtweise durchringen können. Doch selbst in sogenannten aussichtslosen Fällen müssen wir nicht in die Rolle des Opfers fallen, dem dies alles nur „zustößt". Denn auch für Aids- oder Krebspatienten gilt: Ich habe diese Krankheit, aber ich b i n nicht meine Krankheit!

Ich akzeptiere, dass ich sie habe, aber das Leben, das ich noch leben kann, bestimme ich selbst, als freier Mensch. Solange ich kann, werde ich nicht zulassen, dass mich diese Krankheit zum Opfer macht und mein Leben an meiner Stelle regiert.

Sind solche Sätze nur Wortspielerei? Vergessen wir nicht, dass schwer gezeichnete Menschen eine andere Sensibilität entwickeln und Einsichten gewinnen können, die für andere nicht zugänglich sind.

Wenn wir für solche Gedanken offen sind, könnten wir das Thema noch aus einem ganz anderen Blickwinkel betrachten: Schmerz und Leid sind immer an den Körper gebunden. Doch haben wir uns je gefragt, was das ist – *unser* Körper?

Wir haben bisher gesehen, dass wir einen Verstand haben, aber nicht *sind*, dass wir Gefühle haben, aber nicht diese Gefühle *sind*. Deshalb liegt auch hier die Überlegung nahe, die uns anfangs so absurd erschien:

H a b e ich einen Körper oder b i n ich der Körper?

Instinktiv spüren wir, beides ist richtig. Ohne Körper würden wir ja nicht existieren. Doch bedenken Sie: Allein auf unserer Haut leben so viele Mikroben wie Menschen auf der Erde. Sind wir die auch?

In unserem Inneren sieht es nicht anders aus. In einem Gramm Darminhalt tummeln sich 1 Billion Lebewesen, 90 % unserer Zellen sind Bakterien. So gesehen scheinen wir eher Mikrobe zu sein als Mensch. Sind wir diese winzigen Wesen ebenfalls?

Welcher Teil dieses Biotops auf zwei Beinen, als das wir durchs Leben gehen, sind wir also?

In unserem Körper werden jeden Tag 50 Milliarden Zellen ersetzt. Sind wir die ebenfalls? Sterben wir also täglich ein wenig, ohne dass wir es merken?

Fragen wir noch einfacher: Unter unserer Haut sind Fleisch und Knochen. Sind Sie Ihre Hand, Ihr Bein? Eigentlich schon, denken wir. Aber was wäre, wenn man uns beide Gliedmaßen amputieren würde? Wir wären immer noch da. Selbst wenn man uns alles am Körper entfernen würde, was medizinisch möglich ist, unser Gefühl zu Sein, das „Ich-Gefühl" würde weiterhin existieren.

Wo also verbirgt es sich - im Gehirn?

Anscheinend, aber wenn ein Mediziner diesen glitschigen, wabbeligen Klumpen vor uns auf den Teller legen würde, hätten wir vielleicht Zweifel. Neuronale Netze und Synapsen würden wir in dem Klumpen jedenfalls nicht erkennen. Das bedeutet natürlich nicht, dass es sie nicht gibt. Schließlich wissen wir, wenn das Geflecht der Synapsen eine gewisse Komplexität erreicht, entwickelt sich Bewusstsein und dieses produziert das Gefühl eines „Ichs". So weit so gut. Doch dabei vergessen wir den entscheidenden Punkt: Zwar ist Bewusstsein im Gehirn verankert, aber <u>es ist nicht</u> das Gehirn.

Anders ausgedrückt: Unser Ich-Gefühl braucht einen Körper, weil in diesem ein Gehirn ist, das ein Bewusstsein ermöglicht, in dem sich das „Ich" entwickeln kann.

Die Aussage, ich h a b e einen Körper, ist also nur logisch.

Doch wer hat ihn?

Wie wir später sehen werden, gibt es es bei der Definition des Ego, also unserem „Ich", unerwartete Schwierigkeiten.

Wer oder was ist dieses „ICH", das all diese Dinge hat, aber nicht i s t?

Doch schon bei der simplen Feststellung *Ich bin der Körper* gibt es Schwierigkeiten, wie wir gesehen haben. Werfen wir einen Blick in den Mikrokosmos:

> *Materie – auch die der Organismen, also auch unseres Körpers – setzt sich immer aus Masse und Vakuum zusammen…Überraschend ist, dass unser Körper fast ausschließlich aus diesem Vakuum besteht, nämlich zu 99,999 unseres Körpervolumens (13).*

Sind auch wir dann nur – Vakuum?

Also „nichts?"

Dies führt uns zurück zu der Frage, die wir schon kennen: WER BIN ICH?

Können wir überhaupt *etwas* sein? Dies wäre ja ein Gegenüber, ein Objekt. Also der klassische Dualismus: Hier ich – dort etwas.

Doch wir wissen, Objekte können wir h a b e n , aber nicht s e i n .

Was also wäre die Alternative?

Nur – *sein*?

Ein *Ich bin* – ohne Zusatz?

Diese Überlegung wird uns bis zum Ende begleiten. Sie enthält den Schlüssel zu einer Freiheit, die so radikal ist, dass wir sie uns nicht einmal im Ansatz vorstellen können.

b) DER TOD – Tabu ohne Sinn?

Wir sind selten zugegen, wenn ein Mensch geboren wird. Noch seltener sind wir dabei, wenn ein Mensch stirbt. Beide Erfahrungen, so alt wie das Leben, haben wir aus unserem Alltag verbannt. Menschen in der westlichen Industriegesellschaft beginnen und beenden ihr Leben meist anonym. Die Geburt findet in steriler Klinikatmosphäre statt, das Sterben hinter der Glastür der Intensivstation.

Tod soll unsichtbar bleiben – er ist etwas, worüber man nicht spricht, woran man keinesfalls erinnert werden will. Wir haben den Tod aus unserem Leben verbannt und zum Tabu gemacht. Doch wer die Augen verschließt vor dem Tod, verleugnet das Einzige, was wir Menschen mit Sicherheit wissen in diesem Leben: *Wir werden sterben.*

Es gibt zwei Arten, mit Tatsachen umzugehen. Wenn wir klug

sind, integrieren wir sie in unser Leben, d. h. wir richten unser Leben so ein, dass es diese Faktoren berücksichtigt.

Im anderen Fall ignorieren wir sie und leben so, als ob es sie nicht gäbe.

Das ist dann so, als würden wir eine Autobahn überqueren und so tun, als ob es die Autos nicht gäbe. Keine kluge Idee, doch genau so verhalten wir uns.

Was haben wir davon, wenn wir den Tod ignorieren?

Wir können uns beruhigt für unsterblich halten. So leben wir dann auch – rücksichtslos.

Nicht nur jeder Einzelne, sondern die gesamte Menschheit, allen voran die Bewohner der Industrienationen. Und da wir nicht nur uns selbst, sondern anscheinend auch unsere Biosphäre für unsterblich halten, tun wir auch ihr an, was wir wollen.

„Das Leben ist eine tödliche Krankheit, sie endet immer mit dem Tod" – wer immer diesen Kalauer erfunden hat, er drückt eine Wahrheit aus: Solange wir den Tod nicht in unser Leben integrieren, kommen wir ihm einfach jeden Tag um 24 Stunden näher.

Unser Sterben zu einem gegebenen Zeitpunkt zu akzeptieren, ist eine Sache. Die andere betrifft die Einstellung, mit der wir vorher durchs Leben gehen. Wenn uns täglich bewusst ist, dass wir sterben müssen, dann hat das Konsequenzen für unser Leben. Weil sich dadurch unser Leben ändert, hat das Konsequenzen für unseren Tod.

Machen wir uns noch einmal klar: Die Vergänglichkeit unseres kleinen Ichs ist endgültig. Nicht nur unser Körper wird vergehen, vergehen werden auch unsere Taten und Leistungen. Was wir haben, was wir hinterlassen – nichts bleibt. (Nur Künstler können sich trösten, dass ihre Werke vielleicht noch von den Nachgeborenen geschätzt werden.)

Und trotzdem machen wir um all das so ein Getöse, als würde es ewig bestehen. Wir strampeln wie Frösche in einem Glas Milch, als würden wir die Mauern der Ewigkeit bauen. Aber wir produzieren nur Yoghurt. Den aber nehmen wir sehr ernst.

Konkret sieht das so aus: Die erste Hälfte unseres Lebens verbringen wir damit, Dinge zu bekommen, die den Wünsche unseres Egos entsprechen (Macht, Geld, Sicherheit, Prestige etc), in der zweiten Hälfte kämpfen wir darum, das Erreichte zu behalten. Wir klammern uns an unseren Partner, unser Haus, unsere Firma, unsere Aktien, unseren Ehrgeiz – an all das, was wir zu besitzen glauben. Doch in Wirklichkeit besitzen wir nichts. Das Leben hat uns gewisse Dinge zur Verfügung gestellt – vorübergehend. Das ist alles. Wenn uns das bewusst wird, verändert sich unser Blickwinkel. Dann verstehen wir: *Wir können nur haben, was wir auch nicht haben können.*

Erst wenn ich akzeptieren kann, dass ich etwas im nächsten Moment vielleicht nicht (mehr) besitze, bin ich wirklich frei. Ich klammere mich nicht mehr daran fest und kann es nun problemlos genießen.

Diese Einstellung kann zum Ausgangspunkt werden für wahre Freude, die nur ein Mensch empfinden kann, der keine Bedingungen an das Leben stellt. Diese Art existentieller Freiheit, mit der Welt umzugehen, kennen die meisten Menschen nicht. Doch sie fällt uns nicht in den Schoss, wir müssen sie realisieren. Nicht erst, wenn es zu spät ist, wenn uns der Tod zum Loslassen zwingt.

Nehmen wir an, wir wüssten, ein Mensch wird an einem bestimmten Tag sterben. Als Beispiel nehmen wir, natürlich stark überzeichnet, den ehrgeizigen Bereichsleiter einer größeren Firma. Wir hätten also die Gelegenheit, ihn in seinen letzten Stunden als unsichtbarer Beobachter zu begleiten. Was würden wir sehen?

Einen Mann, der mit seinen Geschäftskonkurrenten verbissen um Vorteile kämpft, der in der Kantine verärgert das Mittagessen verschlingt, die Mitarbeiter mit immer neuen Vorgaben nervt, der sich abends gereizt durch den Stau quält, der zu Hause über das Essen meckert, über die neue Frisur der Tochter schimpft und schließlich über die Wahl des Fernsehprogramms mit seiner Frau in Streit gerät.

Nach einer letzten, bissigen Bemerkung läuft er aus dem Haus und betäubt sich in der nächsten Kneipe mit Alkohol. Um Mitternacht torkelt unser Mann dann betrunken nach Hause, läuft in ein Auto und wird überfahren. Das war es nun mit dem Leben.

Was würden wir diesem Menschen am Morgen dieses Tages zurufen, wenn er uns hören könnte? Aber so funktioniert das Leben nicht. Zurufe sind in den Spielregeln nicht vorgesehen. Die uralte Wahrheit „Lebe, als würdest du morgen sterben" klingt wie ein Kalenderspruch, falsch ist sie nicht. Man kann sie noch radikaler auf den Punkt bringen:

Lebe so, dass du jeden Augenblick sterben könntest.
Auch jetzt, in dieser Sekunde.

Könnten wir das?

Sterben heißt loslassen. Alles, was wir haben, lieben und sind. Ob wir wollen oder nicht. All die Fesseln, mit welchen uns Verstand und Psyche ein Leben lang an Menschen und Dinge, an Vorstellungen und Wünsche gebunden haben, fallen dann schlagartig von uns ab. Wir werden plötzlich frei in einem absoluten Sinn, den unser Verstand nicht denken kann.

Wenn wir diese Freiheit erst in der Stunde des Todes erkennen, können wir sie im Leben nicht mehr nutzen. Deshalb müssen wir uns entscheiden, welche Einstellung wir zum Tod einnehmen – eine, die uns kraftvoll macht oder eine, die uns lähmt.

Der Tod ist der notwendige Gegenpol zum Leben, ohne Tod ist Leben nicht denkbar. Warum also muss das Hinübergehen in diesen anderen Zustand, den wir Tod nennen, mit negativen Gefühlen belastet sein? Ist es die Angst vor dem Unbekannten?

Möglicherweise. Provozieren wir unseren Verstand mit einer unorthodoxen Frage: Existiert der Tod im Kreislauf des Lebens überhaupt?

Betrachten wir unsere eigene Biographie, den Stammbaum unserer Familie, sofern wir ihn kennen. Sind unsere Vorfahren jemals wirklich „gestorben"? Ist die von ihnen ausgehende Lebenslinie je abgeschnitten worden?

Hat unser Großvater nicht vor seinem Tod das Leben weitergegeben und unsere Mutter gezeugt? Diese wiederum hat uns das Leben geschenkt. Geht die Lebenslinie unserer Ahnen, *dieser nie unterbrochene Fluss des Lebens*, nicht unendlich weit zurück – bis hin in die Steinzeit? Diese Linie ist bei jedem einzelnen von uns nie unterbrochen worden. Sind unsere Vorfahren, die Glieder einer endlosen Lebenskette, in diesem Sinn also wirklich gestorben? Das Leben unserer Familie – unser Leben – hat vor Millionen von Jahren begonnen und geht seit dieser Zeit ohne Unterbrechung weiter. Es liegt an uns, ob wir es weitergeben oder nicht. Dennoch werden wir sterben und das ist gut so.

Der Tod als Endpunkt einer individuellen Existenz ist eine Notwendigkeit. Er ist die Voraussetzung für Evolution, er schafft die Bedingung für die Weiterentwicklung der Arten. Als Mikrokosmos betrachtet, kann der Körper ohnedies nicht sterben. Unsere Zellen bestehen aus recycelten Atomen von Explosionen im Weltall, von Sternen, Dinosauriern, Steinen, Bäumen oder anderen, längst toten Menschen. Diese Atome werden nach dem Zerfall in neuer Konstellation etwas Anderes bilden, vielleicht einen Baum oder ein Tier.

Dennoch ist der Wunsch, unsterblich zu sein, so alt wie die Menschheit. Er ist eine fixe Idee unseres Verstands, der sich nicht vorstellen kann, sich nichts mehr vorstellen zu können. Der Gedanke *nicht zu sein* ist für ihn nicht denkbar. Wir ähneln darin dem Supercomputer AL, der in Kubrick´s Weltraumsaga „2001" verzweifelt dagegen ankämpft, abgeschaltet zu werden. Diese Vorstellung war für den Rechner unerträglich.

Doch der Tod ist kein Anlass zur Depression, im Gegenteil: Das Leben wäre sinnlos, wenn wir <u>nicht</u> sterben würden. Wäre es nicht schrecklich, immer älter zu werden und nie sterben zu können?

Stellen wir uns die Konsequenzen vor: Alle unsere Urahnen wären noch am Leben – unendlich vergreist. Wir müssten uns herumstreiten mit grunzenden Neandertalern, streitsüchtigen Wikingern, grölenden Gladiatoren, launischen Kurtisanen, machthungrigen Kardinälen, syphilitischen Sklavenhändlern oder auch nur mit der Ur-Schwiegermutter, dieser intriganten Hofdame aus dem Wien der Kaiserzeit. Nicht nur, dass wir das nicht wollen, es macht offensichtlich Sinn, dass es nicht so ist.

Wie also sollen wir mit dem Tod umgehen?

Sehen wir uns an, was sich rein physisch hinter dem Begriff verbirgt.

Was bedeutet der Satz *Ein Leben geht zu Ende*? Ein Kabel kann unter Spannung stehen, das heißt, in ihm fließt Strom. Schalten wir diesen ab, ist es tot. Doch das Kabel ist dasselbe, es hat sich nicht verändert. Was also macht den Unterschied?

Im Kabel war etwas, das wir Elektrizität nennen. Im Organismus ist etwas, das wir Leben nennen. In einem toten Körper ist es nicht mehr vorhanden. Was fehlt? Leben – niemand weiß, was das ist, auch Wissenschaftler nicht. Das einzige, was wir sagen können: Leben ist das, was den Körper *leben*-dig macht, was ihn atmet, atmen lässt. Das, was durch diese Augen sieht, durch diese Ohren hört.

Der Körper als Organismus ist nur ein biochemischer Prozess. Er kommt aus der Erde und kehrt zu ihr zurück. Sogar die Atome, die unseren Körper bilden, haben letztlich keine Substanz, wie wir noch sehen werden. Was also lässt uns leben? Gibt es etwas in uns, das nicht stirbt? Viele sprechen in diesem Zusammenhang von der *Seele*. Doch was ist das? Niemand weiß es. Meist deutet dieses Wort auf etwas Nicht-Materielles hin, das uns innewohnen könnte. Es ist Ausdruck einer Hoffnung oder Metapher für etwas Unbekanntes.

Religionen benutzten den Begriff, um etwas zu bezeichnen, das im Menschen existiert, aber nicht Teil des Körpers ist. Darauf bezieht sich auch die Vorstellung der *Reinkarnation*. Für sie ist die Seele der Teil des Menschen, der wiedergeboren wird. Für die Tibeter besteht das menschliche Bewusstsein aus zwei Bestandteilen („Tropfen"). Der eine entwickelt sich während der Lebensspanne und geht beim biologischen Tod zugrunde. Der andere ist unzerstörbar und wandert bis zur Erleuchtung von Leben zu Leben. In Tibet hat man dazu genaue Landkarten entwickelt. So wird im *Tibetanischen Totenbuch* die Reise der Seele nach dem Tod durch die verschiedenen Zwischenreiche (Bardos) genau beschrieben. (14)

In Indien hat Aurobindo ein ganz ähnliches Konzept entwickelt. Auch im Christentum gab es die Vorstellung der Reinkarnation, sie wurde aber 553 beim 5. ökumenischen Konzil in Konstantinopel aus der Lehre verbannt. Ob man an Reinkarnation glaubt und welche Konsequenz das für das eigene Leben hat, muss jeder selbst entscheiden. Überprüfen lässt sich die Vorstellung nicht, auch wenn kleine Kinder manchmal merkwürdige Dinge sagen, die wie Erinnerungen an frühere Leben klingen. Immer wieder berichten Eltern von solchen Vorfällen, mit denen sie meist nichts anfangen können.

Der Tod bleibt für den Menschen ein Mysterium. Was passiert, wenn die „Lebenszeit" zu Ende geht? Diese Frage enthält einen Begriff, den wir zu kennen glauben, obwohl wir ihn nie hinterfragt haben. Was ist das eigentlich – ZEIT?
Die Bedeutung dieses Worts scheint selbstverständlich zu sein.
Das ist ein Irrtum.

5) Meditation über die Zeit

Wenn wir einen Augenblick überlegen, was wir unter "Zeit" verstehen, werfen wir vielleicht einen Blick auf die Uhr. Um uns zu vergewissern, dass es Zeit gibt?

Die Uhr ist dafür kein Beweis. Sie ist ein Apparat, auf dem sich Zeiger oder elektronische Einheiten fortbewegen. Aber diese Einheiten sind genauso wenig die Zeit, wie die Speisekarte das Essen ist. Zwar registrieren wir auch andere Phänomene, wie zum Beispiel Entfernung oder Temperatur, in Maßeinheiten, doch diese können wir mit unseren Sinnen wahrnehmen. Die Entfernung zwischen zwei Bäumen kann ich mit dem Auge erkennen, die heiße Herdplatte verbrennt meine Hand. Aber wie kann ich Zeit wahrnehmen, mit meinen Sinnen, den einzigen Seismographen der Wirklichkeit, die ich habe?

Wo kann ich Zeit sehen, spüren, fühlen?

Selbst wenn ich eine Sanduhr betrachte, sehe ich nur fließenden Sand, das klassische Symbol für die Zeit, aber nicht die Zeit selbst.

Nun könnte man sagen, Zeit ist die Differenz zwischen Veränderungen. Letzte Woche waren noch Blätter an dem Baum, heute ist er kahl. Den Unterschied zwischen beiden Zuständen nennen wir vergangene Zeit. Das Photo der Tochter vor fünf Jahren, die junge Dame heute, ein markanter Unterschied. Doch was ich sehe, sind nur zwei unterschiedliche Bilder, Momentaufnahmen eines Lebens. Dazwischen ist – nichts.

Jedenfalls nichts, das mit unseren Sinnen wahrnehmbar wäre.

Nun gibt es natürlich auch andere Dinge, die wir nicht unmittelbar erkennen können: der Mikrokosmos der Zellen, die Welt des Atoms oder die endlose Ausdehnung des Weltalls. Doch wir haben Hilfsmittel entwickelt, mit deren Hilfe wir diese Dimensionen erahnen oder errechnen können. Selbst kleinste Bestandteile der Materie werden mit extrem aufwendigen Teilchenbeschleunigern auf Photoplatten festgehalten. Wem hingegen ist es je gelungen, Zeit festzuhalten oder sie optisch darzustellen?

Man könnte es mit Zeitlupe versuchen. Doch das Wort ist trügerisch. Zeit wird nicht vergrößert, auch nicht verlangsamt. Das wäre nur mit Hilfe der Relativitätstheorie möglich, wenn wir uns der Lichtgeschwindigkeit nähern. Zeitlupe scheint den Fluss der Zeit zu verlangsamen, doch letztlich werden nur immer kleinere Zeiteinheiten aneinandergereiht.

Ein mit 1000 Bilder/sec gefilmter Pistolenschuss lässt die durch den Raum fliegende Kugel sichtbar werden. Wenn wir die Bildgeschwindigkeit weiter steigern, also immer schärfere Beobachtungselemente generieren, wird die Kugel immer langsamer und bleibt schließlich fast stehen.

Haben wir damit die Zeit angehalten und können sie betrachten? Wohl kaum. Was wir sehen, ist die Pistolenkugel in einem bestimmten Moment ihres Flugs, ihren Zustand in einem fiktiven Jetzt, der aber zum Zeitpunkt des Betrachtens längst vergangen ist. Wir sehen nicht die Zeit, sondern eine Kugel.

Wo und was ist sie also, die Zeit? (15)

Im Alltag haben wir mit dem Begriff von „Zeit" kein Problem. Die Zeit, die wir am Handgelenk ablesen können, haben wir im Griff. Wir können mit ihr rechnen und arbeiten, mit diesem Konzept organisieren wir unser Leben. Das geht allerdings nicht so ohne weiteres, sondern basiert auf einer gemeinsamen Übereinkunft: Wir definieren die Abstände zwischen den von uns erfundenen Messeinheiten (Sekunde, Stunde, Tag) als ein *fiktiv fließendes Etwas,* das wir Zeit nennen.

Wir schaffen uns also ein Konzept zur Interpretation von Wirklichkeit. Es erleichtert uns das Leben im Alltag und hilft uns, die Naturgesetze der Physik zu formulieren. Wir erwarten, dass unsere Mitmenschen dieses Konzept mit uns teilen, das erleichtert das Zusammenleben beträchtlich. Auch für mich ist es eine schreckliche Vorstellung, mit einer Frau verabredet zu sein, die Zeit ignoriert.

Erlauben wir uns kurz den ketzerischen Gedanken, „Zeit" wäre in der Tat nur eine Vorstellung, die unser Verstand entwickelt hat, um in der Welt besser zurecht zukommen.

Dann müssten Wesen, die ein anderes Bewusstsein haben wie wir, die Vorstellung von Zeit nicht kennen. Haben Sie schon einmal einen Hund davon überzeugen können, er solle etwas morgen tun? Oder später wiederkommen? Haben Sie versucht, eine Pflanze zu züchten, die auf etwas reagiert, aber nicht jetzt, sondern erst in zwei Stunden? Vielleicht ist Zeit etwas Ähnliches wie die Schwerkraft. Wir wissen nicht, was sie ist, aber wir können ihre Wirkung messen. So können wir mit ihr arbeiten. Dasselbe machen wir mit der Zeit. Gravitation und Zeit gehören zu den Grundkoordinaten der Physik.

Ein Neandertaler wusste von alldem nichts. Dennoch muss das Konzept von Zeit auch für ihn sinnvoll gewesen sein, sonst hätte die Evolution es nicht entwickelt. Welchen Vorteil hatten die ersten Menschen des Planeten von dieser Idee?

Ein Lebewesen, das Verstand besaß, verfügte damit auch über den Begriff von „Zeit", also über die Möglichkeit zu Gedankenspielen mit Vergangenheit und Zukunft. Der Mensch musste die negativen Seiten dieser Fähigkeit erleben (Sorgen und Ängste), durfte aber auch die positiven Aspekte nutzen und vorausschauend handeln. Nun hatte er die Möglichkeit, Aktionen zu planen, Strategien zu entwickeln und zukünftige Alternativen im Kopf durchzuspielen. Der Mensch konnte jetzt *virtuell* handeln – ein enormer Vorteil im evolutionären Kampf ums Dasein.

Auch der Blick in die Vergangenheit erwies sich als nützlich. Man konnte Situationen analysieren und daraus lernen. Erinnerung an Vergangenes war wertvoll, Wissen wurde akkumuliert. Daran hat sich bis heute nichts geändert. Wir können die Entwicklung von Systemen beobachten und uns in der Zeit vom nie fassbaren Moment der Gegenwart gedanklich unendlich weit nach vorne oder zurück bewegen. Physiker haben die Entwicklung des

Universums mathematisch zurückverfolgt bis zum Urknall vor über 13,8 Milliarden Jahren.

Bei all diesen Überlegungen haben wir bisher ein Element nicht berücksichtigt, das ständig im Raum steht, wenn wir von Zeit reden: die *psychische* Erfahrung von Zeit. Selbst wenn wir Zeit nicht sinnlich wahrnehmen können, – in der Tiefe unserer Psyche scheinen wir zu s p ü r e n , dass es Zeit gibt. Wenn die Sonne langsam am Horizont versinkt, glauben wir, den Fluss von Zeit beobachten zu können. Frauen entwickeln auf Grund ihrer Monatszyklen ein besonders intensives Empfinden von Zeitintervallen. Dies geschieht, weil unsere Psyche die einzeln nicht fassbare, unendliche Anzahl von Momenten des Jetzt linear zusammenfasst und als ununterbrochene Abfolge empfindet.

Betrachten wir ein Phänomen, das wir alle kennen, die Musik. In einer Partitur stehen einzelne Noten, die vom Orchester gespielt werden. Dennoch nimmt unser Ohr keine Abfolge von Einzeltönen wahr, sondern eine Melodie. Musik ist in der Wahrnehmung linear, in der Komposition nicht. Das führt uns zu der etwas eigenartigen Frage: Existiert die 5. Symphonie von Beethoven wirklich? Zum Beispiel – jetzt?
Die Partitur natürlich schon, das Papier mit den Noten können wir anfassen. Sie ist aber nur das Konzept der in diesem Augenblick nicht hörbaren Musik. Diese ist ja nur real im Moment ihrer Wiedergabe. Jetzt existiert sie vielleicht nur als Fragment in der Erinnerung, wenn uns das Gedächtnis gerade eine gewisse Tonfolge ins Ohr spielt. Doch selbst bei der Aufführung durch ein Orchester ist die Sache nicht so einfach. Wann existiert ein Musikstück, sozusagen in seiner Gesamtheit, wenn im gegenwärtigen Moment immer nur ein winziger Bruchteil des Ganzen realisiert wird und in der nächsten Sekunde der nächste?
Eine Symphonie, die ein Stunde dauert, existiert also in welchem Jetzt?

Hier zeigt sich ein erstaunliches Phänomen. Unser Gehirn spannt einen Zeitbogen, es setzt diese unzähligen Momentaufnahmen zu einem Ganzen zusammen, nachdem die Einzelteile längst verklungen sind. Deshalb empfinden wir während des Konzerts, in jedem einzelnen Moment des noch nicht beendeten Ganzen, eine Freude und Harmonie, die oft erstaunliche Tiefen erreicht.

Neurologische Untersuchungen der Gehirnfunktionen haben ergeben, dass bei Musikern, während sie spielen, die linke Gehirnhälfte, also der Intellekt, besonders aktiv ist, bei den Zuhörern hingegen die rechte Gehirnhälfte, die Intuition. Sie reproduziert in unserem Inneren das Ganze aus seinen Einzelteilen in der Erinnerung.

Doch nicht nur über das Ohr, auch über das Auge rekonstruieren wir Dinge, die es so gar nicht gibt. Beim Film tun wir das immer, nicht nur in der Zeitlupe. Das Geschehen auf der Leinwand nehmen wir nur deshalb als fließende Bewegung war, weil unsere Augen zu träge sind, um zu sehen was auf der Leinwand wirklich abgebildet ist: Einzelne, starre Photos, 24 Bilder pro Sekunde. Ab einer bestimmten Projektionsgeschwindigkeit kann das Auge keine Einzelbilder mehr wahrnehmen und meldet an das Gehirn den Impuls bewegter Bilder, also echter Bewegung. Dieses Signal ist allerdings eine Falschmeldung. Wie und wann existiert ein Film also wirklich? Die Filmrolle in der Dose ist zwar ganz konkret ein Film, aber in diesem Zustand dennoch nur eine Rolle Zelluloid – also nicht das, was wir unter einem Filmerlebnis verstehen. (So wie die Partitur beschriebenes Papier ist, das keine Töne erzeugt).

Wenn der Film dann läuft, müssten wir in Wirklichkeit nur Einzelbilder sehen, die stumm und tot sind. Erst durch die Zusammenfügung des Materials, die unser Gehirn in jedem Augenblick für uns vornimmt, empfinden wir Film als lebendige Bewegung. Mehr als das, wir erleben eine erzählte Geschichte. Obwohl wir immer nur ein Bild /Szene sehen, setzen wir im Kopf unbewusst alle Einzelteile zu einem symphonischen Ganzen zusammen.

Auch wenn alles nur Illusion ist.

Könnte es in unserem Leben ähnlich sein? Wir wissen, auch unsere Sorgen und Probleme sind nur Falschmeldungen unseres Bewusstseins. Verstand und Psyche können derselben Illusion unterliegen, die uns das Auge beim Film suggeriert. Wenn wir die Aufnahme- oder Wiedergabetechnik ändern, enthüllt sich eine andere Realität. Wir sehen eine Pistolenkugel, wo vorher nur Pulverdampf war.

Auch unser Bewusstsein ist zum großen Teil nur ein Aufnahme- und Wiedergabegerät. Es speichert Erinnerungen und spult diese wieder ab. Könnte es den Modus der Wiedergabe ändern, sich öffnen für etwas, das nicht nur auf Erinnerungen basiert?

Beim Film geht es um Bewegung, in der Musik um Komposition. Sowohl die Filmrolle wie die Partitur sind ein Potential, das wir im Geist erst mit Leben füllen müssen. Könnte auch in unserem Leben das Bewusstsein, das wir haben, nur Partitur sein für etwas Größeres, das wir erst realisieren müssen?

Vielleicht nutzen wir nur einen beschränkten Teil unserer Möglichkeiten. Tun wir das aus Angst, uns einer Leere auszusetzen? Einer Leere, die entstehen könnte, wenn wir den irrwitzigen Kreislauf der Gedanken in unserem Gehirn einmal stoppen, wenn wir also all unsere Konzepte und Illusionen fallen lassen.

Würden wir mit fallen – und wohin?

Genau auf diesen Moment wartet der Meditierende. Das Verweilen im Jetzt, in dieser Sekunde, kann zur „torlosen Schranke" werden, wie man im Zen sagt, zum Augenblick des Erwachens, den man Erleuchtung nennt.

Meditation ist eine Schulung der Aufmerksamkeit. Wir beobachten, was wir gerade tun – jetzt, in dieser Sekunde. Wenn die Gedanken über Vergangenes grübeln oder sorgenvoll in die Zukunft blicken, soll man ihnen nicht folgen. Man versucht, im Jetzt zu bleiben, dann können die Fallstricke unseres Verstandes und unserer Psyche nicht funktionieren. Der ganze Gedankenmüll, den wir ständig mit uns herumtragen, die negativen Emotionen, unter denen wir leiden, lösen sich auf.

Erstaunlicherweise fällt die Übung, sich auf den gegenwärtigen Moment zu konzentrieren, den meisten Menschen ungeheuer schwer. Der Verstand versucht alles, uns daran zu hindern, gegenwärtig zu sein, denn er kann sich nur im Rahmen der Zeit entfalten. Der Kommentator in unserem Kopf, der ununterbrochen vor sich hinredet, meist ungefragt, braucht Zeit für seine Aktion, so wie jedes Geschehen Zeit braucht, auch das Denken. Da wir aber dauernd denken, tun wir uns schwer mit der Gegenwart. Ist es nicht merkwürdig, dass, wenn wir von Zeit sprechen, wir nie die Zeit meinen, die i s t, sondern Zeit, die *schon vergangen* ist, oder *noch nicht* da ist, also erst sein wird? Es ist anscheinend schwierig, von Zeit zu sprechen, die ist. Jetzt.

Kein Wunder, denn was wir Zeit nennen, kann in der Gegenwart nicht existierten, denn sie braucht ein Volumen, innerhalb dessen sie sich bewegen (vergehen) kann.

Einstein hat uns gezeigt, dass es Zeit ohne Raum nicht gibt, er sprach von der RAUM-ZEIT. Um Zeit zu bemerken oder sie zu messen, muss sich etwas von A nach B bewegen, braucht also Raum. Der Punkt des Jetzt wird sozusagen ausgedehnt in Richtung auf die Vergangenheit (über die können wir nachdenken, aber wir können sie nicht mehr ändern) oder auf die Zukunft (über sie wissen wir nichts, sie macht uns Angst oder lässt uns hoffen). In der Gegenwart macht Zeit wenig Sinn.

Wie also kann etwas sein, das nie i s t ?

Welche Zeiteinheit könnte das Jetzt wohl haben?

Während wir darüber nachdenken, sind bereits wieder zwei Sekunden vergangen. Eine halbe Sekunde? Ein Zehntel, ein Hundertstel? Wo hören wir auf?

Wie klein müsste man Zeit zerteilen, um zur Gegenwart zu kommen? Rein mathematisch gesehen unendlich.

Und dann? Kommen wir von der Unendlichkeit plötzlich wieder in die Gegenwart?

Die Meister fernöstlicher Lehren haben seit Jahrhunderten darauf hingewiesen, dass der Zugang zur Ewigkeit *in diesem Moment liegt*, im „Jetzt". (16)

Nur hier kann sich die torlose Schranke öffnen zur letzten Wahrheit.

Durch diese zu gehen, bemühen sich Menschen, die meditieren. Sie versuchen das „Dasein" mit allen Sinnen zu erfassen. Also wirklich d a zu sein. Hier und jetzt, also in diesem Moment. Den kann man aber nur erfassen, wenn die Gedankenspiralen zur Ruhe kommen, wenn das ständige Gerede des kleinen Kommentators in unserem Kopf verstummt. Warum ist das für uns Menschen so schwer?

Erinnern wir uns an unseren letzten Gedankengang: Wenn wir dem Leben keine Bedingungen stellen, gibt es kein Hindernis mehr für Glück: *Ich werde glücklich sein, wenn/sobald* …wird zu: *Ich bin glücklich.* Jetzt.

Wir können ohnedies immer nur im gegenwärtigen Moment glücklich oder zufrieden sein, nicht nachträglich oder im Voraus. Das gilt nicht nur für das, was wir Glück nennen.

Was sich sie meisten Menschen nie klar machen: Gegenwart ist der einzige Moment, in dem sich das Leben abspielt. Es gibt nichts anderes. Haben Sie schon mal ein Stück Zukunft oder Vergangenheit gesehen? Auch diese sind Konzepte unseres Verstands. Dagegen ist nichts zu sagen, denn sie helfen uns, unser Leben zu organisieren. Dennoch sollten wir uns darüber klar sein, dass es nur Konzepte sind.

Was würde geschehen, wenn unser Geist ein präziseres Instrument zur Wahrnehmung von Wirklichkeit entwickeln könnte? Eines, das ein lineares Konzept von Zeit wählen kann, aber nicht muss? Das im Stande wäre, jeden Augenblick das Jetzt und damit das Leben zu erfassen – *so wie es wirklich ist?* Könnte da unsere Psyche überhaupt noch folgen? Was würde mit unserem Verstand geschehen, der doch in seiner Funktion an die lineare Zeit gebunden ist? Ist das für Menschen überhaupt machbar?

Die Antwort ist – ja. Solange es Menschen gibt, ist es einigen wenigen gelungen, dieses Stadium zu erreichen. Wenn das Denken zur Ruhe kommt, wird der leere Raum, der manchmal kurz zwischen zwei Gedanken spürbar ist, größer. Eine geheimnisvolle Leere breitet sich aus. Doch ähnlich wie das Quantenvakuum ist diese nicht leer, sondern voller Möglichkeiten. In ihr kann etwa aufblitzen, das durch Worte nicht vermittelbar ist.

In Asien nennt man diesen Moment „Erleuchtung".

Dies ist kein ominöser Begriff. In den klassischen Texten des Buddhismus ist dieses Phänomen klar beschrieben worden, vor allem in Tibet. Auch der Weg dorthin, der oft, aber nicht immer, über unterschiedliche Meditationsformen führt, ist in allen Details schriftlich festgehalten. Wissenschaftler haben längst untersucht, was bei tiefer Meditation im Gehirn des Menschen abläuft. (17)

Aber neurologische Untersuchungen beziehen sich nur auf materielle Vorgänge. Sie sagen nichts aus über ein Phänomen, das sich im Bewusstsein ereignet, das vielleicht sogar jenseits dessen ist, was wir Bewusstsein nennen. Messungen und auch Worte können die letzte Wahrheit, das Absolute, nicht beschreiben.

Doch eines ist klar: Wer sich der spirituellen Dimension öffnet, verändert sein Bewusstsein. Damit verändert sich auch die Realität. Genauer: Unsere Wahrnehmung von Realität verändert sich. Wir erkennen, was wir vorher nicht gesehen haben.

Die asiatischen Meister sagen: Du weißt dann, wer du bist.

Das bedeutet: *Wir erkennen, wie die Welt wirklich ist.*

Auch die Naturwissenschaften verfolgen dieses Ziel. Auch für Physiker geht es um die Wahrnehmung von Wirklichkeit. Der Meditierende erforscht die Innenwelt seines Bewusstseins, der Physiker die Außenwelt, den Kosmos. Der eine sucht nach der letzten Wahrheit, dem zeitlos Absoluten, der andere nach der Weltformel, der „Theory of Everything". Die einen bemühen sich, die Grenzen ihres Verstands zu überschreiten, die anderen nutzen diesen, um unendlich komplizierte Messinstrumente zu entwickeln.

Der Teilchenbeschleuniger C.E.R.N. in Genf ist die größte Maschine, die von Menschen je konstruiert wurde, sie hat eine Ausdehnung von 27 km. Mit solchen Versuchsanordnungen stoßen die Forscher an die Grenze, an der sich die Wirklichkeit der Welt, wie wir sie kennen, auflöst. Die kleinsten „Teilchen" der Materie sind keine Teilchen, sondern reine Energieschwingungen.

In der sogenannten Quantentheorie gibt es keine Materie mehr, sondern nur noch scheinbar regellose Impulse und Schwingungen unsichtbarer Energiefelder. (18)

Dies haben die alten Meister schon immer behauptet. Für sie ist die Welt, die wir zu sehen glauben *Maya*, eine Illusion. Sehen wir uns an, ob es noch andere Parallelen gibt.

II. Wege zur Freiheit – zwischen Physik und Metaphysik

Die beiden Begriffe scheinen unüberwindliche Gegensätze zu sein. Wer sich um die konkrete Welt kümmert und Naturgesetze entschlüsselt, die das Universum steuern, will nichts zu tun haben mit spirituellen Dimensionen, indischen Meistern oder kirchlichen Lehren, die obskure Weisheiten verkünden, die man nicht überprüfen kann.

Ein Irrglaube. Spirituelle Erkenntnisse lassen sich sehr wohl kritisch untersuchen.

Dennoch hält sich bis heute das Vorurteil: Nur Physiker beschäftigen sich mit der realen Welt, für sie zählen die Fakten. Wenn wir diese aber untersuchen, stellen wir fest, dass sie sich zunehmend in Luft auflösen. Der Quantenphysiker Hans-Peter Dürr formulierte dies mit weiser Ironie: „Da habe ich mich mein ganzes Leben lang mit Materie beschäftigt, nur um am Ende festzustellen, dass es gar keine Materie gibt."

Eine erstaunliche Aussage. Umso mehr, da wir doch wissen: Physiker behaupten nur etwas, das sie auch beweisen können. Vielleicht nicht sofort, aber in naher Zukunft. Sie erforschen die Bausteine des Kosmos und versuchen zu erklären, nach welchen Gesetzen dieser funktioniert.

Was die Physik aber nicht tut – sie liefert keine Interpretation. Was heißt das?

Sie sagt nicht, was ihre Erkenntnisse für den Menschen bedeuten. Geben sie unserem Leben Sinn?

Das fragen Physiker nicht, solche Themen sind für sie tabu.

Könnte ein spiritueller Ansatz diese Lücke füllen?

Möglicherweise, denn mit den Fakten allein bleibt der Mensch einsam und isoliert, ein Staubkorn in einem kalten, unendlichen Kosmos.

1) Sind wir nur Zigeuner im Universum?

Die alte Frage *Wer sind wir und wo gehen wir hin?* wird seit vielen Jahrhunderten immer wieder aufs Neue gestellt, nicht nur von Philosophen, auch von Naturwissenschaftlern. Eine besonders schonungslose Formulierung hat vor Jahrzehnten der französische Biochemiker Jacques Monod geprägt: *Das Universum trug weder das Leben noch die Biosphäre des Menschen in sich. Unsere „Losnummer" kam beim Glücksspiel heraus.* (19)

Monod bezieht sich auf die Erkenntnis, dass es äußerst spezifischer Voraussetzungen bedarf, damit Leben entstehen kann. So viele biochemische Faktoren müssen unter ganz bestimmten Umständen zusammenwirken, so dass die Entstehung von Leben schon rein rechnerisch ein außerordentlich unwahrscheinliches Ereignis ist.

Dabei bezog sich Monod auf die Gesetze der Evolution, wie sie bisher von der Wissenschaft formuliert wurden. Diese behauptet, Evolution ist nicht zielgerichtet, ihre Methoden heißen Selektion, Zufall und Chaos. Der Mensch wäre also nicht mehr als ein Zufallsprodukt.

Nun kann man in der Tat kaum behaupten, dass wir in der Evolution von Anfang an als Krönung der Schöpfung vorgesehen waren. Einen linearen, zielgerichteten Weg vom Einzeller zum Menschen scheint es nicht zu geben.

Sind wir also wirklich nur eine Laune des Zufalls?

Wenn er diese Botschaft in ihrer vollen Bedeutung aufnimmt, dann muss der Mensch endlich aus seinem tausendjährigen Traum erwachen und seine totale Verlassenheit, seine radikale Fremdheit erkennen. Er weiß nun, dass er seinen Platz wie ein Zigeuner am Rande des Universums hat, das für seine Musik taub und gleichgültig ist gegen seine Hoffnungen, Leiden und Verbrechen.

Die existentialistische Geworfenheit des Menschen, die Monod anspricht, ist nicht neu. Gefühlsmäßig kennen wir sie alle. In depressiven Phasen fragen auch wir uns manchmal, warum man uns dieses Leben zumutet, ohne uns vorher gefragt zu haben. In solchen Momenten sehen wir keinen Sinn mehr in unserem Dasein. Wen können wir fragen?

Für Fragen nach dem Sinn war früher die Religion zuständig, doch das ist lange her.

Vergleichen wir nun die hoffnungslose Haltung Monods mit dem Satz eines berühmten Kollegen: *Der Alte würfelt nicht.* Es ist klar, wen Einstein meinte: Gott.

Dies führt uns zu einem Thema, das seit Beginn der Menschheitsgeschichte bis heute die blutigsten Kriege, aber auch tiefste menschliche Verbundenheit und Erfahrung hervorgebracht hat.

2) Sinn und Unsinn von Religion

Mythen existieren, seit es Menschen gibt. Die Traumzeit der australischen Aborigines, das Totenreich der alten Ägypter, die Sieben Welten der Hopi-Indianer oder die mythologischen Gesänge der arktischen Inuit (Eskimos) – jeder Kulturkreis hat seine eigenen, metaphysischen Vorstellungen entwickelt. Jahrhunderte später, als sich einige dieser regionalen Kulturen zu Zivilisationen zusammengeschlossen hatten, gab es immer wieder einzelne Menschen, die auf Grund einer außerordentlichen, spirituellen Erfahrung das metaphysische Weltbild für ihre Epoche ganz neu formuliert haben. Das war die Geburtsstunde der Weltreligionen.

Diese existieren bis heute.

Doch Religion muss nicht an Institutionen gebunden sein. Sie ist die ganz persönliche Auseinandersetzung des Menschen mit der Metaphysik, einer geistigen Dimension jenseits der realen Welt. Da man ihre Existenz nicht beweisen kann, muss man sie glauben. Die meisten Menschen auf der Erde tun das, sie fühlen sich einer bestimmten Religion verbunden. Ist die Sehnsucht, uns mit der Realität allein nicht zufrieden zu geben, sondern transzendente Erfahrungen zu suchen, inhärenter Bestandteil unseres Bewusstseins?

Religion hat den Menschen während seiner ganzen Entwicklung begleitet. Ist dies ein Beweis für seine Unmündigkeit oder Ausdruck seiner Stärke?

Wenn die Spiritualität Grundbedürfnisse des Menschen befriedigt, die einer intuitiven Sehnsucht entsprechen, könnte das bedeuten, dass wir spirituelle Werte brauchen.

Da wir Menschen einen Verstand haben, stellt er uns diese Fragen. Vor allem eine: Wir wollen wissen, *welchen Sinn unser Leben hat.* Die Art zu erhalten und dann abzutreten – ist das wirklich unsere einzige Aufgabe in diesem kosmischen Spiel?

Zu dieser Frage kann man unterschiedliche Haltungen einnehmen. Eine wäre, sich damit abzufinden, dass wir unsere Existenz im Universum nicht verstehen. Wir Menschen, klein wie Amöben in der Unendlichkeit des Alls, können uns nicht anmaßen, etwas zu begreifen, das so viel größer ist als wir. Wir sind dann eben nur Frösche, die unter einem Auto kauern und auf den Motorblock glotzen. Diese Frösche würden gerne verstehen, wie ein Verbrennungsmotor funktioniert, aber so sehr sie auch quaken, es wird ihnen nicht gelingen.

Diese Variante ist wenig stimulierend, denn mit ihr resignieren wir vor unseren eigenen Möglichkeiten.

Andere flüchten sich in einen pragmatischen Darwinismus. Der Mensch ist für sie nicht mehr als ein verunglücktes Zufallsprodukt. Wenn man den Zustand des Planeten betrachtet, könnte man den *homo sapiens* tatsächlich als Irrtum der Evolution betrachten.

Der Quantensprung unserer Spezies zur Intelligenz hat für.das Biotop Erde offensichtlich mehr Negatives als Positives hervorgebracht. Deshalb wird der Planet den Menschen als Fehlentwicklung früher oder später eliminieren. Bis dahin tanzen wir auf dem Vulkan.

Diese Vorstellung, so populär sie inzwischen ist, hat einen Nachteil: Sie nimmt uns die Motivation zur Weiterentwicklung, ihr Pessimismus macht kraftlos.

Nehmen wir also an, wir sind keine Irrtümer der Evolution, sondern deren bestes Stück. Auch wenn die aktuelle Situation auf dem blauen Planet nicht so aussieht – spielen wir einfach mit dem Gedanken.

Wenn Spiritualität ein Grundbedürfnis des Menschen ist, dann muss das einen Sinn haben. Dann wäre es auch natürlich, dass wir uns Gedanken machen über diesen Sinn.

Dies bedeutet, *es muss eine Antwort auf diese Frage geben.*

Ist sie in der Religion zu finden?

3) Das Christentum und die Bürde seiner Institutionen

Sehen wir uns an, was unser eigener Kulturkreis zu diesem Thema zu sagen hat: Die Religion des Christentums. Ist deren Gott die Erfüllung unserer metaphysischen Sehnsucht? Die in der Bibel überlieferte Vorstellung Gottes als „Vater im Himmel" klingt heute merkwürdig, nicht nur weil ihn Astronauten dort nicht getroffen haben. Die Kirche aber fordert, dass wir an ihn glauben und zwar so, wie sie es vorschreibt.

Doch auf dieser Ebene lässt sich über Metaphysik nicht sprechen. Was immer wir unter Gott verstehen, es kann nur eine geistige Dimension sein, der wir in unserer Unwissenheit menschliche Züge geben und glauben, sie müsse in Bewertungen denken wie wir: Gerecht oder ungerecht, sündig oder unschuldig. Am Tag des Jüngsten Gerichts wird dieser Gott vor uns stehen wie ein strenger Richter und Strafen austeilen. So einfach kann es nicht gemeint sein, auch wenn es Vertreter der Kirche gerne so predigen.

Schon immer bemühten die Mächtigen den Allmächtigen, um ihre Untertanen zu disziplinieren. Mit Metaphysik hat das nichts zu tun.

Die verkrusteten Institutionen des Christentums machen es den Menschen heute schwer, zum wahren Kern der Lehre vorzudringen. Glaube ist hier keine private Angelegenheit, was er durchaus sein könnte, in der Kirche ist er bis ins Detail durchorganisiert.

Die Lehre von Christus wird von professionellen Funktionären interpretiert und vermarktet. Man mag zum dogmatischen Lehrgebäude der katholischen Kirche stehen wie man will, nach außen hin präsentiert es sich als ein von Menschen erfundener Machtapparat, der sich (für die Machtinhaber) bis heute glänzend bewährt hat. Die Konsequenzen indes waren verheerend.

Jeder Repräsentant von Religion – ob Ayatollah, Guru oder Papst – war und ist Versuchungen ausgesetzt. Menschen fallen diesen gerne zum Opfer. Vor allem, wenn es um ihr Lieblingsspiel geht, um Geld und Macht. Hier hält das Christentum bis heute den einsamen Weltrekord. Wie eine breite Blutspur zieht sich die Geschichte der katholischen Kirche durch die Jahrhunderte quer durch alle Kontinente: Religionskriege, Inquisition, Sklavenhandel, Genozid an Urbevölkerungen von Nord- bis Südamerika und Australien, koloniale Unterdrückung, Weltkriege – überall Gewalt ohne Ende bis hin zum Holocaust. Die mörderischsten Verbrechen der Welt wurden von Christen begangen.

Ein Außerirdischer könnte sehr wohl auf die Idee kommen, diese Religion zu verbieten, weil sie gefährlich ist und anscheinend im Menschen die schlimmsten Instinkte freisetzt.

(In letzter Zeit könnte man das auch vom Islam behaupten, obwohl Muslime über Jahrhunderte hinweg vergleichsweise tolerant waren.)

Doch nicht die Religion ist schuldig zu sprechen, sondern die Menschen, die in ihrem Namen morden. Jesus Christus ist nicht dafür verantwortlich, was die Kirche aus seiner Lehre gemacht hat. In der ursprünglichen Botschaft des Christentums waren Institutionen nicht vorgesehen. Um was ging es damals?

Die christliche Religion geht zurück auf eine historische Person, Jesus von Nazareth. Wenn man dennoch den unterschiedlichen Schriften glaubt, hat dieser Mann Dinge gesagt und getan, die ungeheuerlich waren. Damit hat er das Weltbild der Menschen seiner Zeit grundlegend verändert, die Essenz seiner Lehre ist zeitlos. Welche seiner Taten und Worte authentisch belegt werden können und was später hinzugedichtet wurde, diese Fragen sind kaum zu beantworten.

Wenn wir uns einige Grundaussagen dieses Jesus ansehen, fällt auf, dass seine Worte alle Konventionen der damaligen Zeit sprengen. In provozierender Weise reißt dieser sanfte Mann die Leute aus der Gewohnheit ihres Alltags und ihres Denkens. Die Werte unseres kleinen Ego werden plötzlich unwichtig. Geld, Macht und Besitz, all das, was wir ein Leben lang so gierig erstreben, verliert seine Bedeutung. (Indes nicht für die Kirche, die später genau diese Werte in den Mittelpunkt ihrer Interessen gestellt hat).

Jesus zeigt den Menschen, dass es in unserem Leben um etwas ganz anderes geht. Er weist uns darauf hin, dass es eine *spirituelle Dimension* gibt, eine geistige Welt, der wir uns öffnen müssen. Nur dadurch erfüllen wir den Sinn unseres Daseins. Diese Dimension nannte er sein Reich, das „Reich Gottes". Er hätte es auch anders nennen können. Doch er wusste, Worte allein sind nicht genug. Also hat er diese Dimension (vor)gelebt, die Menschen konnten sie in seiner Person erfahren. (Für die spirituellen Meister Indiens und Asiens gilt das noch heute.)

Die wichtigste Illustration der göttlichen Wahrheit war Jesus selbst. Wenn man den Schriften glaubt, hat er sie vollkommen ausgedrückt. In den Worten der Bibel heißt das – er war „Gottes Sohn". Dennoch war er sinnlich greifbar, ein Mensch wie jeder andere und doch ganz anders. Er wurde nicht von den Wünschen seines „Ichs" gesteuert, denn er hat transzendiert.

Wir können die Bibel da ruhig beim Wort nehmen: *Mein Reich ist nicht von dieser Welt.* Gemeint ist unsere Welt, unser Alltag, das Reich unseres kleinen „Ichs".

Sein Reich war das „Reich Gottes", eine Metapher für die universale Wahrheit, das Absolute. Er hat uns aufgefordert, mit ihr in Kontakt zu treten. Aber wie?

Als Verständnishilfe benutzt Jesus ein weiteres Bild, den „Heiligen Geist" – eine Brücke zwischen der spirituellen und materiellen Welt. Sie öffnet sich durch die Gnade Gottes, der Mensch kann nichts tun, er kann nur bereit sein.

Dies erinnert an den buddhistischen Vorgang der Erleuchtung. Der Mensch erlebt eine Offenbarung. Er wird Teil einer geheimnisvollen Energie, die weit über die materielle Welt hinausgeht. Um das neue Empfinden, mit dem wir dann der Welt gegenübertreten, in Worte zu kleiden, benutzte Jesus einen Begriff, den wir alle kennen: *Die Liebe.*

Er wusste, die Quelle zu diesem Energiefeld kennen wir, es ist die mächtigste Emotion, zu der Menschen fähig sind. Doch er meinte damit etwas anders als das, was wir darunter verstehen.

Es geht nicht um die Liebe zwischen Individuen, um Liebe, die einen anderen Menschen begehrt und besitzen will. Wenn wir lieben, spüren wir plötzlich eine Kraft, die uns beflügelt und in einen Zustand versetzt, in dem wir wesentlich intensiver leben als sonst.

Wenn wir den privilegierten Moment erleben, in dem sich dieser Energiestrom mit einer anderen Person kurzschließt, wenn die seelischen und psychischen Schwingungen von zwei Menschen in Resonanz treten und wir uns mit dem anderen vollkommen vereint fühlen, sind wir „im 7. Himmel". Wir ahnen dann vielleicht, was Himmel sein könnte.

Mehr ist innerhalb der Grenzen unseres Ichs nicht möglich.

Doch Jesus hat uns gezeigt, dass wir diese Grenzen auflösen können.

Ihr müsst sterben, um zu leben.

Wenn wir das kleine Ich, mit dem wir unsere Existenz definieren, überwinden, lösen wir auch seine Grenzen auf. Wenn wir nicht mehr Sklave unserer materiellen Wünsche und Begierden sind, wenn wir unser Ego loslassen, wird in uns der Raum frei, in dem sich etwas Neues realisieren kann.

Etwas, das wir nicht kennen, dessen Existenz wir allerdings mitunter ahnen: Die Spiegelung dessen, was man vielleicht „universale Wahrheit" nennen könnte. Diese Resonanz mit „Gott" oder der „geistigen Dimension" drückte Jesus mit dem Wort *Liebe* aus. Er meinte damit ein Gefühl, das die ganze Schöpfung umfasst. Buddhisten nennen den Energiestrom, den sie nach der Erleuchtung spüren, einfach *Mitgefühl*. Auch sie verstehen darunter eine Art universale Liebe, die den ganzen Kosmos einschließt. Könnte es sein, dass Menschen in solchen Bewusstseinszuständen Kontakt bekommen mit dem universalen Energiefeld, von dem die Physiker sprechen?

Viele Menschen weigern sich, solchen Gedanken zu folgen. Unser Zeitgeist hat nicht nur einen extremen Materialismus hervorgebracht, mit der Globalisierung hat sich dieser auch noch in einen unerbittlichen Megakapitalismus verwandelt. In einem solchen Umfeld tun wir uns schwer mit Begriffen der Metaphysik, auch wenn diese zeitlos sind und den Menschen schon immer begleitet haben.

Doch es gibt eine grundsätzliche Schwierigkeit: Ein metaphysisches Erlebnis ist dem, der es nicht erlebt hat, kaum zu vermitteln. Damit stehen wir vor demselben Problem, vor dem auch die Zeitzeugen Jesu standen. Schon für die Menschen damals, meist einfache Leute der unteren Schicht, war es außerordentlich schwierig, das Phänomen Jesu und seine Lehre in Worte zu fassen. Auch für Jesus selbst muss es nicht leicht gewesen sein, verständliche Formulierungen für das „Nicht-Sagbare" zu finden. Er hat deshalb in Bildern gesprochen, die dem damaligen Zeitgeist entsprachen, hat liturgische Handlungen entworfen, die diese Bilder inszenieren sollten.

Nach seinem Tod mussten die Menschen die außergewöhnliche Erfahrung, die sie mit und durch Jesus gemacht hatten, in eine Sprache übersetzen, die auch Leute verstehen konnten, die ihm nie begegnet sind. Dabei folgten sie dem antiken Weltbild, das stark von der griechischen Kultur geprägt war, von Ratio und Logik. Diesem Rahmen wurde die Lehre von Jesus angepasst.

Das Bild Gottes, das so entstand, muss im historischen Kontext betrachtet werden. Die ersten Christen haben sich an den religiösen Vorstellungen der Juden orientiert. Um verstanden zu werden, musste auch Jesus Bilder und Metaphern wählen, die diesem mythologischen Hintergrund entsprachen. Was wir heute oft vergessen: Christentum, Judaismus und Islam entstanden aus einem gemeinsamen semitischen Erbe, das auf dem Alten Testament basiert. In all diesen Religionen ist Gott von der Natur und vom Menschen getrennt, er existiert irgendwo *außerhalb* des Universums.

Das Neue Testament führt diesen Gedanken fort, auch Jesus nimmt ihn auf: Gott existiert außerhalb der irdischen Welt – in der Unendlichkeit des Himmels, unsichtbar und ganz weit weg. Jesus hat den Begriff von Gott „Vater im Himmel" als ein den Menschen damals vertrautes Bild benutzt, um ihnen den Zugang zu seiner Lehre nicht unnötig zu erschweren.

Diese Vorstellung ist bis heute erhalten geblieben, die Gläubigen haben sie längst verinnerlicht. Auch wir streben intuitiv nach oben, dorthin, wo das Licht ist, die Metapher für Gott. („Vater unser, der du bist im Himmel"). Wir blicken empor, wenn wir etwas Positives sagen, beschämt nach unten, wenn wir etwas falsch gemacht haben. Das Gute ist oben, das Böse unten in der Hölle.

Jeder Kirchturm, vor allem aber die gotischen Kathedralen sind das zu Stein gewordene Symbol des kirchlichen Glaubens: ein in die Höhe strebender Bau, der sich kühn gegen den Himmel reckt – hin zu Gott.

Dieses Bild entspricht den alten, heidnischen Mythen, in denen die Sonne als Gott verehrt wurde. Sie ist ganz oben am Firmament, regiert unsere Welt vom Himmel aus. Bis heute ist sie die Lebensspenderin des Planeten.

In der Welt der Antike war diese Idee ebenso tief verwurzelt. Der Himmel war also von Anfang an ein Symbol Gottes, auch wenn ihm die Astronauten der Neuzeit dort nicht begegnet sind. Dieses archaische Bild ist bis heute in den meisten Christen verankert.

Kein Wunder. Die Symbole, die Jesu benutzt hat, die liturgischen Handlungen, die er zur Illustration seiner Lehre entworfen hat, all das hat sich im Lauf der Zeit verselbstständigt und ist längst zum Ritual erstarrt. Die katholische Kirche hat seine Lehre in einen autoritären Regelkanon gepresst, hat Dogmen erfunden und einen patriarchalischen Machtapparat geschaffen, in dem für Frauen kein Platz ist. So absurd es klingt: Die Menschen, die angeblich im Namen Jesu handelten, verfolgten in zunehmenden Maße gerade die Ziele, die Jesus immer scharf verurteilt hat: Macht, Geld und Gewalt.

Sich den Regeln der Kirche zu unterwerfen und dafür vielleicht doch in den Himmel zu kommen, ist dennoch für viele Menschen noch immer ein Trost. Ohne nach der Essenz der Lehre zu fragen, geben sie sich mit Versprechungen und Ritualen zufrieden.

Doch mit Hinknien auf Holzbänken und Halleluja-Singen ist es nicht getan.

Sich der inneren Verantwortung für die Suche nach der geistigen Wirklichkeit zu stellen und diese nicht an eine Institution abzugeben, deren Vertreter meist alles andere als erleuchtet sind, ist eine Frage der spirituellen Reife jedes Einzelnen.

Menschen, die sich dem Lehrgebäude der Kirche ausliefern, finden vielleicht eine emotionale Zuflucht, fühlen sich eingebettet in eine hierarchische Gemeinschaft, die Verantwortung für sie übernimmt. Aufgehoben beim „Vater im Himmel" den sie Gott nennen oder wenigstens bei seinem selbsternannten Stellvertreter, dem Papst, können sie die Widrigkeiten der Welt besser ertragen. Zur

Not tut es auch der Priester um die Ecke oder ein Guru aus Indien. Für unsere Psyche ist das eine bequeme Konstruktion, denn, wie so oft, werden wir zum Objekt (*Gottes Kinder*) und können die Verantwortung an andere abgeben.

Über Jahrhunderte hat das glänzend funktioniert.

Was ist von der revolutionären Botschaft dieses Jesus Christus im 21. Jahrhundert übrig geblieben? Die symbolische Sprache der Bibel, der merkwürdige Kult der Kirche und ihre dogmatischen Rituale wirken heute für viele Menschen archaisch und fremd. Die zugrunde liegende Lehre des Ur-Christentums wurde von der Kirche seit Jahrhunderten nur noch verschlüsselt überliefert. Das hat die Macht ihrer Vertreter gestärkt, die Menschen konnten unmündig gehalten werden. Der Zugang zur Metaphysik ist dabei verloren gegangen.

Zwar gab es auch innerhalb der Kirche Menschen, die aufrichtig versucht haben, den existenziellen Kern der Botschaft zu vermitteln, doch meist waren sie unerwünscht, wurden mundtot gemacht oder verbrannt. Natürlich haben sich viele Christen immer wieder auch für die Armen und Schwachen eingesetzt, vor allem die Bischöfe in Südamerika, doch historisch gesehen ändert das wenig.

Bis heute hat es die Kirche nicht geschafft oder auch nicht gewollt, die ursprüngliche Lehre wieder transparent und verständlich zu machen. Kein Wunder, dass der kirchliche Glaube heute von vielen Menschen abgelehnt wird. Das Wort „Religion" ist längst zu einem Reizwort geworden. Selbst der Dalai Lama hat vor kurzem verkündet, dass eine Ethik ohne Religion für die Menschen wohl die bessere Alternative wäre. Wenn man sich ansieht, wie gerade jetzt, im 21. Jahrhundert, Menschen im Namen der Religion wieder die brutalsten Verbrechen begehen, kann man dieses Ansinnen nur zu gut verstehen.

Doch an Begriffen sollten wir uns nicht stören. Es geht nicht um Wörter oder Dogmen, sondern um diese „andere Dimension", das Absolute, das wir auch *universale Wahrheit* nennen könnten. Eine der Möglichkeiten, sich dieser Wahrheit zu nähern, hat uns der Mann aus Nazareth vor 2000 Jahren gezeigt. Es war sein Weg für den Kulturkreis des Nahen Ostens zu einem bestimmten Zeitpunkt der Geschichte. In anderen Ländern hat es andere Wege gegeben, zum Ziel führen sie alle. Vorausgesetzt wir gehen.

Erstaunlicherweise haben das gerade die Menschen verstanden, die sich mit den tiefsten Geheimnissen der realen Welt beschäftigten, die großen Naturwissenschaftler.

4) Haarsträubend – das neue Weltbild der Physik

Als Einstein das Wort „Gott" benutzte, verstand er darunter etwas anderes, als das, was die Kirche predigt. Er hatte sich lange mit dem Buddhismus beschäftigt, weil dessen Weltsicht den revolutionären Erkenntnissen der neuen Physik besser entsprach als das Christentum. Auch wenn dieses Wissen inzwischen über hundert Jahre alt ist, geistiges Allgemeingut ist es keineswegs.

Die meisten Menschen gehen mit einem Weltbild durchs Leben, das längst überholt ist. Schade, denn der neue Blick auf und in die kleinsten Bausteine des Universums zwingt uns zu fundamental neuen Einsichten. Diese wiederum zeigen erstaunliche Parallelen zu den Aussagen spiritueller Meister. Wenn wir diese untersuchen, können wir die Frage nach dem Sinn unserer Existenz aus anderer Perspektive neu betrachten.

Bis hin zu Beginn des 20. Jahrhunderts hat die rasant fortschreitende Entwicklung der industriellen Entwicklung die Menschen dazu verleitet, die Gesetze der Physik als Axiome einer mechanischen Welt zu verstehen. Die Naturwissenschaftler haben das Universum als gigantische Maschine gesehen. Um sie zu begreifen, glaubten sie, müsse man diese nur in immer kleinere Teile zerlegen. Die Wissenschaft war überzeugt, auf diesem Weg die Mechanik des Kosmos eines Tages vollständig erklären zu können.

Das war ein Irrtum.

Max Planck und Albert Einstein haben Eigenschaften des Universums entdeckt, die das klassische Weltbild der Physik von Grund auf veränderten. So fand Planck heraus, dass Wärmestrahlung und Licht nicht in kontinuierlichen Wellen ausgesendet werden, sondern in winzigen Paketen, die er *Quanten* nannte. Einstein hat diese Theorie später verfeinert, heute spricht man von Licht als durch den Raum rasende *Photonen*.

Auf der Grundlage dieser Erkenntnisse wurde kurze Zeit später die „Quantenphysik" entwickelt, die so haarsträubend ist, das sie den Wissenschaftlern bis heute Rätsel aufgibt.

Zum Beispiel die Erkenntnis, dass Realität, wie wir sie kennen, gar nicht existiert.

Doch beginnen wir mit dem Zeitpunkt, als das klassische Weltbild erste Risse bekam. Es begann mit Albert Einstein. 1905 veröffentlichte er seine „Allgemeine Relativitätstheorie", mit der er die Wechselwirkung von Materie, Raum und Zeit bestimmte. Damit wurden die festen Grundkoordinaten unserer Welt über Nacht veränderbare, nur noch relative Größen. Zeit war kein Kontinuum mehr, sie hing von der Geschwindigkeit ab, mit der sich der Beobachter bewegte. So vergeht die Zeit in einem durchs All fliegenden Raumschiff langsamer als auf der Erde, die Besatzung altert im Vergleich zu den Zurückgebliebenen kaum. Zeit existierte auch nicht mehr für sich allein, sondern war nur noch als Einheit mit dem Raum denkbar, als *Raumzeit*. Eine Vorstellung, die man nur schwer nachvollziehen kann. Doch es kam noch heftiger.

Zehn Jahre später prägte Einstein in der „Speziellen Relativitätstheorie" den Begriff der *gekrümmten Raumzeit*. Er konnte nachweisen, dass die Raumzeit durch Gravitation (die gegenseitige Anziehungskraft großer Massen) beeinflusst, also gekrümmt wird. In einem stark vereinfachten Bild wäre die Raumzeit also eine Art Plane, die an einer bestimmten Stelle eine Vertiefung aufweist. Auch diese Theorie strapaziert unser Vorstellungsvermögen beträchtlich. Das gilt auch für die berühmte Formel: $E=mc^2$. Sie beweist, dass Masse nichts anderes ist als Energie, eine Tatsache, die wir bis heute kaum begreifen, was der Nobelpreisträger allerdings selbst einräumt: „Es folgt aus der Speziellen Relativitätstheorie, dass Masse und Energie beide nur Manifestationen der gleichen Sache sind – ein Konzept das einigermaßen ungewöhnlich für den durchschnittlichen Geist ist."

Mit dieser Formel schrieb Einstein Geschichte. Sie besagt, dass aus einer geringen Masse eine unvorstellbar hohe Energie erzeugt werden kann, denn c steht für die Lichtgeschwindigkeit. Die schlichte Eleganz dieser Gleichung wird bis heute bewundert.

Was ihr Entdecker nicht ahnte: Sie war auch die Grundlage zur Entwicklung der Atombombe. Das hat Einstein Zeit seines Lebens bedauert. Seine Sicht auf die Menschen war skeptisch: „Der Mensch erfand die Atombombe, doch keine Maus würde eine Mausefalle konstruieren."

Einsteins wissenschaftliche Leistung bezog sich vor allem auf den Makrokosmos, die Welt, die uns vertraut ist. Doch auch im Mikrokosmos wurden Entdeckungen gemacht, bei denen den Physikern die Haare zu Berge standen. Sie mussten feststellen: Im subatomaren Bereich haben die klassischen Naturgesetze keine Gültigkeit mehr. Damit war das deterministische Weltbild, das sich an kausalen Abläufen orientiert, hinfällig.

Kleinste Teilchen verhalten sich so, wie sie sich nie verhalten dürften. Vor allem die „Quantenphysik", die den Aufbau und das Verhalten von Atomstrukturen untersucht, hat für extreme Verwirrung gesorgt. Sie hat das Selbstverständnis der Wissenschaftler noch radikaler verändert als die Relativitätstheorie. Die Physiker sprachen von einem Paradigmenwechsel. Ab jetzt war alles anders.

Wenn Sie diesen Paradigmenwechsel bisher noch nicht bemerkt haben, sind Sie in guter Gesellschaft. Wer beschäftigt sich schon mit subatomaren Problemen? Kein Wunder, der Mikrokosmos der atomaren Welt hat Größenordnungen, die unser Verstand kaum nachvollziehen kann. Das beginnt schon bei der Größe eines Atoms, das Physiker inzwischen nicht mehr als besonders klein ansehen: Wenn wir einen Fußball auf das Volumen unseres Planeten vergrößern, wäre ein Atom so groß wie eine Weintraube. (20)

Was bedeutet das?

Wir bewegen uns in einem Bereich jenseits der sinnlichen Wahrnehmung. Kein Mensch hat je ein Atom mit seinem Auge gesehen. Die Wissenschaft begann „Teilchen" zu untersuchen, die man nur indirekt nachweisen konnte, über die Spuren, die sie hinterließen und auf Grund mathematischer Berechnungen. Das Wort

„Teilchen" ist also nur Metapher für ein Phänomen, über das wir im Grunde wenig wissen.

Schon bald stellte man fest, dass auch das Atom kein festes Gebilde war, sondern aus einem Kern bestand, um den Elektronen kreisten. Um uns auch dieses Volumen vorstellen zu können, müssen wir unser Atom von der Größe einer Weintraube auf das Volumen eines vierzehnstöckigen Hauses ausdehnen. Sein Kern wäre dann so groß wie ein Korn Salz, also so winzig, dass man es kaum mehr wahrnehmen kann. Aber das war noch lange nicht das Ende.

Auch den Kern eines Atoms konnte man weiter teilen, in Protonen und Neutronen. Doch selbst diese sind nicht die kleinsten Bausteine des Kosmos, Elementarteilchen sind noch kleiner. Bezüglich ihres Durchmessers „kann keine Differenz zu Null festgestellt werden" sagen die Physiker. Diese „Teilchen" tragen so merkwürdige Namen wie Quarks, Leptonen oder Bosonen, manche Physiker sprachen deshalb von einem Teilchen-Zoo.

Kürzlich konnte endlich auch das *Higgs*-Teilchen nachgewiesen werden, dessen Existenz man über 30 Jahre lang nur vermuten bzw. berechnen konnte. Doch auch die längst bekannten Elektronen, die den Atomkern umkreisen, sind in unserem Bild des Hochhauses nur winzige Staubpartikel, kaum zu sehen..

Dennoch hat das unerklärliche Verhalten dieser kleinsten Teilchen das klassische Bild der Physik auf den Kopf gestellt. Was hat diese unendlich kleine Welt mit uns zu tun?

Die Antwort ist einfach: Die Elektronen, um die es geht, sind wir selbst. Sie schwirren in uns, in den Atomen, die unsere Moleküle bilden, aus denen unsere Zellen bestehen. Ob wir es wollen, oder nicht, wir sind betroffen. Fragen wir also noch einmal: Was ist so schrecklich am Verhalten dieser kleinsten Teilchen in uns?

Elektronen tun nicht, was sie tun sollten, sie verhalten sich *unberechenbar*. Das beginnt schon bei ihrer Existenz. Für das Erscheinen eines Elektrons, also seine Materialisierung aus dem

Quantenvakuum, gibt es nur statistische „Wahrscheinlichkeiten", keine kausale Wirkung. Werner Heisenberg prägte deshalb 1927 den Begriff der *Unschärferelation*. Das war ein schwerer Schock für die Wissenschaft, die immer davon ausgegangen war, dass man alles auf der Welt berechnen oder messen kann. Nicht so ein Elektron. Dieses verschwindet und taucht plötzlich wieder auf, anscheinend ohne Grund. Man weiss weder, warum es verschwindet noch wohin. Genauso wenig kann man präzise vorhersagen, wann und wo es wieder auftaucht. Ort und Geschwindigkeit eines Elektrons lassen sich nicht zugleich bestimmen.

Dazu kam, dass das Elektron, wenn es die Umlaufbahn um den Atomkern wechselt, dies nicht kontinuierlich macht, wie ein Läufer, der die Bahn wechselt. Nein, das eigenwillige Elektron verschwindet zuerst, dann taucht es auf der anderen Bahn plötzlich wieder auf. Doch wie ist es dahin gekommen? Das Quant musst irgendwie gesprungen sein. Damit hatte das Unerklärliche auch gleich einen Namen: *Quantensprung*.

Damit nicht genug, es kam noch schlimmer: Ein Elektron wechselt seine Erscheinungsform. Einmal ist es Welle, ein anderes Mal Teilchen – je nach Versuchsanordnung. Das ließ nur einen Schluss zu, der aber war so schockierend, dass die Physikern fast verzweifelten: Der Betrachter eines Experiments *beeinflusst* das Ergebnis des Versuchs. Im subatomaren Bereich scheint es einen unsichtbaren Zusammenhang zu geben zwischen dem Forscher und dem, was er beobachtet. Eine haarsträubende Erkenntnis, denn damit war die Objektivität, Grundlage aller Wissenschaft, in Frage gestellt.

Ein subatomares Teilchen „reagiert" anscheinend auf seinen Beobachter! Es muss eine Information bekommen, dass es beobachtet und gemessen wird. Gibt es im Universum eine Art von „Kommunikation", die wir nicht kennen?

Noch verwirrender war eine Erkenntnis, die man das *EPR-Phänomen* (21) nannte. Elementarteilchen, die untereinander Kontakt hatten, also verschränkt sind („korrelierende Quantenobjekte"), haben entgegengesetzte Drehimpulse: *up* oder *down*. So weit, so gut. Wenn man nun bei einem Teilchen diesen Impuls ändert, verändert sich beim anderen der Impuls entsprechend – im gleichen Moment. Und nun kommt das Unerklärliche: Das passiert auch dann, wenn die beiden Teilchen fast unendlich weit voneinander entfernt sind.

Wie ist das möglich?

Woher „weiß" T2, dass der Spin bei T1 geändert wurde? Kann die Information durch den Raum gewandert sein? Nein – die Änderung passiert augenblicklich, also selbst wenn die Information mit Lichtgeschwindigkeit unterwegs gewesen wäre, käme sie zu spät.

Die einzig mögliche Erklärung war: EPR-korrelierte Phänomene haben eine *nicht-lokale* Verbindung. Ein ungewöhnlicher Begriff. „Nicht – lokal" heißt, vereinfacht ausgedrückt: „im gleichen Augenblick überall vorhanden". Innerhalb der klassische Physik eine Unmöglichkeit.

So zerstört die Quantenmechanik jede Vorstellung von Lokalität. Sie verleiht dem Raum eine nie da gewesene Ganzheitlichkeit. Die Idee eines „Da" und „Dort" verliert vollkommen ihren Sinn, da das Da und Dort identisch sind. (22)

Für unseren Verstand ist das schwer zu begreifen. Deshalb noch ein Beispiel: Wenn ein Mensch auf der Erde steht und einem Kollegen, der sich auf dem Mars befindet, eine Information übermitteln will, muss diese Information den Raum durchqueren, der die beiden trennt. Das dauert eine Weile.

Nicht so im subatomaren Bereich. Dort können Teilchen unendlich weit voneinander entfernt sein, reagieren aber augenblicklich auf eine Zustandsveränderung des verschränkten Partners.

Anscheinend sind sie auf geheimnisvolle Weise miteinander verbunden. Und nun kommt das Verblüffende: Ähnliches lässt sich auch im Makrokosmos feststellen. Es gibt

*Eine Interaktion, bei der keine Kräfte wirksam sind und
es zu keinem Energieaustausch kommt, die aber das ganze
Universum mit einander verbindet.* (23)

Diese Verbundenheit führt zu einer erstaunlichen Schlussfolgerung:

*Was bei uns geschieht, entscheidet sich in den unendlichen
Weiten des Kosmos. Die Geschehnisse auf unserem
Planeten sind von der Gesamtheit der universellen
Strukturen abhängig.*

Diese fundamentale Erkenntnis könnte ein erster Schritt sein, unser Verständnis von der Rolle des Menschen im Kosmos zu verändern. Denn auch in anderen Bereichen der Wissenschaft gibt es überraschende Hinweise auf diese Verbundenheit.

Doch sehen wir uns zuerst an, was der enorme Fortschritt in den Naturwissenschaften bisher hervorgebracht hat. „Ich weiß, dass ich nichts weiß" soll Sokrates gesagt haben. Wissenschaftler sagen das selten, wir meist auch nicht. Viele glauben, dass die Menschen unendlich viel erforscht haben und fast schon zu den Grenzen des Wissens vorgedrungen sind. Ein Irrtum.

Womit sich die Physik beschäftigt, ist die Materie. Nun besteht aber das Universum mit all den Milliarden von Galaxien nur zu etwa 5% (!) aus Materie und nur diesen winzigen Bruchteil können wir auch erforschen.

Die restlichen 95% – also fast alles – kennen wir nicht.

Physiker sprechen von dunkler Materie und dunkler Energie, die es geben müsse, wissen aber nicht, was das ist.

Auch der Mikrokosmos ist immer noch geheimnisvoll. Die Elementarteilchen tauchen aus dem Nichts auf, das man *Quantenvakuum* nennt. Dass etwas aus Nichts entstehen kann, ist eine merkwürdige Vorstellung, nicht nur für Physiker. Vor allem aus einem Nichts, das nicht wirklich nichts ist. (24)

Machen wir uns noch einmal die aberwitzigen Größenverhältnisse bewusst, um die es hier geht: Das Atom war in unserem Vergleich ein Hochhaus, sein Kern ein Salzkorn. Und was ist dazwischen? NICHTS. In dem riesigen Bereich zwischen Hochhaus und dem winzigen Korn Salz ist – *nichts*. Atome bestehen vor allem – aus leerem Raum.

Diese Aussage führt uns zu einer schockierenden Erkenntnis: Das ganze Universum, alle Materie, die ganze Welt, die wir kennen, besteht vor allem – aus Leere, aus „N i c h t s".

Ja und? könnte man jetzt fragen. Was hat das Nichts des Universums mit uns zu tun? Die Antwort geht mir buchstäblich unter die Haut: Da unser Körper von Atomen gebildet wird, bestehen auch wir vor allem aus – n i c h t s.

Vielleicht ist es ganz gut für unser Ego, dass wir das nicht bemerken.

Und nun kommt das Entscheidende*:*

> Dieses „Nichts", die Leere in uns und die Leere im Universum ist – die gleiche.

Im Mikrokosmos sind wir also zu 95% mit dem Universum verbunden. Überspitzt formuliert könnte man auch sagen: – *sind wir mit dem Universum identisch.*

Eine Erkenntnis, die mich zutiefst berührt hat.

Doch unsere Verbundenheit mit dem Kosmos geht weit über die Leere hinaus.

Eine Möglichkeit, die „Nicht-Lokalität" wenigstens im Ansatz zu erklären, ist die Theorie eines Felds, innerhalb dessen alle Ereignisse im Universum (und damit auch unser Leben) stattfinden.

*Am Grunde der Wirklichkeit ist nicht die Materie, sondern
nur ein Feld, das aber nicht materiell ist, sondern eine Art
Potential darstellt. Dieses Feld ist nur ein einziges Feld,
aus dem das ganze Universum besteht. (25)*

Das sagt die Quantenphysik. Das heißt nichts anderes, als dass
die Wirklichkeit ein Ganzes ist, das man nicht in einzelne Teile
zerlegen kann. Da wir das dennoch tun, müssen wir uns bewusst
sein, dass wir, als Teil dieses Feldes, dadurch zwar Wissen über
gewisse Ereignisse in diesem Feld erwerben, aber das Ganze nie
erkennen können.

Die Idee eines Feldes wird längst auch auf anderen Gebieten
postuliert. Schon in den 80iger Jahren hat der Biochemiker Rupert
Sheldrake den Begriff eines *morphischen Felds* in den Raum
gestellt, das bis heute kontrovers diskutiert wird. Dieses Feld
erleichtert Formen und Organismen, die bereits existieren, auch
an anderen Orten zu entstehen. Es muss also gewisse Informationen enthalten, die übertragen werden.

Dieser Ansatz wäre ein interessanter Brückenschlag zwischen
Biologie und Physik, ist aber bisher experimentell nicht bestätigt
worden. Sheldrake nannte dieses Feld „Gedächtnis der Natur",
ein Begriff, der unser Denken in eine ganz neue Richtung führt:
Weg von der Materie, hin zum Geist. Diese beiden Pole sind keine
Gegensätze mehr, sondern bedingen sich gegenseitig.

Geistig oder zumindest abstrakt ist auch der in diesem Gedanken enthaltene Begriff der „Information", ein Wort, das in Gesprächen über Physik selten auftaucht. Vielleicht weil es mit Zahlen
oder Formeln schwer ausgedrückt werden kann. Dabei übersehen
wir eine Tatsache, die uns selten bewusst ist: Ohne Information
gäbe es das Universum nicht.

Erinnern wir uns: Atome sind überall gleich. Ob in unserem Körper, in einem Regenwurm oder einem Stein auf dem Mars, Atom
ist Atom. Auch dessen kleinste Bausteine, die Elementarteilchen,

sind immer gleich. Quark bleibt Quark – in unserer Milchstrasse oder in einer fernen Galaxis. Was bedeutet das?

Im Grunde brauchen wir nur einen Haufen Teilchen, um all die Materie zu bilden, die im Kosmos existiert. Elementarteilchen, die noch dazu alle identisch sind.

Aber was ist dann der Unterschied zwischen einer Currywurst, einem Roman von Kafka und meinem großen Zeh? Wie ist es möglich, dass die immer gleichen Materialien völlig unterschiedliche Erscheinungsformen bilden?

Weil die Elementarteilchen und alle anderen Bausteine von Materie etwas bekommen, das dafür entscheidend ist: *Information*. Es hängt nämlich von der Anordnung der Teilchen ab, welches Atom oder Molekül entsteht.

Daraus folgt: Jedes beliebige Objekt im Universum setzt sich zusammen aus Materie und Information. (Eine Einheit aus Geist und Materie)

Information ist also nicht nur zu Bildung der verschiedenen Atome nötig, sondern auch dafür, wie diese angeordnet werden, um die Moleküle zu formen, die einen Organismus bilden. Oder das Papier, auf dem dieses Buch gedruckt wurde und den Ketchup auf der Currywurst. Ist das nicht erstaunlich?

Der Quantenphysiker Anton Zeilinger bringt es auf den Punkt:

Information ist der fundamentale Baustein des Universums. (26)

Doch woher kommt sie?

Das hat sich auch der Systemwissenschaftler und Zukunftsforscher Ervin Laszlo gefragt. Wie Sheldrake hat auch er die Idee eines Felds entwickelt. Dabei orientiert er sich an dem indischen Konzept der *Akasha* –Chronik, eine Art universales Gedächtnis, in dem alles, was im Kosmos geschieht, gespeichert wird. Er nennt es das 5. Feld, eine Art „Psi-Feld", mit dem sich viele der bisher ungelösten Rätsel in den Naturwissenschaften erklären ließen. Dabei wagt er kühne, wissenschaftlich aber keineswegs abwegige Hypothesen, die auch das Verhältnis zwischen Geist und Materie neu beleuchten und die Mythen alter Völker in ein zeitgenössisches Weltbild einbinden. (27) In diesem Feld, „dem zeitlosen Gedächtnis des Universums", werden Informationen ausgetauscht, ähnlich wie in den von Sheldrake postulierten *morphischen Feldern*. Durch diese Informationen wird der Empfänger „geformt" (in-formiert). Wie das geschieht, weiß man noch nicht.

Laszlo zieht auch die Möglichkeit in Betracht, dass es ein „Biofeld" geben könnte, über das Moleküle, Gene und Zellen sich koordinieren und über das Organismen mit der Umwelt in Beziehung stehen. Im Grunde sieht er dieses Informationsfeld universell, es müsste das ganze Universum umfassen. Dabei bezieht er sich auf das Quantenvakuum, das „Nichts", aus dem die Elementarteilchen hervorgehen. Es ist die Potentialität, die unsere Welt hervorbringt.

Information ist die Reaktion des als „Quantenvakuum" bezeichneten kosmischen Plenums auf Dinge und Ereignisse in Raum und Zeit. Diese hinterlassen Spuren im Vakuum –sie in-formieren es – und das in-formierte Vakuum wirkt seinerseits auf Dinge und Ereignisse ein, es in-formiert sie. (28)

Doch wer liest die Information? Jeder Computer braucht eine Software, um zu funktionieren. Wo wäre diese in der unbelebten Materie? Laszlo wagt eine kühne Hypothese:

Die Substanz der Neuronen im Gehirn sind Quanten in komplexen Konfigurationen. Aber diese stammen aus den komplexen Feldern, die dem Kosmos zugrunde liegen und zeigen durchaus Eigenschaften, die man mit dem Begriff

Bewusstsein in Verbindung bringt. Auf gewisse Weise ist alle Materie bewusst und kein Bewusstsein ist kategorisch als immateriell zu betrachten. (29)

Ein Gedanke mit enormer Konsequenz. Er erinnert an die Idee eines universalen Bewusstseins aus den fernöstlichen Philosophien.

Nicht das Ich hat Bewusstsein, es ist das Bewusstsein, das unzählige Formen annimmt. (30)

Aussagen wie diese sprengen unser Weltbild. Wir müssen uns langsam an sie herantasten. Bisher waren wir daran gewöhnt, uns als Einzelne in einer Gesellschaft von Individuen wahrzunehmen. Von der Verbundenheit, die uns die Quantenphysik lehrt, spüren unsere Körper nichts.

Doch in der Physik haben die Formen der Materie ihre Form längst verloren:

- es gibt gar keine Materie mehr, sondern nur noch scheinbar regellose Impulse und Schwingungen unsichtbarer Energiefelder. Am Grunde der Wirklichkeit ist in dieser Betrachtung nicht die Materie, sondern ein Feld, das aber nicht materiell ist, sondern eine Art Potential darstellt, das die Fähigkeit hat, sich zu materialisieren. Dieses Feld ist nur ein einziges Feld, aus dem das ganze Universum besteht (31).

Auch wir sind Teile dieses Felds. Wenn der ganze Kosmos aus einem einzigen Feld besteht, dann ist darin alles enthalten. Auch Sie, der Sie diese Zeilen lesen und ich, der sie in die Tastatur eingibt. Es gibt nichts mehr, das allein und isoliert existiert.

Was wir bei unserem Gespräch über die Nicht-Lokalität und die Leere im Kosmos und Atom schon geahnt haben, wird nun noch einmal bestätigt: Das Universum wäre eine „Ganzheit", in der alles zu allem auf bisher noch ungeklärte Weise in Beziehung steht.

Dieser Gedanke trifft den Menschen an den Wurzeln seiner Existenz. Denn dann stehen auch wir in einer konkreten Beziehung zum Rest des Kosmos und sind alles andere als Zigeuner im Universum.

In der gewohnten Realität unseres Alltags können wir allerdings nicht wahrnehmen, dass wir Teil dieser mysteriösen „Ganzheit" sind, von der die Physiker sprechen. Wir merken davon nichts und was unsere Elektronen machen, merken wir schon gar nicht. Substrukturen sind sich der Einordnung in ein größeres System nie bewusst. Auch eine Zelle an unserer Fußsohle weiß nicht, dass sie Teil eines Körpers ist, den wir Mensch nennen, obwohl sie am Informationskreislauf des Gesamtorganismus teilnimmt.

Könnten auch wir Teil eines „universalen Bewusstseins " sein, das wir (noch) nicht kennen?

Die Weisen dieser Welt behaupten das schon immer. Zen-Meister Huang-Po hat dieses Bewusstsein vor 1200 Jahren so beschrieben:

> *Das Absolute und alle Lebewesen sind nichts als der Eine Geist neben dem nichts Anderes existiert. Dieser Geist, der ohne Anfang ist, ist ungeboren und unzerstörbar.(32)*

Auch Wissenschaftler nähern sich langsam dieser Sichtweise.

> *Das zugrunde liegende Feld…von Physikern auch „Null-Punkt-Feld" genannt, ist aufgrund seiner Omnipotenz mit „universellem Geist" gleichzusetzen. Der Ausschnitt aus diesem Feld, der über unser individuelles Bewusstsein festgelegt wird, entspricht dann dem „individuellen Geist des Menschen". (33)*

Bei solchen Überlegungen stoßen wir auf eine prinzipielle Schwierigkeit. Lassen sich spirituelle und physikalische

Erkenntnisse vergleichen? Sicher nicht kategorisch, aber es gibt Parallelen, die ganz erstaunlich sind.

Die Wissenschaft hat die Materie immer weiter zerstückelt, um ihre letzten Geheimnisse zu erforschen. Und was entdeckte man? *Schwingungen unsichtbarer Energiefelder.*

Also das Nicht-Materielle, Zeitlose, Unendliche.

Dies aber waren schon immer Attribute des spirituellen Urgrunds, des Absoluten.

Doch dafür ist Wissenschaft nicht zuständig.

Was tun? Mit dieser Frage hat sich zum Beispiel Ken Wilber beschäftigt. Als junger Chemiker hat er intensiv meditiert und die unterschiedlichsten spirituellen Meister besucht. Am Ende konnte er, wie man aus seinen Schriften schließen kann, Erleuchtung erlangen. Zugleich hat sich Wilber mit der Gründlichkeit des Naturwissenschaftlers mit den modernen Geisteswissenschaften auseinandergesetzt. Seine Arbeiten illustrieren exemplarisch das Bemühen, westliches und östliches Denken, also Wissenschaft und Spiritualität, unter einem übergeordneten Blickwinkel zu vereinen. Für Wilber heißt das, die Erkenntniswege, die dem Menschen offenstehen, klar zu unterscheiden:

1) Das Auge des Fleisches (Wahrnehmung durch die Sinne)
2) Das Auge des Intellekts (Wissenschaft)
3) Das Auge der Kontemplation (Spiritualität/Religion/Meditation)

Wenn man sich also Fragen über den Kosmos stellt, muss man zuerst entscheiden, welches der drei Augen der Erkenntnis, also welcher Weg, für die Fragestellung angemessen ist.

All Wege sind gleichermaßen gültig und notwendig, wenn wir ein umfassendes Verständnis des Universums anstreben. Wilber bezeichnet das als „Integrale Sichtweise." (34)

Der Gegensatz zwischen Wissenschaft und Religion existiert für ihn nicht. Seit der Aufklärung wurde das „dritte Auge" in der westlichen Welt allerdings sträflich vernachlässigt. Angesichts der überwältigenden Erfolge der Naturwissenschaften kann das nicht überraschen.

Doch wie lassen sich aus der Kontemplation gewonnene Erkenntnisse überprüfen?

Wilbers Antwort ist einfach: Genauso wie in den anderen Disziplinen.

> *Die Lösung besteht vielmehr in der direkten Wahrnehmung der Transzendelia, die sich nur dem Auge der Kontemplation enthüllen und in diesem Bereich völlig <u>verifizierbar oder falsifizierbar sind</u>, und zwar mit Hilfe öffentlich-zugänglicher Verfahren, öffentlich jedenfalls für jeden, der die Injunktion durchgeführt und die Erleuchtung erlangt hat. (35)*

Dies funktioniert aber nur <u>innerhalb</u> der einzelnen Disziplinen. Um spirituelle Erfahrungen zu überprüfen, kann ich nicht Experimente mit wissenschaftlichen Apparaten machen, also eine fremde Disziplin bemühen. Der Forscher muss selbst einen spirituellen Schulungsweg gehen. Mit andern, die den gleichen Weg gegangen sind, kann er dann die Erkenntnisse genauso kritisch überprüfen, wie das die Wissenschaft in ihrem Bereich macht. Doch auch diese muss ihre Grenzen erkennen. Die letzten und tiefsten Fragen lassen sich mit dem Auge des Intellekts nicht beantworten:

> *Das Problem des Absoluten und Relativen kann man mit dem Auge des Fleisches oder dem Auge des Intellekts nicht lösen. Dieses tiefste aller Geheimnisse gibt sich nur dem Auge der Kontemplation preis.*

Dann ist auch diese Erkenntnis verifizierbar.

Das sagt auch Mathieu Ricard, Sohn eines Nobelpreisträgers, der bei einem anderen Nobelpreisträger Mikrobiologie studierte. Er hatte eine glänzende Karriere vor sich, entschied sich aber anders. Mathieu wurde Mönch – und wissenschaftlicher Berater des Dalai Lama. Dieser war schon immer sehr an den neuesten Forschungen interessiert. Er ist der Überzeugung, jede Weltanschauung, auch der Buddhismus, müsse stets im Einklang mit rational gewonnenem Wissen stehen. Deshalb hat sich auch Mathieu Ricard seit vielen Jahren mit dem Spannungsfeld zwischen Naturwissenschaften und Buddhismus beschäftigt.

Die Authentizität einer Wissenschaft hängt ja nicht notwendigerweise von physikalischen Messungen und komplexen mathematischen Ausdrücken ab. Eine Hypothese kann schließlich auch durch innere Erfahrung überprüft werden, ohne dass es ihr deshalb an Gültigkeit fehlt. (36)

Als Beispiel führt er eine der grundlegenden Erkenntnisse Buddhas an:

Er hat die wechselseitige Abhängigkeit, die das Bewusstsein und das ganze Universum miteinander verbindet, durch direkte kontemplative Erfahrung wahrgenommen.

2500 Jahre später sind Ervin Laszlo und andere Forscher über die Naturwissenschaft zu der gleichen Einsicht gekommen. (Im Kapitel „Bewusstsein" werden wir diesen Gedanken vertiefen.)

Es geht nicht darum, Disziplinen fahrlässig miteinander zu vermengen, wir wollen ungewöhnliche Parallelen untersuchen, um daraus neue Anregungen zu gewinnen. Dazu müssen wir uns vor allem den Kulturkreis ansehen, der die Methode der „inneren Erfahrung" seit Jahrtausenden kultiviert hat.

4) Buddhismus und fernöstliche Philosophie

In fernöstlichen Kulturen, vor allem in Indien sowie in den Ländern des Buddhismus, gibt es andere Begriffe für die Gottheit, die Vorstellung ist abstrakter. Dies gilt nicht für die farbenfrohen hinduistischen Tempel, in denen es von Göttern und Dämonen wimmelt, sondern für die klassischen Texte wie den „Rig-Veden", der „Bagavad-Gita" oder den Lehren von Shankara. In diesen wird von *Atman* gesprochen, dem wahren Selbst des Menschen. Es konkretisiert sich im Menschen, ist aber eine geistige Dimension, für Inder die Grundlage des Universums und allen Seins.

> *Das Selbst ist dein Sein. Du bist es schon immer gewesen.*
> *Unermessliches Sein, in dem alle Erfahrungen und*
> *Konzepte erscheinen und vergehen.*
> *Dein Selbst ist der Moment, der weder geht noch kommt.*
> *Es ist das Herz des Universums.*
> *Atman, die Leere.*
> *Es leuchtet aus sich selbst heraus, für sich, durch sich.*
> *Das Selbst haucht dem Leben den Atem ein. (37)*

Im Buddhismus spricht man vom *Einen Geist*, vom *Ungeborenen* oder vom *Absoluten*. Für Inder und Asiaten ist Gott nicht oben in einem fiktiven Himmel, er ist überall.

Das erinnert an das kosmische Feld, das Physiker im ganzen Universum vermuten.

Schon Einstein, der sich intensiv mit dem Buddhismus beschäftigt hat (wie übrigens auch Schopenhauer), spricht von einer „kosmischen Religiosität". Für ihn war sie die „stärkste und edelste Triebfeder wissenschaftlicher Forschung".

> *Das Absolute ist nicht einfach das Eine. Es ist das Eine,*
> *aber es ist auch die Vielen. Es ist die Einheit-in-der-*
> *Vielheit…Das Sein, das Absolute, die unendliche Totalität,*

*ist nicht nur die Ansammlung endlicher Dinge, sondern
e i n unendliches LEBEN, ein sich selbst verwirklichender
GEIST. (38)*

Ist das der Satz eines buddhistischen Gelehrten? Nein, er ist von dem deutschen Philosophen Hegel. Der Idealismus in der deutschen Philosophie, der bis auf Plato zurückgeht, hatte gegen die Erfolge der Naturwissenschaften und dem folgenden Materialismus keine Chance.

Kann man Buddhismus als Religion bezeichnen? Nicht wirklich, eher eine Lebensphilosophie oder eine Wissenschaft des Geistes. Seit 2500 Jahren beschäftigten sich buddhistische Philosophen mit den Fragen, mit denen sich auch die moderne Naturwissenschaft auseinandersetzt.

Gibt es eine Wirklichkeit hinter der Welt der Erscheinungen?

Was ist der Ursprung der Welt, was der Zusammenhang zwischen Belebtem und Unbelebtem? Was ist die Natur von Zeit und Raum?

Auch zur Funktionsweise des Bewusstseins gibt es tausende von Schriften und Traktaten. Dieser Schatz an Wissen wurde im Westen bisher ignoriert. Mit der typischen Arroganz der westlichen Zivilisation hat man nur die eigene Sicht als gültig bezeichnet, obwohl auch Buddhisten bei ihren Untersuchungen durchaus wissenschaftlich vorgehen. Analysen und gedankliche Experimente sind die eine Seite der buddhistischen Tradition, die andere sind unterschiedliche Meditationsformen. Beide ergänzen sich und können zur letzten Erkenntnis führen.

Schon im 2. Jahrhundert hat der indische Philosoph Nagarjuna beschrieben, was bestimmte Experimente der Quantenphysik im 20. Jahrhundert bestätigt haben: „Die Natur der Phänomene ist von wechselseitiger Abhängigkeit bestimmt. Sie existieren nicht aus sich selbst heraus." Phänomene sind von Natur aus „leer" von jeder autonomen und beständigen Realität. Diese Aussage trifft auch auf Elementarteilchen zu.

Unter einem übergeordneten Blickwinkel ist der Gedanke von Nagarjuna das Ende der Dualität. Darum geht es in allen fernöstlichen Philosophien/Religionen.

Die Vorstellung der buddhistischen „Leere" hat, was die Beschreibung angeht, durchaus Ähnlichkeit mit dem „leeren" Raum eines Atoms, in dem sich Elektronen manifestieren.

Es sieht ja nur so aus, als würden diese aus dem „Nichts" entstehen, denn dieses Nichts ist Potentialität, also nicht materiell und deshalb auch nicht sichtbar.

> *Elektronen entstehen...nicht aus dem Nichts, sondern aus Etwas. Dieses Etwas drückt aber nichts Materielles aus. Potentialität, also Mögliches, verwandelt sich dann in Realität. Aber Potentialität kann man nicht wahrnehmen, und somit sieht es nur so aus, als ob es aus dem „Nichts" entsteht. (39).*

Indische Meister sehen es ähnlich, auch ohne Physikstudium:

> *Du bist die überschwänglich schäumende Leere*
> *Von der nichts und niemand getrennt existiert.*
> *Deine Leere ist zugleich auch die absolute Fülle.*
> *Leere beinhaltet sowohl Sein wie Nichtsein.*
> *Du bist jenes Namenlose, in dem alle Ereignisse stattfinden. (40)*

Sind solche Vergleiche zulässig? Fragen zu stellen, liegt in der Natur des Verstands. Das wird erst aufhören, wenn wir die Bewusstseinsebene des kleinen, denkenden Ich überwunden haben. Deshalb hat Buddha seine Schüler aufgefordert, durch Meditation in einen gedankenfreien Zustand zu kommen. Erst dann kann sich die Einheit allen Seins manifestieren.

Taoismus, Hinduismus und Buddhismus haben einen völlig anderen Zugang zur letzten Wahrheit – die Intuition. Auf der Suche nach Erleuchtung geht der Schüler nach innen, in die geistige Versenkung. Der Christ vermutet Gott irgendwo außen, im Himmel oder in einer anderen Dimension. Auch wenn es nicht so aussieht, vielleicht ist der Widerspruch zwischen den Religionen kleiner, als wir vermuten.

Die Kirche spricht von der Gnade Gottes, die „von oben" kommt und sich dem Menschen offenbart. Doch wie wir gesehen haben, ist der Begriff „von oben" nur Ausdruck des antiken Weltbildes, das die Gottesvorstellung der ersten Christen geprägt hat.

Wenn wir das berücksichtigen, könnte der „Heilige Geist" von überall her kommen – auch von innen. Genau das sagen die Buddhisten. Sie suchen den Kontakt mit der universalen Wahrheit in sich selbst.

Die christlichen Mystiker haben das übrigens auch getan. Manche waren so radikal wie die chinesischen Zen-Meister, allen voran Meister Eckhart. Auch er hat die letzte Wahrheit erfahren, das heißt, er ist sie *geworden*. Das Absolute kann man nicht erkennen, man kann es nur *sein*. Von diesem Standpunkt aus spricht er:

Dass Gott Gott ist, dafür bin ich die Ursache
In meiner Geburt wurden alle Dinge geboren
Und ich war die Ursache meiner Selbst,
meinem Sein nach, das ewig ist.

Diesen Gedanken führt er später zu Ende:

Wäre aber ich nicht, so wäre auch Gott nicht. (41)

Das SEIN, von dem Eckhart spricht und das er verkörpert, existiert vor dem Gottesbegriff und dem menschlichen Bewusstsein, in dem die Sehnsucht nach einem Gott auftaucht.

Ein Wunder, dass er für solche Sätze nicht auf dem Scheiterhaufen gelandet ist.

Seit Jahrhunderten haben sich Menschen aller Kulturkreise darum bemüht, spirituelle Erfahrungen zu machen. Auch der Islam hat eine lange mystische Tradition. Einige dieser Personen kennen wir, andere nicht. Die großen Religionsstifter hingegen haben in Kulturen gewirkt, die ihre Lehre aufzeichnen und weitergeben konnten. Das ist lange her. Die Schwierigkeit, über metaphysische Dinge zu reden, ist geblieben.

Auch zu Beginn des 21. Jahrhunderts fällt es uns schwer, Erfahrungen aus einer geistigen Welt in Worte umzusetzen. Das kann nicht überraschen: Aufgabe von Sprache ist es, unsere alltägliche Realität zu beschreiben, nicht aber spirituelle Dimensionen. Das Problem kennen wir aus den Naturwissenschaften. Um die abstrakten Gesetze der Physik zu formulieren, ist unsere Sprache ebenfalls ungeeignet. Die Menschen mussten eine Symbolsprache erfinden, die Mathematik. Leider ist diese für Metaphysik nicht brauchbar. Was tun?

Das Problem, Unaussprechliches zu kommunizieren scheint unlösbar. Trotz aller Schwierigkeiten haben es Menschen immer wieder versucht. Es darf uns nicht wundern, dass es dabei zu Missverständnissen kam.

Doch auch Physiker haben Schwierigkeiten, ihre mathematischen Formeln sprachlich adäquat zu interpretieren. Zukünftige Generationen werden sich wundern, wie sehr wir uns gequält haben, die Erkenntnisse der Quantenphysik in auch nur einigermaßen verständliche Worte zu fassen. Vielleicht ist es deshalb kein Zufall, dass Physiker durch das Studium der kleinsten Teilchen im Universum seiner möglichen spirituellen Dimension erstaunlich nahe gekommen sind. Auch in der subatomaren Welt geschehen Dinge, die mit dem Verstand nicht zu begreifen oder erklärbar sind.

In der Metaphysik stößt unsere Ratio ebenfalls an eine natürliche Grenze. Die spirituelle Dimension wird intuitiv erfahren, nicht durch logische Analyse.

Das Erlebnis der Erleuchtung im Buddhismus entzieht sich in seinem Innersten jeglicher Sprache. *Es ist die Enthüllung einer unbekannten Kraft.* Der Meditierende spürt den direkten Kontakt mit einem Energiepotential, das unendlich viel größer ist als er. Sie führt ihn zu seinem Ziel – zur Erleuchtung, zur Erkenntnis der letzten Wirklichkeit. Wir nennen es „Das Absolute", andere würden es „Gott" nennen. Welches Wort man auch wählt: Der Buddhist sucht das letzte Geheimnis in sich, der Christ sammelt sich im Gebet und wartet auf die Offenbarung des Heiligen Geistes. Außen oder innen, das Absolute kann man nicht in Grenzen definieren.

Universale Wahrheit kann man nicht erkennen, man kann sie nur erfahren.

Deshalb hat Buddha auch nicht gesagt, bete mich an, sondern „Suche mich, das Absolute, in dir selbst". Darauf bezieht sich auch der irritierende Satz aus der Zen-Literatur: „Wenn du Buddha unterwegs triffst, töte ihn". Gemeint ist: Wenn du Buddha außerhalb von dir selbst begegnest, bist du noch in der Dualität – du hier, Buddha dort. Also bist du noch nicht am Ziel. In der Nichtdualität gibt es kein hier und dort mehr, für einen „Erwachten" ist alles Buddha, Ausdruck des Absoluten.

Der Buddhismus lehrt den Weg der Meditation, für die rationale Welt des römischen Imperiums gab es vor 2000 Jahren einen anderen Weg: den Weg von Jesus. Er war die Verkörperung der Wahrheit. Die Menschen haben die Wahrheit in seiner Person erfahren, dann konnten sie diese auch glauben.

Im Buddhismus ist es umgekehrt. Man macht sich bereit für die Wahrheit und wartet, bis sie sich enthüllt. Jesus und Buddha, die beiden Religionsstifter, waren das gelebte Beispiel dafür, dass die spirituelle Dimension *den Menschen zugänglich ist.*

Wie alle geistigen Lehrer entwickelten sie Ratschläge für die, die ihrem Beispiel folgen wollten. Ihre Lehren waren der damaligen Zeit, ihrem Kulturkreis und ihren Traditionen angepasst. Doch die Essenz ihrer Botschaft ist zeitlos: Die spirituelle Dimension, soweit sie dem Menschen zugänglich ist, erschließt sich jenseits des Verstandes. Das Endliche kann das Unendliche nicht erkennen.

Nur in der Stille, wenn das Denken aufhört, wenn der Mensch ganz da im gegenwärtigen Moment ruht, ist, kann sich ein Kontakt zu dieser anderen Wirklichkeit, dem Absoluten, einstellen. *No mind* nannte Zen-Meister Dogen diesen Zustand.

In ihm sprechen die alten Weisen mit der Stimme der Absolutheit, ganz wie Meister Eckhart:

> *Ich bin die abstrakte Intelligenz, aus der der Kosmos entspringt, durch die er gedeiht und in der er sich wieder auflöst. Die Unwissenden sehen mich als das Universum, während die Eingeweihten mich als ihr eigenes reines Wesen fühlen, das in ihnen als Ich-Ich leuchtet.*
> *Diese Erkenntnis kann nur aus der tiefen Stille des gedankenfreien Bewusstseins erwachen. (42)*

Im Sein jenseits des Denkens.

VIDEO 4

Laotse erinnert sich. Lautlos glitt das Raumschiff durchs All. Er hatte sich inzwischen an den Schwebezustand gewöhnt, es gelang ihm sogar, weiterhin seine Meditationshaltung einzunehmen. In die Leere hinter den Gedanken einzutauchen, fiel ihm zwar schwebend nicht leichter, aber er wusste, dass sie immer da war und er nur genügend Geduld aufbringen musste. In seinem Alter war das kein Problem. Ohne Schwerkraft schien sein Körper etwas Fließendes zu haben, was nicht unangenehm war. Den Raum, in dem er sich befand, konnte er allerdings nicht verlassen, denn nur hier erzeugten die Kugelwesen eine Atmosphäre, die Menschen atmen konnten. Man hatte ihm am Morgen klar gemacht, dass die Wesen zu ihrem Heimatplaneten aufgebrochen waren, zu irgendeinem Sternbild hinter Sirius. Kosmologie war nie seine starke Seite gewesen, auch nicht Physik. Zwar hatte man ihn wissen lassen, dass sie mit Lichtgeschwindigkeit unterwegs waren und der Kommandant hatte sogar versucht, zu erklären, wie das möglich war, aber Laotse hatte nur müde abgewinkt. Ihm gingen andere Gedanken durch den Kopf. Wenn er wieder zurück kommen sollte, würden auf der Erde inzwischen Jahrhunderte vergangen sein und ob die Menschheit dann noch existieren würde, war ungewiss. Gekidnappt hatte man ihn nicht, das musste er zugeben. Laotse war aus freien Stücken mitgekommen. Richtig wohl hatte er sich auf der Erde in letzter Zeit ohnedies nicht mehr gefühlt, vor allem nicht nach dem letzten Gespräch mit dem Kommandanten.

Natürlich hatte er schon immer gewusst, dass die Fähigkeit des Menschen zum Guten und zum Bösen fast unbegrenzt war. Leider schien sich Letzteres meist durchzusetzen, mit zunehmend verheerenden Folgen. Die Absurdität des Ganzen hatte ihm der Kommandant mit einem einfachen Beispiel noch einmal drastisch vor Augen geführt. Dieser hatte schon früher, (für ein Raumschiff mit dieser Geschwindigkeit vor ein paar Minuten), eine Szene auf dem Atlantik beobachtet, die ihn nachdenklich gemacht hatte. Es war die Zeit des 2. Weltkriegs gewesen.

Vielleicht kannst du mir das erklären...

Die Färbung seines durchsichtigen Körpers nahm den tiefen Blauton an, der Laotse signalisierte, dass dies keine ironische, sondern eine ernste Frage war.

Ihr baut eine schwimmende Burg aus Stahl, die ihr Schlachtschiff nennt. Das dauert sehr lange, viele Menschen investieren ungeheure Mühe und Arbeit, enorme Mengen an Rohstoff werden verbraucht. Andere Menschen an einem anderen Ort bauen auch ein Schlachtschiff. Ebensoviel Mühe, Zeit und Rohstoffe. Sobald sie fertig sind, fahren beide Schiffe auf das Meer hinaus und zerstören sich gegenseitig. Alle Menschen an Bord sterben.

Der Kommandant schwieg, das Wesen seiner Kugel schien leicht zu vibrieren, das fünfte Auge glühte.

Warum tut ihr das?

Diese Frage hatte Laotse sich schon oft gestellt. Deshalb tat er, was er am besten konnte, er schwieg.

Kommst du deshalb mit uns mit?

Laotse überlegte. Ganz genau war er sich über seine Gründe noch nicht im Klaren, wahrscheinlich war Neugierde das wichtigste Motiv. Er war froh, sich diese neben seinem Gleichmut über 2000 Jahre bewahrt zu haben.

Was versteht ihr unter diesem Wort?

Unter Neugierde? Wieder hatte der Kommandant seine Gedanken gelesen. Die Antwort fiel Laotse nicht ganz leicht, denn über die Definition dieses Gefühls (oder war es ein Gedanke?) hatte er sich noch nie Gedanken gemacht.

Es ist der Wunsch, etwas zu erfahren, das zwar existiert,
oder von dem wir glauben, es müsste existierten,
das wir aber noch nicht kennen.

Der Kommandant kam näher, die Saugnäpfe an seinem dritten Arm glitten sanft über die Glaswand.

Und was glaubst du, könnte im Universum existieren,
das du noch nicht kennst?

Diesmal fiel die Antwort Laotse nicht schwer.

Intelligente Wesen.

Für einen Augenblick schloss der Kommandant alle fünf Augen.

Warte bis du unsere Zivilisation kennenlernst. Dann wirst
du sehen, was Leben sein kann."

Der Kommandant wechselte die Farbe in ein tiefes Lila, sein zweiter Arm winkte kurz, dann glitt er durch die gläserne Wand in einen anderen Raum.

Laotse blickte auf sein pinkfarbenes Smartphone, das schon längst überflüssig geworden war. Bei der ersten Begegnung mit den Kugelwesen hatte er versucht, eines davon zu photographieren, aber es war ihm nicht gelungen. Die Bilder zeigten immer nur Menschen mit ausdruckslosen Gesichtern. Erst später hatte er erfahren, dass die Kugelwesen menschliche Gestalt annahmen, wenn sie sich auf die Erde wagten, um nicht aufzufallen. Anscheinend war diese Manipulation seiner Gehirnwellen und Sinneseindrücke auch beim Betrachten von Photos aktiviert. Beeindruckend.

Als er das Smartphone wieder weglegte, schob sich der Körper des Kommandanten noch einmal in den Raum.

Du warst doch früher mal ziemlich schlau,
ich meine vor über 2500 Jahren?

Laotse hob den Kopf, denn so umgänglich hatte das Wesen noch nie zu ihm gesprochen.

Einerseits freute er sich, wie jeder Mensch, der ein Kompliment bekommt, andererseits spürte er wegen des Präteritums eine leichte Kränkung, auch wenn er sich das nicht eingestehen wollte. Die vier Arme des Kommandanten ruderten durch die Luft (die es im anderen Raum so nicht gab), ein ironisches Glucksen schien aus der fluoreszierenden Kugel zu kommen.

Schon gut, du b i s t ziemlich schlau,
man nannte dich ja schon damals einen Weisen.

Das fünfte Auge sah Laotse an, die anderen vier rotierten.

Was bedeutet dieses Wort eigentlich?

Laotse war sprachlos. Wie konnte dieses Wesen von der tiefen Einsicht wissen, die er damals eines Tages gehabt hatte? Wieder spürten seine Sinne gegenüber ein ironisches Glucksen. Sein Erstaunen schien den Kommandanten zu amüsieren.

Was sollte er sagen? Wie konnte er mit Worten etwas vermitteln, das nicht ausgedrückt werden konnte, vor allem nicht mit Sätzen, die über einen instant translater in eine ihm unbekannte Kommunikationsform übertragen wurden?

Laotse tat das, was ihm nicht schwer fiel, er schwieg. Allerdings ziemlich intensiv.

Die Computerstimme des translators schien eine Spur von Zufriedenheit auszustrahlen.

Ich verstehe. Einige von euch versuchen,
ihrem beschränkten Bewusstsein zu entkommen.

Laotse hob die Hand als, wollte er protestieren.

Bewusstsein hat keine Grenzen.

Der Kommandant rollte das mittlere Auge, während die anderen sein Gegenüber starr fixierten.

Warum tun ihr euch dann so schwer?

Das fragte sich Laotse schon immer.

Weil wir glauben, es gäbe Grenzen.

Wieder einmal wurde ihm bewusst, wie absurd die Situation des Menschen im Grunde war. Doch dann erinnerte er sich an ein Gleichnis. Er hatte es zur Zeit des Kaisers Zhaoxiang zum ersten Mal den Menschen erzählt, die ihn nach seiner Erfahrung gefragt hatten.

Zwei Fische treffen sich im Meer. Der eine fragt den anderen:
„Weißt du, was Wasser ist?"
Der Fisch neben ihm denkt länger nach.
„Keine Ahnung."
„Es soll etwas ganz Großartiges sein."
„Wirklich?"
Eine Weile schwimmen sie stumm nebeneinander her.
Dann schlägt der erste Fisch plötzlich aufgeregt mit dem Schwanz.
„Dann komm und lass uns danach suchen."
Entschlossen gleiten beiden Fische durch das Wasser,
bis sie in der blauen Tiefe verschwinden.

Einen Augenblick war es still im Raum. Nur der Kugelköper des Kommandanten pulsierte in einem zarten Grün, das Laotse so noch nie gesehen hatte. Wahrscheinlich hatte er wieder seine Gedanken gelesen.

Ich glaube, es wird dir bei uns gefallen.

Nach diesem Satz glitt die schillernde Kugel durch die Wand und war verschwunden.

Zum ersten Mal seit langem fühlte sich Laotse alt. Er griff nach dem Smartphone und steckte sich die Kopfhörer ins Ohr. Kurz darauf verloren sich seine Gedanken in der melancholischen Melodie eines Leonard Cohen-Songs.

Doch daran erinnert er sich nicht. Die Zeit war ihm abhanden gekommen.

6) Bis zur Grenze des Verstands

Die moderne Physik stößt heute in Bereiche vor, die unser Intellekt nicht mehr nachvollziehen kann. Der Nobelpreisträger Richard Feynman hat es lakonisch auf den Punkt gebracht: „Wer behauptet, die Quantenphysik zu verstehen, lügt." Doch das ist lange her. Sind die neuen Grenzbereiche, in denen man heute forscht, leichter zu verstehen?

Die jüngste und vielleicht aufregendste These, an der in der Physik seit geraumer Zeit gearbeitet wird, ist die „String-Theorie." Ihre Vertreter hoffen, mir ihr der Weltformel, die das Universum vollständig erklären soll, einen großen Schritt näherzukommen.

Denn leider hat die Physik immer noch ein Problem: Die Relativitätstheorie (die im Makrokosmos gültig ist) und die Quantenmechanik (die den Mikrokosmos erklärt) passen nicht zusammen. Jede funktioniert nur in ihrem Bereich, eine Weltformel aber sollte überall gültig sein. Diesen Anspruch stellt die String-Theorie, ob sie ihn erfüllt, bleibt abzuwarten. Worum geht es?

Die klassische, kosmologische Theorie des „Big Bang", die nicht unumstritten ist, kann die Entstehung des Universums bis zu etwa einer 1/100 Sekunde nach dem Urknall mathematisch beschreiben. Das heutige Universum wäre dann zusammengepresst gewesen auf einen Punkt von fast unendlicher Dichte und Temperatur. Doch wenn wir nun versuchen, in der Zeit noch weitere Bruchteile von Sekunden zurückzugehen, spielen die Gleichungen der Physiker verrückt. Die Formeln der Quantenmechanik ergeben unendliche Werte, sie machen keinen Sinn mehr. Ein Problem, das die Physiker seit Jahrzehnten beschäftigt.

Die Situation wäre anders, wenn wir uns kleinste Elemente der Materie nicht als Punkt, sondern als unglaublich winzige Energiefäden vorstellen, sogenannte „Strings".

Wenn nämlich das Universum beim Urknall nicht auf einen unendlich kleinen Punkt geschrumpft war, sondern „nur" auf die

Größe der kleinsten Einheit, also eines Strings, wären mit einem Schlag viele bisher nicht erklärbare physikalische Unstimmigkeiten gelöst. Das behaupten zumindest die Anhänger dieser Theorie. Sie glauben, damit wäre sogar Relativitätstheorie und Quantenmechanik in Einklang zu bringen.

Um welche Größenordnungen es dabei geht, muss man sich kurz vor Augen halten. Das Spielfeld der Stringtheorie spielt sich innerhalb der sogenannten „Planckzeit" ab: 10^{-43} sec (eine Zahl mit 43 Nullen!). Die Größe eines Strings berechnet man annähernd mit der Plancklänge. Diese besitzt eine Größe von mit 10^{-33} cm, genauer gesagt ein millionstel/ milliardstel/ milliardstel/milliardstel – Zentimeter!

Wenn wir ein Atom auf die Ausmaße des bekannten Universums vergrößern würden, wäre die Plancklänge etwa so groß wie ein Baum.

Um die Größe eines Strings tatsächlich im Experiment sichtbar zu machen, bräuchten wir einen Teilchenbeschleuniger von der Größe unserer Milchstrasse.

Solche Theorien sprengen jede menschliche Vorstellungskraft. Noch verrückter wird es, wenn wir uns vorstellen sollen, dass Strings nicht nur unendlich winzige Energiefäden sind, sondern dass deren Existenz eine ganz neue Welt voraussetzt: Ein Universum, das über neun Dimensionen des Raums und eine der Zeit verfügt. Unser Kosmos hätte damit insgesamt zehn Dimensionen. (Zugegeben, davon merken wir nichts, denn die zusätzlichen Dimensionen des Raums wären in dem unvorstellbar kleinen Punkt der Planckgröße sozusagen „aufgewickelt" und damit nicht wirklich realisiert.)

Selbst wenn Ihr Verstand jetzt endgültig streikt, noch ist kein Ende abzusehen. Denn auch die Stringtheorie wird bereits weiterentwickelt. Dabei geht es um Vorstellungen, bei denen auch hartgesottene Physikern schwindlig werden können: Es geht um Stringschleifen und oszillierende Klümpchen, welche die gesamte Schöpfung zu Schwingungsmustern vereinigen. Diese werden in einem Universum ausgeführt, welches zahlreiche verborgene Dimensionen besitzt, die wiederum extreme Verformungen durchmachen, in deren Verlauf der Raum Risse erleiden, sich selbst aber auch reparieren kann. Wer kann da noch folgen?

Manchen Forschern gelingt es immerhin, Schönheit hinter den Geheimnissen der Natur zu entdecken. Einsteins berühmte Gleichung ist in ihrer Kürze tatsächlich von bestechender Eleganz. Andere sehen sogar im kompliziertesten Formellabyrinth ästhetische Strukturen.

> *Die Stringtheorie erklärt, dass der „Stoff", aus dem alle Materie und Kräfte bestehen, ein und derselbe ist. Jedes Elementarteilchen besteht aus einem einzelnen String und alle Strings sind absolut identisch.. Zu den Unterschieden zwischen den Teilchen kommt es, weil ihre jeweiligen Strings anderen charakteristischen Schwingungsmustern unterworfen sind... Das Universum – zusammengesetzt aus einer ungeheuren Anzahl schwingender Strings – ähnelt einer kosmischen Symphonie. (43)*

Auch andere Physiker sind von subatomaren Strukturen entzückt. So sieht der Nobelpreisträger Franz Wilczek in Atomen Musikinstrumenten, die perfekte Sphärenmusik produzieren. (44)

Nachvollziehen können wir das nicht. Kein Wunder, hinter diesen verwirrenden Theorien stehen nicht nur kluge Gedanken, sondern vor allem extrem komplizierte Berechnungen von Hochleistungscomputern. Der Mensch denkt nicht mehr, er lässt denken, bzw. rechnen. Kein Wunder, dass er die Ergebnisse nicht mehr „verstehen" kann.

Am anderen Ende der Größenskala, im Makrokosmos ist es nicht anders. Dort zeichnet sich die Möglichkeit ab, dass unser Universum nur eines von vielen ist, wie eine Schaumblase auf dem Wasser. Es gäbe in der Unendlichkeit des Alls dann unzählige Schaumblasen, welche die Oberfläche eines riesigen brodelnden Meers namens „Multiversum" bilden.

Doch auch optimistische Forscher sind nicht sicher, ob die letzten Geheimnisse des Universums erklärbar sind. Was wäre der Urgrund allen Seins? Seit Heisenberg vor über 80 Jahren die *Unschärferelation* entdeckt hat, liegt die Vermutung nahe, dass es diesen Grund gar nicht gibt. Und wenn, wäre es nur die Potentialität des Quantenvakuums, das geheimnisvolle Nichts, von dem wir nichts wissen. Auch das ist kaum zu verstehen.

Längst stoßen die meisten Menschen bei den neuesten Erkenntnissen der Physik an die Grenzen ihres Denkens.

Beginnt jenseits dieser Grenze die Metaphysik?

Möglicherweise. Vielleicht gibt es diese Grenze aber gar nicht. Vielleicht bedingen sich beide Ebenen wechselseitig.

Vergleichen wir den Begriff von „Erleuchtung", den wir aus der fernöstlichen Philosophie kennen, mit den Aussagen der Physiker.

Die ZEN-Meisterin:

> *Im Zustand der Erleuchtung gibt es kein Ich. Da ist einfach das Leben selbst. Ein Pulsieren zeitloser Energie, dessen Wesen alles umfasst oder ist. (45)*

Kann dieses" Pulsieren zeitloser Energie" dieselbe Energie sein, von der die Stringtheoretiker sprechen?

Auch im subatomaren Bereich pulsiert es ständig, denn auch die kleinsten Teilchen der Materie sind Energieschwingungen. Im Grunde pulsiert der ganze Kosmos und wir mit ihm. Realität, wie wir sie zu kennen glauben, existiert nicht.

Das Phänomen der „Erleuchtung", das wir noch genauer betrachten werden, könnte für einen Physiker dann darin bestehen, in Resonanz zu einer zeitlosen Schwingung des Universums zu treten. Wenn kein Ich mehr existiert, wie die Zen-Meisterin sagt, ist der Spiegel unseres Geistes makellos, denn er ist vom Denken befreit und kann zum Resonanzboden für die kosmische Schwingung werden. Dann würde unser Bewusstsein in Kontakt treten mit der „Ganzheit", von der die Physiker sprechen und die Huang-Po den „Einen Geist" nannte.

Diese Vorstellung wäre leichter nachzuvollziehen, wenn wir das Konzept eines nicht-lokales Raums auch auf das Bewusstsein ausdehnen. Ist das legitim?

Ein holländischer Arzt hat diesen Gedanken vor kurzem aufgegriffen. Der Kardiologe Pim van Lommel, der vor allem mit Sterbenden gearbeitet, sich aber auch intensiv mit Neurobiologie und Quantenphysik beschäftigt hat, kam zu folgender Erkenntnis:

...empirische Studien bestätigen die nicht-lokalen Eigenschaften des Bewusstseins und deuten auf eine nicht-lokale Verschränkung in biologischen und makroskopischen Systemen wie dem Gehirn hin (46)

Dies gilt nicht nur für Sterbende, sondern für jeden von uns. Darauf werden wir noch zurückkommen.

Verfolgen wir vorher noch einen anderen Gedankengang: Nehmen wir an, eines Tages werden wir wirklich alle Naturgesetze entschlüsselt haben. Was kommt danach? Wie sind diese Gesetze entstanden? Gibt es sie einfach, oder hat sie jemand gemacht?

Vor allem – w e r hat sie gemacht und w a n n ?
Schon vor dem Urknall, oder kurz danach?

Man nimmt an, dass es vor der Singularität des „Big Bang" keinerlei physikalischen Gesetze gab, denn es gab auch keine Materie – also nichts, innerhalb dessen sie hätten wirken können. Sind sie also zusammen mit dem Universum entstanden? Der Big Bang muss sich nach den Gesetzen der Physik ereignet haben, sagen die Wissenschaftler. Doch wie kann das sein, wenn mit diesem singulären Ereignis erst alles entstanden ist?

Können Naturgesetze überhaupt entstehen oder sind sie immer da? Auch ohne Natur?

Vielleicht, aber nicht ohne Zeit, denn diese ist eine Komponente ihrer mathematischen Formulierung. Die Zeit wurde mit dem Universum geschaffen. Raum und Zeit bedingen einander, das wissen wir. Die physikalischen Naturgesetze müssen also zusammen mit den räumlichen und zeitlichen Koordinaten entstanden sein, innerhalb derer sich die Materie des Universums realisiert hat. Also nach der ersten Nanosekunde oder wie immer wir das nennen. Genaues wissen wir nicht.

Mit dem Universum entstanden die Spielregeln, die Naturgesetze. Waren diese verantwortlich für die Entstehung des Kosmos?

In der Physik sind die Anfangsbedingungen (des Kosmos)
nicht durch Naturgesetze festgelegt, sie sind kontingent,
das heißt sie könnten auch anders sein…
Den Kosmos gibt es ja nur einmal. Also stehen
am Anfang einmalige Entscheidungen über die
Symmetrieeigenschaften des Kosmos. (47)

Eine mögliche Interpretation. Doch wer hat diese Entscheidung getroffen?

Solch unbequemen Fragen können wir entkommen, wenn wie eine andere Theorie favorisieren, die bisher nicht so populär ist: Die *Loop-Theorie* behauptet, das Universum zieht sich nur bis zu einem gewissen Punkt zusammen, dehnt sich dann aber wieder aus. Dies passiert immer wieder, wenn auch in unvorstellbar großen Zeiträumen.

Indische Mystiker sagen: Gott atmet ein und wieder aus.

Dieses Universum wäre nicht aus einem fiktiven Nichts entstanden, sondern immer schon da gewesen, seit Ewigkeiten, wobei unser Zeitbegriff dann seinen Sinn verliert.

7) Der Mensch – ein Zufallsprodukt?

Wenn Sie unseren Überlegungen bis hierher gefolgt sind, könnte es sein, dass Ihre Geduld jetzt zu Ende ist. Vor allem, wenn Sie mit den Spekulationen von Physikern oder den Theorien fernöstlicher Meister nichts anfangen können.

Gehen wir also zurück zur Realität, auf den festen Boden der Tatsachen, den unser Verstand so sehr schätzt. Auch wenn dieser Boden mitunter gar nicht so festgefügt ist: In diesem Augenblick rasen wir zum Beispiel mit 108 000km/h durch das Weltall. Auch wenn Sie das nicht merken, sondern vielleicht immer noch darüber nachdenken, was Sie auf diesem Planeten eigentlich verloren haben.

Obwohl wir längst erkannt haben, dass wir tatsächlich nur ein Staubkorn im unendlichen Kosmos sind – etwas ist merkwürdig: Das ganze Weltall, diese Myriaden von Galaxien im Universum existieren nur, weil sie physikalische Bedingungen erfüllen, die in ihrer Präzision dem Zufall keinen Platz lassen: Wäre die Dichte des Universums eine Sekunde nach dem Urknall nur um einen Teil pro Tausend Milliarden größer gewesen, wäre es schon nach zehn Jahren wieder zusammengestürzt.

Das muss man sich vorstellen: Das ganze Universum ist mit einer mathematischen Präzision von 1/000 000 000 000 entstanden. (48) Nicht nur das. Wenn einige physikalische Parameter nur ganz geringfügig anders gewesen wären, hätte Leben auf der Erde nie entstehen können.

Kann das Zufall sein? Kann dann unsere Existenz noch Zufall sein? Wenn nicht, warum sind wir hier?

Was wir wissen: Das Leben hat sich nicht nur nach den Gesetzen des Universums entwickelt, sondern auch aus einer wie immer definierten inneren Notwendigkeit heraus. Deshalb wird der Begriff „Evolution" inzwischen auch sehr unterschiedlich interpretiert. Ein nur von Chaos und Zufall bestimmter Darwinismus wird zunehmend skeptisch gesehen.

In letzter Zeit mehren sich die Stimmen, die fordern, das Wort „Zufall" ganz aus unserem Vokabular zu streichen. (49) Sie vermuten hinter den Naturgesetzen eine Art „kosmischen Code". Das Universum offenbart sich als viel strukturierter; aber auch geheimnisvoller und unerklärlicher, als wir es vermutet haben.

Die Fähigkeit zur *Selbstorganisation der Materie* (50) scheint in diese Richtung zu weisen. Woher kommt das „Wissen" der Aminosäuren, sich in einer ganz bestimmten Ordnung zur DNA zusammenzuschließen, woher „wusste" das schwammige Etwas, das wir Gehirn nennen, dass es Bewusstsein bilden soll? (Jedenfalls nach der bisher vorherrschende Meinung der Neurologen). Ist es einfach passiert, ganz zufällig? Oder steckt dahinter ein „kosmischer Code", wie es viele Biologen vermuten?
Dann wäre das Entstehen von Leben und Bewusstsein eine natürliche Konsequenz der Gesetze im Kosmos. Die Möglichkeit unserer Existenz wäre also in der Evolution bereits von Anfang an angelegt, wie die Naturgesetze.
Und damit auch der Weg des Menschen zur letzten Erkenntnis.

Dann kann unsere Existenz nicht zufällig sein.

Ist Evolution also doch zielgerichtet?

Viele Wissenschaftler würden jetzt energisch protestieren. Welches Ziel wäre denn das und wer hätte es vorgegeben? Mit solchen

Gedanken haben wir uns einem Phänomen genähert, das man mit Begriffen wie „Geist des Kosmos" ausdrücken könnte.

Damit steht ein Wort im Raum, das wir bisher weitgehend vermieden haben: „Gott" – oder was immer wir damit meinen. Lange hat die Naturwissenschaft die Existenz Gottes für überflüssig erklärt. Für Meta-Physik war in der klassischen Physik eines mechanischen Universums kein Platz.

Die moderne Physik hat nun, ohne es zu wollen, ein Weltbild geschaffen, das wieder Raum bietet für metaphysische Fragen. Als Urgrund der Welt haben die Forscher eine Potentialität entdeckt, die nicht materiell ist. Da wir darüber nichts wissen, könnte man sie auch geistig nennen.

In unseren Überlegungen haben wir bisher die fernöstlichen Philosophien betont, weil diese seit über zweitausend Jahren Aussagen machen, zu denen es in der modernen Naturwissenschaft erstaunliche Parallelen gibt. Wie ist das möglich? In besonderen Bewusstseinszuständen scheint der Mensch universale Zusammenhänge im Kosmos intuitiv erfassen zu können. Ob diese Erkenntnisse sich wirklich auf der gleichen Ebene bewegen, in der die Physik ihre Fragen stellt, bleibt offen.

Was uns inzwischen jedoch bewusst ist: Im subatomaren Bereich, also buchstäblich an der Basis unserer Existenz, sind wir anscheinend auf geheimnisvolle Weise mit dem ganzen Universum verbunden. Doch nicht nur das, der ganze Kosmos scheint ein ungeheuer komplexes, in sich vernetztes System zu sein, von dem wir noch zu wenig wissen, um seine Wirkungsweise verstehen zu können. Könnte dies aber nicht eher Grund zur Hoffnung sein als Anlass zu Misstrauen?

Schließlich wissen wir auch nicht, was es mit der „dunklen Materie" oder der „dunklen Energie" auf sich hat, die man im ganzen Universum vermutet. Wenn sozusagen das Größte, was es im ganzen Kosmos gibt, sich der Wissenschaft bis heute entzogen hat, darf es uns nicht wundern, wenn auch die Existenz einer mysteriösen „Ganzheit" des Universums nur langsam und zögerlich wahrgenommen wird.

Doch es ist längst offensichtlich, dass dieses universale Feld von Vernetzungen, von dem die Forscher sprechen, mehr ist als nur ein Slogan, den man gerne zitiert, ohne zu wissen, was er bedeutet.

Nicht nur Atomphysiker, auch Biologen, Psychologen und Vertreter anderer Disziplinen entwickeln ein Weltbild, das unsere Welt und das Universum als Einheit sieht, in der alle Teile wechselseitig miteinander agieren.

Was dies bedeuten könnte, ist uns noch nicht einmal im Ansatz klar geworden. Geht es nur um eine fiktive, emotionale Geborgenheit?

Interessanter ist die Überlegung, ob sich die metaphysische und die naturwissenschaftliche Interpretation der Welt ergänzen könnten. Diese Vorstellung einer „idealistischen Wissenschaft" ist den meisten Forschern nicht geheuer. Aussagen von Physikern und Metaphysikern in den gleichen Kontext zu stellen, kann in der Tat zu Schwierigkeiten führen. Wer verfügt schon über die Kompetenz, die Erfahrung von Zen-Meistern mit den Hypothesen von Physikern zu vergleichen? Meditationsmeister sind keine Nobelpreisträger, Physiker und Biochemiker selten Meditationsexperten.

Doch wir sollten nicht vergessen, dass sich die Wegbereiter der neuen Physik intensiv mit fernöstlichen Religionen beschäftigt haben. Warum? Der buddhistische Blick auf den Kosmos entsprach viel eher den revolutionären neuen Erkenntnissen als die christliche Heilsgeschichte. Nicht nur Einstein war bekannt für seine buddhistischen Studien, auch Erwin Schrödinger, einer der Väter der Quantenmechanik, hatte sich intensiv mit indischer Mystik beschäftig. Seinen Blick auf die Welt und unseren Platz in ihr beschreibt er so:

*Du – und ebenso jedes andere bewusste Wesen für sich
genommen – bist in allem. Darum ist dieses dein Leben,
das du lebst, auch nicht ein Stück nur des Weltgeschehens,
sondern in einem bestimmten Sinn das Ganze. (51)*

Den meisten Naturwissenschaftlern sind spirituelle Wege
fremd. Gewohnte Konzepte zu verlassen und ein neues Weltbild
zu akzeptieren, ist Menschen schon immer schwergefallen. Früher
wurde man dafür als Ketzer verbrannt.

Der spirituelle Ansatz, den die Väter der modernen Physik
gewagt haben, ist schnell vergessen worden. Erst in den siebzi-
ger Jahren wurden solche Überlegungen vor dem Hintergrund der
„New Age" Bewegung wieder populär.

Der amerikanische Nuklearphysiker Fridjof Capra hat damals
als erster wieder Parallelen gezogen zwischen neuer Physik und
asiatischer Mystik. (52) Auch wenn seine Thesen bei Kollegen
umstritten sind, der Ansatz war mutig. Seitdem wird die unsichtbare Mauer zwischen Materie und Geist zunehmend hinterfragt,
auch wenn viele Forscher das immer noch empört ablehnen. Für
sie gilt weiterhin: Metaphysik und Physik dürfen nichts miteinander zu tun haben. Warum eigentlich nicht?

Doch manche Wissenschaftler scheren aus. So hat zum Beispiel der junge Quantenphysiker David Bohm, der noch mit Einstein Kontakt hatte, den indischen Weisen Krishnamurti in Kalifornien besucht. In mehreren Begegnungen sprachen die beiden
über Bewusstsein und Intelligenz. (53) Dabei ging es auch um eine
mögliche Brücke zwischen Ost und West zwischen Wissen und
Weisheit. Warum gerade David Bohm?

Wie Einstein wollte er sich nicht damit zufrieden geben, die
Quantenmechanik einfach so zu akzeptieren wie sie ist. Die Haltung, sie funktioniert und wir können damit arbeiten, solange wir
keine Fragen stellen, war ihm zu wenig. Geht es wirklich nur um
statistische Wahrscheinlichkeiten?

Seine Kollegen waren der Ansicht, dass der Mensch nicht nach tieferen Strukturen hinter den Atomen suchen sollte, weil es keine gibt. Und wenn es sie doch gäbe, kann er sie nicht objektiv untersuchen, weil der Beobachter das Beobachtete beeinflusst. Diese Meinung wollte Bohm nicht teilen. Vor allem die nicht-lokale Verbundenheit von Elementarteilchen ließ ihm keine Ruhe.

In den 50iger Jahren entwickelte Bohm zu diesem Problem eine eigene Theorie: Zwei Ereignisse, die räumlich sehr weit voneinander getrennt verlaufen, könnten sich tatsächlich gegenseitig beeinflussen, wenn man ein „Quantenpotential" in Erwägung zieht, das in diesem Bereich alle Strukturen (Atome und Elementarteilchen) verbindet. Dieses Quantenpotential würde sich wie die Gravitation im ganzen Universum ausbreiten, aber mit der Entfernung nicht abnehmen.

Innerhalb dieses Potentials könnte es durchaus Phänomene geben, die sich synchron (nicht-lokal und akausal) ereignen. Diese wären dann über diesen gemeinsamen Urgrund miteinander verbunden. Diesen Urgrund nannte Bohm später „implizite Ordnung".

Diese Vorstellung hielten andere Physiker für reine Spekulation, bis einer ihrer Kollegen, John Bell, sie mathematisch unterstützte. Das „Bellsche Theorem" bestand in dem Nachweis, dass es physikalische Phänomene gibt, die man mathematisch nur erklären kann, wenn man die Nicht-Lokalität akzeptiert.

Zugegeben, das alles klingt sehr kompliziert und ist es auch. Doch es geht hier nicht nur um Physik. Wenn es einen gemeinsamen nicht-materiellen „Urgrund" gibt, wie es die alten Meister seit über 2000 Jahren behaupten, dann hat das Auswirkungen auf all unsere Lebensbereiche. Dies würde unser Selbstverständnis und unseren Blick auf die Welt grundlegend verändern.

Am Beispiel der klassischen Physik können wir sehen, wie das Denken in der Wissenschaft früher funktioniert hat. Das mechanistische Weltbild zerlegt Elemente in immer kleinere Bestandteile und betrachtet sie isoliert. Auf diese Weise kann man die Bausteine nicht nur untersuchen sondern auch manipulieren, worin viele Wissenschaftler ihre wichtigste Aufgabe sehen. Kein Wunder, damit kann man gut verdienen. Doch wer nur die Zerstückelung in kleinste Teile im Auge hat, vergisst die übergeordnete Struktur, in die diese Dinge eingebettet sind und kann so ihren Sinn nie ganz erfassen, denn sie ist nie nur die Summe ihrer Teile. Auch der Mensch ist ja nicht nur ein Wesen aus Zellen und Molekülen. Bohm war das klar, er sah die gemeinsame, höhere Struktur, die alles verbindet, auch im Bereich des Geistes und der Gedanken.

Damit kommt er der Vorstellung eines nicht-lokalen Bewusstseins sehr nahe:

Das Hauptanliegen meiner wissenschaftlichen und philosophischen Arbeit war, die Natur der Realität im allgemeinen und des Bewusstseins im besonderen als ein zusammenhängende Ganzes zu begreifen, das niemals statisch abgeschlossen ist, sondern einen endlosen Bewegungs- und Entfaltungsprozess darstellt. (54)

In seiner Theorie wies Bohm nach, dass weder die klassische Physik noch die Quantenmechanik die Welt hinreichend erklären, weil sie die implizite Ordnung ignorieren.

Unsere These lautet, dass Geist und Materie beide aus einem gemeinsamen Urgrund hervorgehen, der über beiden steht und letztlich unbekannt ist.(55)

Weil man ihn nicht *kennen*, sondern nur *erfahren* kann, würden die alten Meister sagen.

Ein anderer Physiker schlug später einen ähnlichen Weg ein wie Bohm. Dieser war bis vor kurzem Professor für theoretische

Physik an der Universität von Oregon, sein Vater brahmanischer Priester. Amit Goswami hat die Quantenmechanik unter dem Blickwinkel der indischen Religionsphilosophie neu betrachtet, aber auch Forschungsergebnisse aus der Neurologie und kognitiven Psychologie in seine Arbeit integriert. Das Resultat dieser Untersuchungen legte er in einem Buch vor: *Das bewusste Universum.* (56)

Für Wissenschaftler, die nur an Messwerten interessiert sind, ist allein der Titel eine Provokation. Wie kann eine unüberschaubare Menge von Galaxien, die einsam im kalten Weltraum auseinanderdriften, als „bewusst" bezeichnet werden? Bewusst wie ein Lebewesen? Die Antwort auf diese Frage würde voraussetzen, wir wüssten genau, worüber wir sprechen. Erstaunlicherweise ist dies nicht der Fall.

8) Bewusstsein – das große Rätsel

Was ist Bewusstsein? Wissenschaftler, die in ihren Disziplinen zu immer entlegeneren Grenzen aufbrechen, machen sich darüber selten Gedanken. Sie sind mit etwas anderem beschäftigt, selten mit sich selbst, noch weniger mit dem, was dieses Selbst hervorbringt. Doch das Defizit wird spürbar, steht doch seit geraumer Zeit die Hirnforschung im Zentrum der medialen Aufmerksamkeit. Kein Wunder, jeder ist betroffen, jeder hat ein Bewusstsein. Die entsprechenden Publikationen sind zahllos und es werden immer mehr. Meist beschränkt sich die wissenschaftliche Diskussion allerdings auf die neurologische Forschung in Kliniken und Instituten. Doch trotz erstaunlicher Fortschritte konnte bisher kein Neurologe erklären, wie Geist oder Bewusstsein vom Gehirn produziert wird. Anders ausgedrückt, wie ein Organ, also Materie, etwas Immaterielles hervorbringen kann.

Zwar hat man die Funktionsweise des Gehirns immer präziser untersucht, kann inzwischen auch genau sagen, in welchen Bereichen sich bei bestimmten Gedanken oder Emotionen erhöhter Energiebedarf im Gewebe einstellt, das dann besonders aktiv ist. Diese Muster lassen sich vom Computer auch bildlich darstellen. So weit, so gut. Niemand bestreitet, dass Bewusstsein eng mit neurophysiologischen und biochemischen Vorgängen im Hirn verknüpft ist.

Das aber beantwortet die Frage nicht: Was ist Bewusstsein?

Hier geht es nicht um den aktuellen Stand der Gehirnforschung. Wir können auch nicht auf die verschiedenen Stadien der Entwicklung des menschlichen Bewusstseins eingehen, dazu gibt es genügend Fachliteratur. Ich möchte nur den Aspekt betonen, der für unsere weiteren Überlegungen relevant ist: Die Frage nach dem Ego. Jedes Bewusstsein scheint ein Zentrum zu haben, ein „Ich", mit dem wir die Welt betrachten und beurteilen, ein Ich, das einen nie endenden Fluss von Gedanken produziert. Aber wie ist das möglich? Die Forschung hat längst festgestellt, dass so ein Zentrum im Gehirn nicht existiert.

Amit Goswami hat den Begriff „Bewusstes Universum" nicht leichtfertig gewählt. Das Verständnis indischer Mythologie motivierte den Professor, die Quantenphysik eines Tages mit anderen Augen zu sehen. Vor diesem Hintergrund entwickelte Goswami, die Idee, dass es auch im Gehirn Quanteneffekte geben könnte. Die meisten Neurologen lehnen diese Vorstellung bis heute ab. Synapsen seien zu groß für Effekte aus der Quantenphysik, die ja nur im Mikrokosmos relevant ist. Andere Wissenschaftler, darunter so bekannte Namen wie der Mathematiker Roger Penrose oder der Nobelpreisträger John C. Eccles sehen das anders. Sie vermuten bei der Funktion des Gehirns ebenfalls Quanteneffekte. (57)

Goswami sieht im Gehirn sowohl ein Quantensystem als auch ein klassisches Messinstrument.

Es müssen nicht-lokale Korrelationen (im Sinne des EPR Phänomens) auf der molekularen Ebene im inneren Gehirn, in unseren Synapsen existieren. Damit hängt selbst unser gewöhnliches Denken von der Natur der Quantenereignisse ab.(58)

Mit dieser Behauptung ändert sich unsere Vorstellung vom Gehirn grundlegend: Der Geist-Gehirn Komplex ist nicht länger ein in sich geschlossenes System. Er steht in Verbindung zu einem Bewusstseinsraum, der unendlich viel größer ist und für das es im Grund keinen Namen gibt.

Diese Vorstellung erinnert an das von Ervin Laszlo postulierte Feld der „Akasha-Chronik".

Zur gleichen Zeit hatte ein tschechischer Arzt, der in Kalifornien tätig war, ganz ähnliche Gedanken entwickelt. Dr. Stanislav Grof hatte herausgefunden, dass das Gehirn gewisse Erfahrungen in Bereiche auszulagern scheint oder sich aus diesen bedient, die einer Nicht-Lokalität sehr nahe kommen. Seine Forschungen haben den Begriff der *Transpersonalen Psychologie* geprägt. Diese untersucht Aspekte des Bewusstseins, die weit über das persönliche Ich hinausgehen. Entdeckt hat Grof diese Phänomene, als er die Wirkung von Halluzinogenen auf das menschliche Bewusstsein untersuchte. Jahrzehntelang erforschte er in klinischen Studien alle verfügbaren Drogen, von LSD über Peyote zu Ayayuasca.

Da solche Substanzen im Lauf der Jahre in den USA immer mehr in Verruf kamen, entwickelte er später eine eigene Methode, um diese Bewusstseinszustände herzustellen: Das *holotrope Atmen*. Dieses ist erstaunlich einfach. Die Kursteilnehmer atmen intensiv, dazu hören sie sehr laut Musiken unterschiedlichster Art. Schon nach kurzer Zeit entgleiten die Teilnehmer in andere Bewusstseinzustände. Dabei erleben manche ihre Geburt noch einmal, andere können sich mit Tieren und Pflanzen identifizieren. So erstaunlich es klingt, man denkt und fühlt dann tatsächlich wie das jeweilige Tier.

Noch beeindruckender ist es, wenn sich Kursteilnehmer plötzlich in Kulturkreisen aufhalten, die ihnen völlig unbekannt sind. Sie erleben zum Beispiel ein Menschenopfer bei den Azteken, obwohl sie von solchen Ritualen nichts wissen. Wie lässt sich das erklären?

Stanislav Grof argumentiert ähnlich wie sein holländischer Kollege van Lommel. Er vermutet, dass sämtliche Bewusstseinsinhalte in einem geistigen Feld gespeichert sind.

In besonderen Momenten kann unser Gehirn mit diesem Feld Kontakt aufnehmen. Es tritt dann in Resonanz mit dem Empfinden eines Tiers oder klinkt sich mehr oder weniger zufällig in Ereignisse ein, die von anderen Personen zu anderen Zeiten erlebt wurden. Es kann sich aber auch um ein Geschehen aus der eigenen Biographie handeln, besonders häufig sind traumatische Erlebnisse bei der Geburt.

Zur Illustration benützt Grof gern folgendes Bild: In dem Raum, in dem wir uns gerade befinden, existieren virtuell in jedem Moment etwa 100 TV-Programme. Davon merken wir nichts, so lange wir kein Empfangsgerät haben. Erst dieses kann den Kontakt zu den unsichtbar vorhandenen Sendungen herstellen. Unser Gehirn könnte so ein Empfangsgerät sein, das den Kontakt zu einem nicht-lokalen Bewusstsein herstellt.

Inzwischen hat die „Transmissions-Theorie" innerhalb der Wissenschaft einen gewissen Stellenwert erlangt, obwohl das mechanistische Weltbild der klassisch orientierten Neurologen weiterhin vorherrscht. Diese argumentieren gerne mit klinischen Studien.
Bei Gehirnverletzungen ist das Bewusstsein reduziert, es kommt zu spezifischen Ausfällen, die man messen kann. Dies sei doch ein Beweis, dass Bewusstsein vom Gehirn erzeugt wird.

Grof sieht das anders: Wenn ein TV-Gerät defekt ist, werden gewisse Programme ebenfalls nicht mehr empfangen oder das Bild ist verzerrt. Dies bedeutet aber keineswegs, dass der Apparat die Programme erzeugt.

Grundlage all dieser und ähnlicher Überlegungen ist immer die Idee eines nicht-lokalen Bewusstseins. Unterstützung bekommt diese These von Leuten, bei denen man das nicht erwarten würde, nämlich von Mathematikern. Computerspezialisten haben errechnet, dass das Gehirn, trotz seiner enormen Kapazität, niemals die Erinnerungen eines ganzen Lebens speichern kann. (59) Die Idee, dass diese sozusagen „ausgelagert" werden, scheint also nicht abwegig. Dies umso mehr, als auch die Funktion des Langzeitgedächtnisses ähnliche Fragen aufwirft. Wie ist Erinnerung möglich, wenn die molekulare Zusammensetzung der Zellmembranen bei Neuronen alle zwei Wochen komplett erneuert wird?

Die Tatsache, dass unser Ich-Bewusstsein einen transpersonalen Bereich umfassen kann, hat Grof ein Leben lang beschäftigt, vor allem auch die Frage, was das für den Menschen bedeutet. Am Ende seiner Forschungen kommt der klassisch ausgebildete Mediziner zu einer überraschenden Feststellung:

Die Ergebnisse der transpersonalen Psychologie und der Bewusstseinsforschung sprechen sehr dafür, dass das Universum das Werk höherer kosmischer Intelligenz und das Bewusstsein ein wesentlicher Aspekt des Seins sein könnte. (60)

Mit „Sein" ist das nicht-lokale Bewusstseinsfeld gemeint, in das wir eingebettet sind und das Grof „kosmische Intelligenz" nennt, andere nennen es Gott, Atman, Tao, das Selbst oder das Absolute.

Ein Schüler von Grof, der österreichische Psychiater Sylvester Walch, hat den transpersonalen Ansatz erweitert und mit den neuesten Erkenntnissen der Psychoanalyse und Kognitionsforschung verbunden. Die verschiedenen Disziplinen ergänzen sich. Walch ist der Ansicht, nur ein gesundes Ich kann sich spirituell sinnvoll weiter entwickeln. Eine ausgeglichene und stabile Psyche ist dafür Voraussetzung. Wie Ken Wilber geht es ihm um das Entwicklungspotential des Menschen, das noch lange nicht ausgeschöpft ist. Der Kontakt unseres kleinen Ichs zum „universellen Selbst" könnte der nächste Schritt sein. Dies würde uns auch im Alltag ein erweitertes Bewusstsein ermöglichen. (61)

Der Physiker Goswami nannte es die Nicht-Lokalität des Quantenfelds. Seine Behauptung, dass auch unser ganz normales Denken von Quantenereignissen abhängig ist, hat allerdings eine unerwartete Konsequenz. Da Quanteneffekte unberechenbar sind, müssten auch unsere Gedanken unberechenbar sein. Das würde heißen, Gedanken kommen und gehen nach Belieben, ohne dass ein Ich Einfluss nehmen kann. Wenn wir unser Denken beobachten, haben wir häufig den Eindruck, dass es tatsächlich so ist. Welchen Einfluss hat dann unser Ich auf diesen Prozess?

Goswami beschreibt, wie das Ego in unserem Bewusstsein Gestalt annimmt. Dabei setzt er ein übergeordnetes Bewusstsein voraus, das im Quantenzustand ist, also nur als Potentialität existiert. Beim Kollaps der Wellenfunktion wird (ähnlich wie bei der Messung eines Elektrons) aus Wahrscheinlichkeiten ein konkreter Messwert herausgefiltert. Das Ergebnis: Der Ich-Gedanke.

> *Unser Bewusstsein ist ein in höchstem Maße umfassendes Bewusstsein. Die Teilung in Subjekt und Objekt kommt infolge des Kollapses und führt dann zu der primären unmittelbaren Bewusstheit eines Ich-bin Gefühls. (62)*

Genau das sagen auch die spirituellen Meister:

> *Das Bewusstsein ist universell – es gibt keine Individualität. Aber wenn sich das Bewusstsein in einer bestimmten Form regt, die ebenfalls spontan erschienen ist und in der Form zu funktionieren beginnt, nimmt die Form an, dass sie ein Individuum ist. (63)*

Nach Goswami ereignet sich der „Wellenkollaps," der die individuelle Identität hervorruft, im Raum der Nicht-Lokalität, in der Potentialität des großen, universalen Bewusstseins. Diese Ebene wird in der indischen Mythologie als Nicht-Dualität bezeichnet, auf Sanskrit heißt diese „Advaita" (nicht-zwei). Damit ist der höchste Bewusstseinszustand gemeint, den Menschen erreichen können, er liegt jenseits der uns bekannten Welt, die grundsätzlich binär, bzw. dual ist.

Ganz ohne Bezug zur indischen Philosophie spricht der holländische Arzt Pim van Lommel. Er hat lange mit Sterbenden gearbeitet und ein Buch mit dem provozierenden Titel „Endloses Bewusstsein." veröffentlicht. Darin fasst er den aktuellen Stand der Gehirnforschung zusammen und bringt auch die Diskussion über Quantenvorgänge im Gehirn auf den neuesten Stand. Was

Goswami vor über 20 Jahren geschrieben hat, scheint unverändert gültig zu sein, denn van Lommel definiert Bewusstsein ganz ähnlich:

> *Bewusstsein ist in Form von Wahrscheinlichkeitswellen nicht-lokal, also überall präsent. Es enthält den ganzen nicht-lokalen Raum. Dies gilt sowohl für mein als auch für Ihr Bewusstsein. Und jeder Teil des Bewussteins enthält ebenfalls den gesamten Raum, denn jeder Teil des Unendlichen ist unendlich. (64)*

Da der eigentliche Prozess der „Gedankenproduktion" bis heute ungeklärt ist, lässt sich auch das, was wir „Ich" nennen, neurologisch schwer fassen. Bemerkenswert ist die Schlussfolgerung von Goswami in Bezug auf den freien Willen, der Entscheidungen trifft:

> *Wählen ist ein diskontinuierlicher Akt im transzendentalen Bereich, ein Akt unseres nicht lokalen Bewusstseins. (65)*

Das bedeutet, nicht unser Ego entscheidet, sondern die Potentialität, die dahintersteht.

> *Mein in Erscheinung tretendes Ego, ist nur ein scheinbarer Agens für den freien Willen dieses kosmischen „Ichs".*

Die Konsequenz: Der einzelne Mensch hat keinen freien Willen, er bildet sich das nur ein.

Andere Physiker, die das Gehirn ebenfalls als Quantensystem sehen und auch einem spirituellen Weltbild gegenüber offen sind, gehen nicht soweit. (66). Doch der Spielraum möglicher Erklärungen ist groß. Bis heute ist die Frage nach dem freien Willen nicht endgültig geklärt.

Gestützt wird die Behauptung von Goswami allerdings durch zwei Neurologen, die nicht unter Verdacht stehen, sich in Spekulationen zu verlieren. Benjamin Libet und Bertram Feinstein haben in den 80iger Jahren Experimente gemacht, die berühmt geworden sind, weil sie schon damals die Vorstellung eines freien Willens in Frage stellten. (67) Bis heute wurden ihre Ergebnisse nicht widerlegt und sind von den führenden Neurologen akzeptiert.

Die Komplexität des Systems und die mit ihr verbundenen unzähligen Möglichkeiten erzeugen in uns die Illusion eines freien Willens. Tatsächlich beruht jede neuronale Aktivität auf den festen Regeln der Naturgesetze. (68)

Für die meisten von uns ist diese Aussage ein Schock, denn wenn der freie Wille tatsächlich Illusion ist, stellt diese Aussage unser ganzes Weltbild in Frage. Das hätte enorme soziale und juristische Konsequenzen.

Im Alltag empfinden wir unser kleines „Ich" allerdings sehr wohl als existent. Woher kommt das?

Der bekannte Evolutionsbiologe E. O. Wilson sieht in dieser Vorstellung einen Überlebensvorteil. Selbst wenn das Ego neurologisch nicht haltbar ist, hatte das Konzept für die Entwicklung der Spezies Mensch einen Vorteil, der überlebenswichtig war. Das gilt auch für die Vorstellung eines freien Willen. Wir täuschen uns selbst, damit wir uns besser fühlen und ein sinnvolles Leben führen können (69).

Ein deutscher Wissenschaftler sagt es ebenso kompromisslos. Für Thomas Metzinger ist das Ich nichts weiter als eine Simulation. Er hat dafür den Begriff „Ego-Tunnel" geprägt, den er auch als Buchtitel verwendet.

Dahinter steht folgender Gedanke: Durch die begrenzte Kapazität unserer Sinnesorgane gibt es eine natürliche Selektion dessen, was wir wahrnehmen können.

Der ablaufende Vorgang des bewussten Erlebens ist
weniger ein Abbild der Wirklichkeit
als vielmehr ein Tunnel durch die Wirklichkeit. (70)

Wir erleben also nur einen sehr begrenzten Ausschnitt der Wirklichkeit, doch auch der ist nicht real.

Zuerst erzeugt das Gehirn eine Simulation der Welt, die so
perfekt ist, dass wir sie nicht als Bild in unserem eigenen
Geist erkennen können. Dann generiert es ein inneres Bild
von uns selbst als einer Ganzheit.

Unser Ego ist also nur eine Simulation, ein Trick des Gehirns.

Genau das sagen auch die spirituellen Meister. Doch diese sprechen aus persönlicher Erfahrung, nicht auf Grund wissenschaftlicher Erkenntnis.

Das Haupthindernis für die Erfüllung unseres Potentials
liegt im Konzept eines Ichs. Es ist nichts als ein Hirnge-
spinst der Einbildung, erschaffen aus dem Gedächtnis und
vom gesellschaftlichen Kontext, in dem wir uns befinden.
(71)

Metzinger sieht das ähnlich. Er nennt das Hirngespinst „Selbstmodell".

Die von unserem Gehirn erzeugte Weltsimulation schließt
das Erleben eines eigenen Standpunkts ein. Das Ego ist
der Inhalt eines inneren Bildes nämlich das bewusste
Selbstmodell. (72)

Der Wissenschaftler betont, dass wir als Betroffene keine Möglichkeit haben zu sehen, dass unser Ego nur ein Modell ist.

In Wirklichkeit existiert so etwas wie das Selbst nicht...
Das Ego und sein Tunnel sind in der natürlichen Evolution
entstandene repräsentationale Phänomene, ein Produkt
automatisch ablaufender, dynamischer Selbstorganisation
auf vielen Ebenen.

Wenn etwas automatisch abläuft, kann von freiem Willen keine Rede sein. Allerdings ist es möglich, in der Meditation dieses trügerische Konzept plötzlich zu durchschauen. Ein französischer Meister beschreibt das so:

Ganzheitliches Verstehen ist das plötzliche Gewahrsein,
dass der Wahrnehmende der Zustände von ihnen nicht
betroffen ist, dass sie sich im Wahrnehmenden ereignen.
Diese Einsicht ereignet sich wie ein Blitz. (73)

Das erinnert uns an frühere Überlegungen: Wir sind nicht unser Verstand, nicht unsere Gefühle, nicht unser Körper. Wir nehmen all das nur wahr. Aber wer ist der Wahrnehmende? Dieser Erleuchtungsblitz verändert die Perspektive auf das Leben radikal:

Ihr Körper und Verstand sind nichts als Manifestationen
des Selbst, Sie existieren, weil Sie ein Ausdruck des reinen
Bewusstseins sind.

Das kann nur heißen, das universale Bewusstsein beobachtet, was *in ihm* als Welt geschieht. Eine Feststellung, die wir wohl zu diesem Zeitpunkt nicht begreifen können.

Doch den Begriff des nicht-lokalen Bewusstseins interpretieren Physiker ganz ähnlich.

Dieses Meer der Möglichkeiten ist überall (also nicht-
lokal) und gleichzeitig (also ohne jede Zeitdifferenz) <u>in</u>

jedem von uns, in aller Materie, der Erde und Natur und ebenso in der Atmosphäre und im gesamten Kosmos. (74)

Das meint auch Goswami, wenn er vom Nicht-Lokalen Bewusstsein spricht.

Erstaunlich ist, dass der Mediziner van Lommel aus seinen langjährigen Studien ein ähnliches Fazit zieht wie der Physiker.

Der nicht-lokale Raum oder das Vakuum bildet die Quelle der physischen Welt als auch des Bewusstseins..(75)

Das führt ihn zu einer erstaunlichen Schlussfolgerung:

dass Bewusstsein unabhängig vom Körper erfahrbar ist, dass Bewusstsein wahrscheinlich schon immer existiert hat und immer existieren wird, dass jeder und alles miteinander verbunden ist.

Die Aussagen der hier zitierten Wissenschaftler sind ungewöhnlich, man könnte auch sagen revolutionär. Doch sie bieten uns eine neue Perspektive: Die Versöhnung von Physik, Neurologie und Spiritualität.

Wir wären nicht mehr isolierte Individuen, sondern im nicht-lokalen Bewusstsein geborgen, auch wenn wir vielleicht noch nicht wissen, was das bedeutet.

Uns selbst als eigenständiges Wesen zu sehen, als Individuum, ist der grundsätzliche Irrtum unserer Konditionierung.(76)

Nicht unsere Existenz ist Illusion, sondern die Vorstellung, ein vom Ganzen getrenntes Individuum zu sein.

Diesen Irrtum kann der Mensch in der Meditation erkennen, wenn er die entscheidende Schwelle erreicht. Einigen wenigen wird diese Erkenntnis auch ohne Meditation zuteil. Wenn das geschieht, kann der Mensch dann direkt aus dem „kosmischen Ich" handeln.

Das hat damals auch Libet bei seinen Experimenten festgestellt. Dieser Gedanke erinnert an Texte aus dem Taoismus und Zen-Buddhismus. Dort wird oft von einem unpersönlichen ES gesprochen. Der Bogenschütze übt so lange, bis nicht e r den Pfeil abschießt, sondern ES. Das ICH des Schützen ist verschwunden.

Im Augenblick des Handelns ist da nur Handeln, ohne einen Handelnden. Sobald das sich einmischende Subjekt als nichtexistent erkannt wird, verschwindet es. Was bleibt ist reines Bewusstsein. (77)

Es ist immer da, auch jetzt, in diesem Augenblick. Dieses allumfassende Bewusstsein, in der die Dualität transzendiert wird, kann man nicht erkennen, man kann es nur sein.

Viele Neurologen sehen mystische Erfahrungen allerdings nüchtern, diese seien nichts anderes als biochemische Reaktionen im Gehirn. Schließlich könne man mit Elektroden gewisse Bereiche im Gehirn so stimulieren, dass religiöse Verzückungszustände oder außersinnliche Wahrnehmungen hervorgerufen werden. Schon möglich. Aber welcher dieser Neurologen weiß denn, wovon hier die Rede ist?
Wer hat jahrelang meditiert, wer hat solche Erfahrungen selbst gemacht?
Die Kompetenz, solche zu interpretieren, fehlt den meisten Wissenschaftlern. Sie bleiben gefangen in ihrem materialistischen Weltbild, in dem nur die Ratio zählt und das, was man mit Apparaten untersuchen kann.

Sie wollen nicht wahrhaben, dass Begriffe wie „Quantenfeld", „Nicht-Lokalität" und „universales Bewusstsein" in die gleiche

Richtung weisen. Das Universum, unsere Welt und wir selbst könnten in etwas viel Größeres eingebettet sein. Das sagen auch die Weisheitsbücher der unterschiedlichsten Kulturen. Dieses Wissen ist so alt wie die Menschheit. Neu ist nur, dass man sich diesen Aussagen jetzt auch über den Weg der Naturwissenschaft nähert.

Noch ist die Frage nach der Natur des Bewusstseins nicht entschieden. Doch ich finde es spannender, mich auf die Seite derer zu stellen, die Neuland betreten und den westlichen Menschen in seinem Selbstverständnis neue Perspektive eröffnen. Auch wenn manche Visionen völlig neue Denkansätze voraussetzen.

Wir dürfen nicht vergessen: Ähnlich wie die Pioniere der neuen Physik waren Wissenschaftler wie Grof, Goswami, Laszlo und van Lommel zu Beginn ihrer Arbeit ebenso deterministisch eingestellt wie ihre Kollegen. Gültig ist nur, was man messen oder mathematisch erklären kann. Doch im Laufe ihrer Arbeit kamen sie zu dem Ergebnis, dass man dieses Weltbild erweitern muss. Damit ist das alte nicht ungültig, sondern wird durch etwas Neues ergänzt. Da dieses Neue oft philosophische Bereiche tangiert oder bei einer Innenschau des Bewusstseins erfahren wird, ist es angeblich wissenschaftlich nicht überprüfbar. Deshalb sträuben sich viele Forscher, diesen Weg mitzugehen. Doch die Zahl derer, die es wagen, nimmt zu.

Für Mathieu Ricard und andere ist der Konflikt zwischen Spiritualität und Wissenschaft, also zwischen Ratio und Intuition längst überholt:

Die Erleuchtung steht nicht im Widerspruch zum Denken, sie überwindet nur seine Begrenzungen. Es geht dabei um eine umfassende und übergreifende Erkenntnis der wahren Natur des Geistes und der Phänomene, die auf nicht duale Weise stattfinden. Man kann sich endlos Beschreibungen der Erscheinungswelt widmen, doch das direkte und vollständige Begreifen ihrer wirklichen Natur geht nicht aus der endlosen Addition immer neuer Entdeckungen beziehungsweise mathematischer Aussagen hervor... Diese Art von Verständnis funktioniert auf einer ganz anderen Ebene. (78)

Dinge in größeren Zusammenhängen zu sehen, war schon immer nicht leicht und bei den außerordentlich komplexen Forschungsgebieten, in die man heute vordringt, ist es sicher noch schwieriger. Es gelingt wohl nur denen, die in ihrem Inneren eine gewisse Resonanz zu diesen Themen spüren und so ihrer Intuition folgen können. Leider ist das kein wissenschaftlicher Begriff und damit angeblich jenseits seriöser Diskussionen.

9) Zwischen Moral und Verantwortung

Selbst wenn wir manchmal ungewöhnliche Gedanken verfolgen, es geht hier nicht um Spekulationen. Es geht um uns, um Sie und mich. Auch ich habe mich gefragt, was bringen uns all diese Erkenntnisse? Ändern sie etwas in meinem Alltag?

Diese Frage stellte ich mir immer wieder. Die Antwort ist ja. Wenn sich unser Blick auf die Welt ändert, ändert sich nicht nur diese, sondern auch der Mensch selbst.

Wenn wir bei der Meditation erkennen, Gedanken kommen und gehen, dann wissen wir, dass wir nicht unsere Gedanken sind. Wir habe also die Freiheit, entspannt zu bleiben, wenn quälende Bilder ins uns auftauchen, denn wir können uns sagen: Was gehen mich meine Gedanken an? Wenn uns das immer wieder gelingt, können wir auch der entscheidenden Frage nachgehen: *Wer ist es, der das Denken in mir beobachtet*?

Was ist diese Leere, die plötzlich auftaucht, wenn keine Gedanken mehr da sind?

Sich diesem Standpunkt zu nähern, geht nicht über Nacht. Die Fähigkeit dazu entwickelt sich im Rahmen eines subtilen Prozesses, der unseren ganzen Charakter beeinflusst und sich oft der eigenen Wahrnehmung entzieht. Andere Stimmen weisen einen auf die Veränderung hin. Diese geschieht auch in größerem Rahmen, was uns aber selten bewusst wird.

Hans-Peter Dürr hatte dafür ein gutes Bild: „Ein Baum, der gefällt wird, stürzt krachend zu Boden, doch der Wald wächst lautlos."

Die Synthese aus asiatischer Intuition und westlichem Intellekt, aus Spiritualität und moderner Wissenschaft, könnte unsere Welt verändern, weil sie den Menschen verändert.

Seit der Aufklärung haben wir die spirituelle Dimension als naives Relikt belächelt und uns auf die Ratio verlassen. Technologischer Fortschritt und wirtschaftliches Wachstum war das einzige, was zählte. Es genügt, Zeitung zu lesen, um zu sehen wohin uns das geführt hat.

Wenn wir unsere Perspektive ändern, ändert sich auch unser Denken und damit unser Handeln. Die Vorstellung, mit allen anderen Erscheinungsformen des Planeten und des ganzen Kosmos auf geheimnisvolle Weise in Verbindung zu stehen, könnte uns helfen, ein globales Bewusstsein zu entwickeln. Dann könnten wir endlich begreifen, dass wir eine Verantwortung haben, die über unsere unmittelbaren persönlichen Interessen hinausgeht.

Ethik und moralische Verantwortung sind nicht immer das, was Wissenschaftler (aber auch andere Berufszweige) heute auszeichnet. Es wird gemacht, was machbar ist – und was man Geldgebern, Gremien und Konsumenten gut verkaufen kann. Vor möglichen negativen Konsequenzen schließt man die Augen, den Nutznießern ist das nur recht. Muss das so sein?

Dass wir von diesem Quantensprung unseres Bewusstseins noch weit entfernt sind, ist offensichtlich. Immerhin arbeiteten über 50% aller Wissenschaftler für die Rüstungsindustrie. Erinnern wir uns an die eingangs gestellte Frage: Kann eine Zivilisation, die den Großteil ihres geistiges Potentials in die Vernichtung der eigenen Spezies investiert, als intelligent eingestuft werden? Ist eine Gesellschaft, die als einzig mögliches Wirtschaftssystem ein Konzept propagiert, das den Planeten zerstört und den Großteil der Weltbevölkerung in Armut oder postkolonialer Ausbeutung darben lässt, wirklich intelligent?

Menschen, die Erfahrung mit spirituellen Dimensionen haben, können nur bestätigen, dass wir noch einen weiten Weg vor uns haben. Wer sich ansieht, was auf dieser Erde in jedem Augenblick an Gewalt und Zerstörung geschieht, erkennt sofort, dass viele Bewohner dieses Planeten mit ihrem Bewusstsein noch im Mittelalter leben, einige anscheinend noch in der Steinzeit.

Es wäre also unrealistisch, zu erwarten, dass der Menschheit der Sprung zu einem höheren Bewusstsein in nächster Zeit gelingt. Schließlich sind wir noch nicht einmal fähig, vernünftig zu sein. Doch wir wissen, Evolution nimmt sich Zeit.

Die Frage ist nur, ob u n s genügend Zeit bleibt. Wenn wir die jüngsten Entwicklungen in ökologisch sensiblen Bereichen wie Klimawandel, Bevölkerungsexplosion oder CO_2 −Ausstoß ansehen, sieht es ganz so aus, als würde der Mensch in Kürze von diesem Planeten verschwinden. Die Belastungsgrenze unserer Biosphäre haben wir bereits erreicht. Was Schadstoffe angeht, bombardieren wir die Erde mit einer Hiroshima-Bombe pro Minute (79). Stört uns das?

Vom Standpunkt der Evolution aus betrachtet, wäre unser Untergang nicht weiter schlimm.

Wenn unsere Spezies verschwindet, wird eine andere
intelligente Spezies an unsere Stelle treten, vielleicht

eine mit größeren Fähigkeiten, insbesondere mit mehr Weisheit.

Diese Art könnte ein unmittelbarer Abkömmling der Gattung Homo sein oder auf einem eigenen Evolutionsweg aus irgendeiner Tierart hervorgehen. Das Leben auf der Erde hat Zeit genug, den Weg der menschlichen Spezies von unserem letzten mit den Schimpansen gemeinsamen Vorfahren tausendmal zu wiederholen, oder auch zwanzigmal die ganze Geschichte der Säugetiere. (80)

Wollen wir lieber untergehen als uns ändern? Es sieht so aus.

Die neuesten Erkenntnissne aus der Physik und Psychologie könnten den Skeptikern unter uns helfen, ihr Misstrauen gegenüber metaphysischen Erfahrungen abzulegen. Denn es wird immer deutlicher: Physik und Metaphysik sind keine Gegensätze, sie sind komplementär.

Die meisten Wissenschaftler lehnen solche „esoterischen" Behauptungen allerdings immer noch empört ab. Sie bleiben in ihrem materialistischen Weltbild verhaftet, jedenfalls in der Öffentlichkeit. Niemand möchte von seinen Kollegen als „Spinner" belächelt werden und seine Reputation aufs Spiel setzen.

Doch schon Heisenberg konnte diese Haltung nicht akzeptieren: „Ihre Verbote wird man übertreten müssen, denn wenn man nicht mehr über die großen Zusammenhänge sprechen und nachdenken dürfte, ginge auch der Kompass verloren, nach dem wir uns richten können." (81)

Die Kraft zum überfälligen Paradigmenwechsel in unserem wirtschaftlichen und sozialen Verhalten können wir vielleicht nur aufbringen, wenn wir unsere Position im Universum als sinnvoll definieren, wenn wir in unserem Leben eine Aufgabe sehen, die über die Reproduktion der Art und gelegentliche Lustgefühle im Alltag hinaus geht.

Gibt es eine Ähnlichkeit zwischen der gedanklichen Leere des Meditierenden, dem Informationsfeld von Laszlo oder dem Quantenvakuum der Physik? Vielleicht, doch solche Fragen werden selten gestellt. Für den Wissenschaftler sind sie tabu, für den Meditierenden irrelevant. Doch das Vakuum des Physikers ist nicht Nichts und die Leere im Bewusstsein ist nicht wirklich leer. Es sind Räume für Möglichkeiten, für Potentialität. Dies könnte ein gemeinsamer Ansatz sein.

Der Quantenphysiker Hans-Peter Dürr hat sich intensiv mit Zen beschäftigt. Er kommt zu einer erstaunlichen Aussage:

> *Für die Quantenphysik gibt es eine immaterielle Grundstruktur. Meiner Auffassung nach gibt es das Immaterielle in der Gegensetzung zum Materiellen gar nicht. Denn alles ist sozusagen der „Atem Gottes".* (82)

Von welchem Gott ist hier die Rede? Wir wissen, die Väter der neuen Physik haben sich intensiv mit fernöstlichen Religionen auseinandergesetzt. Das kann kein Zufall sein.

10) Spiritualität für Atheisten

Deren Credo ist einfach: Ich glaube an nichts. Das ist ihr gutes Recht, es geht auch anders. An dem Begriff „Gott" sollte man sich nicht stören, es ist nur ein Wort, unter dem jeder etwas anders versteht. Bleiben wir also rational und sehen wir, wohin uns das führt. Dafür müssen wir die nun folgende Behauptung vorläufig akzeptieren, können sie später aber verwerfen, wenn sie uns unsinnig erscheint.

Der kleinste gemeinsame Nenner aller Religionen ist einfach: *Das Universum hat eine spirituelle Dimension.* Wir haben es „universale Wahrheit" oder „das Absolute" genannt, um den

Gottesbegriff nicht zu strapazieren. Diese Dimension existiert unabhängig von Religion und Wissenschaft, unabhängig vom Menschen und seiner Welt. Ob wir an sie glauben oder nicht, ist der Wahrheit egal. Doch nur wenn wir uns dieser Dimension öffnen, können wir unser Menschsein verwirklichen. Keinem Tier wird diese Chance geboten. Nur im Menschen hat die Evolution Bewusstsein entwickelt, nur in ihm ist Raum für diese Öffnung.

Man kann es auch anders ausdrücken: Nur über unser kleines Bewusstsein kann sich das universale Bewusstsein, das Absolute, manifestieren.

Was für das Universum gilt, gilt auch für uns: Die materielle Welt braucht den geistigen Gegenpol. Wenn wir den Kontakt zur letzten Wahrheit nicht suchen, leben wir am Leben vorbei. Um uns für metaphysische Dimensionen zu öffnen, müssen wir nicht Opfer werden, auch wenn manche diesen Umweg gehen. Das Erkennen von Wahrheit kann nicht unmündig machen. Wenn wir sie in unser Leben integrieren, werden wir mächtiger im Geist, bewusster, kraftvoller. Wir machen einen Quantensprung in unserer Entwicklung.

Die spirituellen Traditionen, die wir Religion nennen, haben den Menschen ihrer Zeit verschiedene Wege vorgeschlagen. Diese können wir nützen oder nicht.

Wenn für einen Menschen weder der (ur)christliche Weg, noch der buddhistische in Frage kommt, kann er sich seinen eigenen suchen. Denn das ist das Großartige an der Wahrheit – sie lässt uns alle Freiheiten, sie schließt alles ein. Doch sie ist alles andere als beliebig. Wenn es eine „Universale Wahrheit" gibt, muss sie schon immer existiert haben, auch lange bevor es Menschen gab, unseren Planeten oder unsere Galaxis. Das heißt nichts anderes als: Die Wahrheit muss für alle Menschen dieselbe sein. Dann müssen auch die Aussagen über ihre Manifestation im Kern identisch sein.

Dies wiederum bedeutet: Die Religionen der Welt haben alle die gleiche Botschaft.

Es gibt Philosophen und Theologen, die in östlichen und westlichen Kulturkreisen gelebt haben und genau dies behaupten. (83) Das kann nicht überraschen. Auf die Frage nach dem Sinn des Lebens kann es nur e i n e Antwort geben. Sie muss für alle Menschen auf dieser Erde die g l e i c h e sein.

Wenn es auf der Welt einen Grund gibt für unser Dasein, für die Evolution, für das Leben und Sterben im Kosmos, den wir begreifen können, dann könnte dieser im Erfahren der universalen Wahrheit liegen, die diesen Sinn ausdrückt. Und dann kann es nur diese eine Wahrheit geben. Wenn wir diese Wahrheit GOTT nennen, dann ist er für alle Menschen d e r s e l b e Gott. Alle großen Weltreligionen wären also Wegweiser, die in die gleiche Richtung zeigen.

Natürlich stehen sie in verschiedenen Landschaften, tragen verschiedene Farben und Kostüme, aber alle weisen sie auf das gleiche Ziel, das einzige, das es gibt. Die Christen nennen es Gott, andere nennen es anders. Aussagen über das „Nicht-Sagbare" kann man nicht überprüfen. Man kann sie nur glauben, was Atheisten prinzipiell ablehnen.

Mit *Erfahrungen* ist das etwas anderes, sie kann man nachvollziehen. Wir können mit Leuten sprechen, die sie gemacht haben, können nachlesen, was sie niedergeschrieben haben.

Und wir können versuchen, diese Erfahrungen <u>selbst zu machen</u>.

Neben dem tibetischen Buddhismus, der vor allem durch den Dalai Lama bekannt ist, bei uns aber selten praktiziert wird, sind im Westen vor allem zwei Erkenntniswege aus Asien auf Interesse gestoßen. *Zen*, eine spezielle Form des asiatischen Buddhismus und die indische Tradition des *Advaita*. In beiden geht es nicht um Glauben, also nicht um das, was wir normalerweise unter Religion verstehen. Hier sind auch Atheisten gut aufgehoben. Erfahrungen zu machen, steht jedem offen.

- ADVAITA – die nicht-dualen Traditionen Indiens

Das Wort *Advaita* kommt aus dem Sanskrit und bedeutet „Nicht-Zwei". Diese Lehre, die keine ist (unmittelbare Erfahrung braucht keine Lehrinhalte), hat ihre Wurzeln in den Texten der *Upanishaden*, die als Schlussteil der Veden die philosophische Grundlage des Hinduismus bilden. In ferner Vergangenheit wurden diese Wahrheiten den *Rishis* (weisen Männern) offenbart. Advaita-Anhänger meditieren meist nicht. Sie gehen zum *Satsang*, dh. sie besuchen einen Meister. In gemeinsamen Gesprächen, manchmal auch im Schweigen, erforschen sie ihr Bewusstsein. Dabei vermittelt der Meister den Besuchern seine Sichtweise, die eines „Erleuchteten" oder „Erwachten".

Im 20. Jahrhundert gab es in Indien zwei herausragende Meister des Advaita, die Schüler aus aller Welt hatten: *Ramana Maharshi* und *Nisargadatta*. Auch sie sahen sich nicht als Lehrer, die eine Lehre vermitteln. Sie sprachen aus der Tiefe der eigenen Erfahrung. Viele Gespräche, die sie mit ihren Besuchern führten, wurden aufgezeichnet und als Bücher veröffentlicht.

Bis heute sind ihre zeitlosen Aussagen unübertroffen, denn sie sprechen mit der Stimme des Absoluten:

Im Konzept von Raum und Zeit nehmen Sie an, etwas Getrenntes zu sein. Es gibt nichts Getrenntes, Sie sind Teil der Arbeitsweise der Manifestation an sich. Als Absolutes bin ich zeitlos, unendlich, und ich bin Bewusstheit, ohne mir der Bewusstheit bewusst zu sein. Als Unendlichkeit drücke ich mich selbst als Raum aus, zeitlos drücke ich mich als Zeit aus. Solange es keinen Raum und keine Dauer gibt, kann ich mir meiner selbst nicht bewusst sein. Wenn Zeit und Raum vorhanden sind, ist Bewusstsein vorhanden. Dann findet die gesamte Manifestation statt und so kommen verschiedene Phänomene ins Sein.(84)

Darunter auch wir. Sie, der Sie diese Zeilen lesen und ich, der sie schreibt, sind also beide Teile dieser Manifestation. Jetzt, in diesem Augenblick.

> *Ich für mich selbst, BEWUSSTHEIT, steige ins Bewusstsein hinab und in diesem Bewusstsein drücke ich mich selbst auf mannigfaltige Weise aus, in unzähligen Formen. Die Frage nach Individualität stellt sich nicht.*

Für viele von uns sind solche Gedanken weit weg. Doch man kann es auch schlichter sagen. Ken Wilber benutzt ein anderes Wort: „Gewahrsein". Wenn man nur wahrnimmt, also nur Zeuge ist, von dem, was geschieht, ist das Ende der Suche erreicht. Denn die höchste Wirklichkeit ist nichts, was man finden könnte, also sehen kann, sondern *der Seher selbst*. Und als solcher war er immer schon da.

> *Ich brauche nicht in diesen Zustand einzutreten. Er ist mit keiner Anstrengung verbunden. Ich stelle einfach fest, dass ich den Himmel schon gewahre, ich stelle einfach fest, dass ich die Wolken schon gewahre. Ich stelle einfach fest, dass der allgegenwärtige Zeuge schon tätig ist.*
> *Er ist nicht schwierig zu erreichen, sondern es ist vielmehr unmöglich, ihn zu vermeiden. (85)*

Wenn wir den Ballast des Denkens weglassen, kann es also auch einfach sein.

Erkennen kann man das allerdings erst nachher. Die „torlose Schranke" im Zen ist nur offen für den, der hindurchgegangen ist und zurückblickt.

Als Nisargadatta von einer Besucherin gefragt wurde, wie lange sie üben müsse, um Erleuchtung zu erlangen, war die Antwort sehr kurz:

Wie lange mussten Sie üben, um eine Frau zu sein?

Es gibt nichts zu erreichen, weil alles schon da ist. Der Sucher ist das Gesuchte.

Maharshi sagte es genauso schlicht:

Sei, was du bist.

Was sich so einfach liest, ist schwer zu verstehen. Eigentlich gar nicht. Doch das muss uns nicht entmutigen. Erwachen passiert jenseits des Verstandes. Was nicht heißt, dass man einfach die Hände in den Schoß legen und sich resigniert zurücklehnen soll.

- ZEN

Der andere, im Westen gut bekannte Weg zur letzten Erkenntnis, kommt aus Japan: *Zen*. Die Wurzeln reichen zurück nach China und Indien.

Zwischen Advaita und Zen gibt es viele Parallelen, allerdings meditieren beim Zen die Schüler. Regungslos sitzen sie in der Stille und beobachten ihr Bewusstsein. Gedanken kommen und gehen, aber wer ist der, der sie beobachtet?

Unsere Vorstellung von Zen ist meist mit Japan verbunden. Wir kennen die asketischen Zen-Klöster aus entsprechenden Filmen. Der Alltag im Kloster ist äußerst streng. Stundenlang sitzen die Schüler schweigend auf ihrem Kissen, ob die Gelenke schmerzen oder nicht, spielt keine Rolle. Für Menschen aus dem Westen ist das eher eine Qual. Doch das war nicht immer so.

Historisch hat sich Zen aus dem klassischen Buddhismus entwickelt. Im 6. Jahrhundert wanderte der buddhistische Mönch Bodhidharma von Indien nach China. Dort traf der Buddhismus auf den viel älteren Taoismus. Man nimmt an, dass dieser von Laotse in seinem Buch *Tao Te King* entwickelt wurde. Die Philosophie des

Tao war sehr abstrakt und kam so der buddhistischen Lehre entgegen. Der Pragmatismus der Chinesen hat den indischen Buddhismus auf das Wesentliche reduziert: Die schlichte Meditation. In China hieß dieser Weg nun *Chan*. Viele der bekannten Zen-Texte alter Meister wurden von Chinesen verfasst, deren Namen später ins Japanische übertragen wurden. Im 13.Jhr. kam Chan dann nach Japan, wurde zum Zen und streng ritualisiert.

Die japanische Variante hat sich in den 70iger Jahren langsam auch im Westen verbreitet. Allerdings waren einige deutsche Gelehrte, die zu Studienaufenthalten in Japan waren, schon vorher mit Zen in Kontakt gekommen und hatten erste Schriften dazu veröffentlich. Sie störten sich nicht an der harten Schulung, an der sich bis heute nichts geändert hat. Unempfindlich gegen Schmerz harren die Schüler auf ihren Kissen aus.

Doch inzwischen gibt es Zen-Meister, die sich von den rauen Methoden japanischer Klöster verabschiedet haben. (86)Wer seinen Geist erforscht, muss nicht unbedingt den Körper quälen. Es geht auch nicht um Askese. Die Freude am Leben ist auch in einem Meister lebendig, vielleicht noch mehr. Auch dieser genießt einen guten Rotwein oder ein spannendes Fußballspiel. Zen-Meister sind in der Welt zu Hause, nicht in einer einsamen Höhle im Himalaya. Deshalb wird ein Schüler auch danach beurteilt, wie er sich im Alltag verhält und nicht wie starr und stur er auf seinem Kissen sitzen kann.

Advaita und Zen sind im Kern transreligiös. Sie haben nichts mit Glauben zu tun.

Buddha selbst hat das klar ausgedrückt:

„Glaubt mir nichts, ihr müsst es selbst erfahren"

Zen ist bei uns inzwischen erstaunlich weit verbreitet. Immer mehr Menschen folgen diesem Weg. Das kann nicht überraschen, denn schon rein äußerlich ist er das Gegenteil des christlichen

Kults: so einfach, wie es einfacher nicht geht. Meditation braucht keine goldenen Barockengel und keine Buddhastatue, weder Orgel noch Kirchensteuer.

Ein Mensch sitzt da, in stiller Aufmerksamkeit. Mehr passiert nicht. Das ist alles.

Diese extreme Reduktion auf das Wesentliche hat eine Reinheit und Eleganz, die fasziniert.
Eines Tages kommt der Moment: Die Wahrheit ereignet sich.

Was wir mit Wörtern umschrieben haben, ist wahrscheinlich noch viel einfacher. Es gibt nichts zu entdecken, sagen die Zen-Meister. Was wir suchen, ist bereits da.
Deshalb bemühen sich die Schüler, absichtslos zu meditieren. Es gibt kein Ziel, außer dem, wirklich präsent zu sein, jetzt, in diesem Moment. Denn nur dieser ist real, nur im Jetzt können wir unser „Da-sein" wirklich leben. Und nur da können wir durchbrechen zur letzten Erfahrung.

Wenn wir versuchen, durch den Zen-Übungsweg ruhig, weise und wunderbar erleuchtet zu werden, dann verstehen wir nichts. Jeder Augenblick, wie er ist, ist die spontane Manifestation der absoluten Wahrheit. (87)

Das bestätigt sogar die Quantenphysik. Nur in diesem Augenblick kann überhaupt etwas geschehen, kann sich aus der Potentialität des Quantenvakuums Realität manifestieren. (88)

Für viele Menschen klingt das, was sie über Zen lesen oder von Schülern hören, reichlich mysteriös. Wer von uns käme je auf die Idee, sich Fragen zu stellen wie diese: „Was ist das Geräusch einer klatschenden Hand?" (89)
Auch die merkwürdigen Geschichten der alten Meister sind nicht immer leicht zu verstehen. Doch seien wir ehrlich, können

wir mit dem christlichen Begriff von Gott wirklich mehr anfangen? Jeder hat darüber seine eigene Vorstellung. Im Grunde wissen wir also nicht, was wir meinen, wenn wir „Gott" sagen.

So, wie wir nicht wissen, wer spricht, wenn wir „ich" sagen. Könnte es da einen Zusammenhang geben?

Die Frage „Wer bist du?" könnte auch ein Zen-Meister stellen.

Im Jetzt präsent zu sein, sollte man nicht nur in der Gruppe üben, sondern auch allein im Alltag, wo das Denken uns ständig in die Vergangenheit oder Zukunft entführt. Wenn es uns gelingt, das zu unterbinden, was bleibt dann übrig? Ein Geist, der leer ist.

Doch etwas muss da sein, das diese Leere wahrnimmt.

Was ist das?

Die Antwort muss jeder selbst finden.

Durch die Praxis der Meditation findet im Lauf der Zeit eine subtile Bewusstseinsveränderung statt. Neue Dimensionen der Wahrnehmung und Erkenntnis eröffnen sich. Dies kann als kurzes Aufblitzen schon auf dem Weg geschehen, lange bevor das eintritt, was man „Erleuchtung" nennt.

> *Die Gruppe der Zen-Schüler ging schweigend im Raum umher, einer hinter dem anderen. Sie praktizierten Kinhin, die klassische Geh-Meditation. Plötzlich spürte ich etwas aus einer anderen Dimension. Etwas, das mich so intensiv im Innersten traf, dass ich den Kreis verlassen und mich setzen musste. Was geschehen war, konnte nicht sein: Ich war nicht mehr die Person, die eben noch gegangen war: Ich war der Raum, in dem die anderen gingen.*
> *Da war keine Zeit, mich darüber wundern zu können, denn im gleichen Augenblick wurde ich von einer unbekannten Energiewelle überrollt. Emotionen erschütterten mich so heftig, dass ich schwankte und mich auf den Boden setzen musste. (90)*

Erlebnisse wie diese sind kurz, doch sie zeigen dem Übenden, dass er auf dem richtigen Weg ist, trotz aller Zweifel. Am Ende wartet die endgültige Erfahrung, die aber nur wenige erleben.

Der Weg dorthin ist von Menschen immer wieder schriftlich und mündlich überliefert worden. Vor allem in Indien und Tibet haben spirituelle Lehrer den Weg zur Erleuchtung genau beschrieben. Das langsame Zugehen auf das Ereignis, das Herantasten an die andere Dimension, jede Veränderung unseres Bewusstseins im Laufe der Meditation ist exakt festgehalten worden.

In ihrer verschlüsselten Sprache spricht die Bibel von ähnlichen Erfahrungen, die christlichen Mystiker ebenfalls. Diese Aussagen decken sich mit dem, was die fernöstlichen Meister berichten. So ist es kein Zufall, dass der japanische Zen-Gelehrte D.T. Suzuki die Lehren des christlichen Mystikers Meister Eckhardt mit dem Buddhismus vergleicht und bei der Definition von Erleuchtung erstaunliche Parallelen feststellt (91).

Die Praxis fernöstlicher Lehren ist heute für viele Menschen verständlicher als die des Christentums. Wer einmal eine katholische Messe erlebt hat, weiß warum.

Was man bedenken muss: Spiritualität ist nicht so nebulös, wie man glauben könnte. Die Erfahrungen auf dem Weg sind für jeden dieselben. Diese kann man durchaus nachprüfen, ähnlich wie in der Wissenschaft. Dort macht man ein Experiment, das andere Forscher ebenfalls durchführen können. Sie müssen zum gleichen Ergebnis kommen, nur dann ist die Theorie bewiesen. Sehr viel anders geht es im Labor der Spiritualität auch nicht zu. (92) In einigen Zen-Schulen gibt es am Ende, wenn ein Schüler die Erleuchtung erfährt, eine strenge Prüfung durch andere Meister. Hat der Schüler tatsächlich die tiefste Erfahrung gemacht oder hatte er nur Visionen? Simuliert er und vermittelt nur angelesenes Wissen?

Es gibt anscheinend klare Kriterien, nach denen die Meister das beurteilen können.

Die Wahrheit zeigt sich, wenn wir bereit sind. Diese Offenbarung kann Menschen grundlegend verändern. Sie sehen die Realität mit neuen Augen, sind geborgen in einem Bewusstsein, das unendlich viel größer ist, als das, was wir kennen.

Wenn wir uns klar machen, was Menschen der Erde und sich selbst im Laufe ihrer Entwicklung angetan haben, muss uns klar werden, wie dringend wir eine neue Orientierung brauchen. Ohne Sinn und Ziel bleiben wir in der Höhle gefangen. Dann bleibt auch unser Leben weit hinter unseren Möglichkeiten zurück.

11) Die Frage nach dem Sinn

Ist es sinnvoll, über letzte Wahrheiten nachzudenken? Diese Frage ist, wie so viele, eine typische Kopfgeburt des menschlichen Denkens. Gibt es einen sinnvollen Stein, einen sinnvollen Fluss, einen sinnvollen Berg?

Der Verstand denkt sich Fragen aus, die es außerhalb des menschlichen Bewusstseins nicht gibt und wundert sich dann, dass er uns damit in die Irre führt. Dennoch steht gerade die Sinnfrage im Mittelpunkt fast aller philosophischen Betrachtungen. Vielleicht müssen wir den Begriff von Sinn neu definieren, vielleicht liegt er in der Evolution selbst, das bedeutet – in uns. Dann könnte Evolution doch ein Ziel haben: Die Entwicklung vom Einfachen zum Komplexen, von unbelebter zu belebter Materie, vom Unbewussten zum Bewussten, zum universalen Bewusstsein. (93)

Warum hat unser Bewusstsein den Wunsch und die Fähigkeit entwickelt, die Gesetze des Universums zu entschlüsseln? Diese Fähigkeit dient nicht dem Überleben der Spezies. Es gibt Zivilisationen, wie die Aborigines in Australien, die ohne Wissenschaft und Forschung Jahrtausende problemlos überlebt haben. Die Evolution hätte also ein enormes Potential hervorgebracht, das im Grunde überflüssig ist. Dies wäre allerdings nicht so, wenn wir das Erkennen der Naturgesetze als *notwendigen Schritt* unserer Entwicklung betrachten. Dies wäre dann die Aufgabe des Menschen, nicht nur in Hinblick auf die Materie, dafür haben wir die Naturwissenschaften entwickelt, sondern auch in Bezug auf die spirituelle Dimension des Kosmos.

Das deckt sich mit den fernöstlichen Lehren. Sie behaupten, dass der Sinn unseres Lebens nicht in der Verwirklichung materieller Dinge liegt, sondern im Geist. Sinnbildlich sagen das alle Religionen, die Aussagen von Mystikern der verschiedensten Kulturen sind ähnlich, im Kern identisch.

Nun können wir eine letzte Frage stellen: Was ist der Sinn dieser Erkenntnis?

Wenn wir Teil der Ganzheit des Universums sind, könnte ein Wissenschaftler sie auch an sich selbst stellen: Was hat der Kosmos davon, wenn er sich durch uns selbst erkennt? Wissenschaft wäre dann ein selbstreflektierender Akt – wie Religion?

Formulieren wir den Gedankengang anders: Das Gesetz der Schwerkraft wäre auch ohne Menschen gültig, es wäre nur nicht formuliert. Was hat die Schwerkraft davon, dass sie mathematisch definiert wurde?

So merkwürdig das klingt, aber die Frage macht Sinn. Sie führt uns zu einer erstaunlichen Analogie: Was hat das Absolute davon, sich in uns verwirklichen zu können?

Was bringt es Gott, von uns erkannt zu werden?

Vielleicht ist diese Frage nur absurder Ausdruck menschlicher Hybris. Erlauben wir uns dennoch eine Spekulation: Wenn in der Evolution des Menschen das Erkennen der letzten Wahrheit als Möglichkeit angelegt war, dann scheint es der Wunsch der Wahrheit zu sein, wahrgenommen zu werden. Christen würden sagen: *Es wäre der Wunsch Gottes, erkannt zu werden.*

Das Absolute, das letzte Geheimnis der realen und geistigen Welt, schafft sich durch die Evolution die Möglichkeit wahrgenommen zu werden – durch ein Gegenüber, das dennoch vom Ganzen nicht getrennt ist. Hier findet Dualität ihren Sinn und zugleich ihr Ende. Das kann auf unserem Planeten geschehen oder auf anderen. (94)

Im Grunde ist das bedeutungslos. Denn wenn wir das akzeptieren können, gibt es keinen Unterschied zwischen uns und den „anderen", sind doch alle Emanationen desselben Ursprungs.

Das wussten die alten Meister schon immer:

> *Alles was passiert, findet im Bewusstsein statt. Warum versuchen Sie, sich da einzumischen, indem Sie sich für ein getrenntes Wesen halten? Jede Manifestation ist eine Erscheinung im Bewusstsein. (95)*

Für die meisten von uns klingen solche Gedanken eigenartig, doch vergessen wir nicht, dass diese Formulierungen aus dem Sprachreservoir einer Spezies stammen, die im Zeitrahmen des Kosmos höchstens seit ein paar Minuten existiert. Die Vorstellung hinter den Worten können wir nicht ausdrücken. So wie sie unser Verstand nicht adäquat denken kann. Also bleibt nur der einfache Satz

> *Die Wahrheit will wahrgenommen werden.*

Dies könnte der Plan der Evolution sein, die Aufgabe des Menschen.

Nun könnten wir jetzt einen Blick auf die Welt werfen und uns resigniert abwenden. Offensichtlich ist die Menschheit keineswegs auf dem Weg, den Plan der Schöpfung zu erfüllen. Doch erinnern wir uns – die Evolution nimmt sich Zeit.

Von der ersten Entstehung des Lebens in den Ozeanen der

Erde (Schwefelbakterien) bis zur Bildung von Bausteinen höherer Lebensformen (Zellen) hat es lange gedauert, 2 000 000 000 Jahre. Die ältesten Schriften der großen Weltreligionen, die indischen Veden, existieren seit 4000 Jahren. Für einen geistigen Quantensprung kein allzu großer Zeitraum.

Da es die universale Wahrheit schon immer gegeben haben muss und sie außerhalb der Zeit existiert, kann sie nicht ungeduldig sein. Könnte die Evolution selbst Ausdruck der Wahrheit sein? Vielleicht in der Form, wie es die Naturgesetze sind.

Doch es gibt einen Unterschied: Evolution hat einen Anfang, sie existiert in einem raumzeitlichen Rahmen – die Naturgesetze ebenfalls. Das Absolute ist kein Naturgesetz. Wahrheit ist nicht an den Zeitablauf gebunden. In der Bibel heißt das: *Gott existiert von Ewigkeit zu Ewigkeit.*

Und das macht Sinn. Wahrheit kann nicht entstehen,
Wahrheit i s t.

Sätze wie diese sind Physikern nicht fremd. Stephen Hawking hat mit seiner Hypothese der „imaginären Zeit" ein mathematisches Konzept von Zeit geprägt, das über den Urknall hinausgeht und den Kosmos in die Unendlichkeit einbindet.
Er formuliert es so:

> *Die Grenzbedingung des Universums ist, dass es keine Grenze hat. Das Universum wäre völlig in sich abgeschlossen und keinerlei äußeren Einflüssen unterworfen. Es wäre weder erschaffen noch zerstört. Es würde einfach SEIN. (96)*

Wo immer wir auf unserer Suche nach dem Sinn des Lebens einst ankommen, dieses Ziel könnte nur noch wenig zu tun haben mit dem traditionellen Gottesbild der überlieferten Religionen. Vielleicht drückt sich für die Menschen des ausgehenden 21. Jahrhunderts „Gott" in verschiedenen Dimensionen zugleich aus: in der „imaginären" Zeit, im Quantenfeld der subatomaren Wirklichkeit oder in der Potentialität des Universums, sich jede Sekunde neu zu schaffen und dennoch eine selbstorganisierte Ganzheit zu sein, dessen Teile auf geheimnisvolle Weise miteinander in Beziehung stehen.

Doch selbst wenn es uns eines Tages gelingt, den „kosmischen Code" endgültig zu entschlüsseln, bleibt die Frage, wer ihn geschaffen hat. Wenn wir also all unsere Denkspiralen zu Ende gedacht haben, sind wir doch nicht am Ende.

Das weiß sogar Stephen Hawking, der eifrigste Sucher nach der letzten mathematischen Formel, die das ganze Universum erklärt:

Trotzdem bleibt die Frage: Warum macht sich das
Universum die Mühe zu existieren?
Wenn Sie wollen, können Sie Gott als Antwort auf diese
Frage definieren. (97)

Das ganze Universum, alle denkbar möglichen Multiversen, wären dann die materielle Selbstreflektion des Absoluten.

Genauso sieht es der Quantenphysiker Hans- Peter Dürr:

Die physikalische Welt erscheint als eine Konkretisierung
der Transzendenz. (98)

Wenn wir das erkennen, gewinnt unser Leben eine ganz neue Bedeutung. Und damit auch unsere Zukunft einen ganz neuen Sinn.

VIDEO 5

Als Laotse in nie gekannter Schwerelosigkeit über dem fremden Planeten schwebt, braucht er einen Augenblick, um sich klar zu werden, dass er sich nicht mehr im Raumschiff der Kugelwesen befindet. Zwar erinnert er sich noch an den letzten Satz aus dem Neurotransmitter, der von einem Stern sprach, einige Millionen Lichtjahre entfernt, den Namen aber hatte er schon wieder vergessen. Astronomie war noch nie seine Stärke, obwohl es die Lieblingsbeschäftigung seines Großvaters war.

Laotses Körper schwebt also frei im All, in einer unbekannten Galaxie, über einem unbekannten Planeten, der als dunkle, schwarze Masse unter ihm liegt. Als von dem Stern mit der Bezeichnung NTZ X2Y – jetzt erinnert er sich plötzlich doch – langsam die ersten Lichtstrahlen über den Horizont wandern, wird dem Alten warm ums Herz, obwohl es nur ein ganz normaler NTZ-Aufgang ist, wie ihn dieser Planet seit zwei Milliarden Jahren erlebt.

Laotse fühlt sich zum ersten Mal einsam. Seine Augen blicken nach unten. Im ersten Licht des Tages nehmen die Konturen des Planeten langsam Gestalt an.

Und dann passiert es. Fast setzt Laotses Herzschlag aus. Seine Augen, die immer noch starr nach unten gerichtet sind, haben den Planeten längst vergessen. Sie suchen etwas anderes, finden es aber nicht. So sehr sich Laotse auch dreht und wendet, *er kann seinen Körper nicht sehen.* In der schwarzen Unendlichkeit, die ihn umgibt, kann Laotse von sich selbst nichts mehr wahrnehmen. In diesem Augenblick wird ihm schlecht.

Denn nun ist ein zweiter Gedanke in ihm aufgetaucht, der ihm die Haare zu Berge stehen lässt. Womit sieht er, dass sein Körper nicht mehr existiert?

In eiskaltem Horror klopft ihm das nicht mehr vorhandene Herz bis zum nicht mehr vorhandenen Hals. Er versucht, seine Augen zu berühren, die das alles doch irgendwie wahrnehmen müssen. Doch da ist nichts, das er berühren könnte, nichts was berührt werden könnte. Keine Hand, keine Augen, nichts. Laotse stockt der Atem. Welcher Atem? Er fühlt, er müsste ersticken, wenn er noch atmen würde. Die logische Absurdität der Situation sprengt sein Gehirn. Doch welches?

In diesem Augenblick meldet sich in seinem Bewusstsein eine Stimme, die er schon einmal gehört hat.

Du wirst dich bald daran gewöhnt haben.

Laotse sieht sich um. Auch wenn ihm nicht klar ist, mit welchem Organ er sieht, dass er nichts sieht – er weiß, hier ist nichts. Nur er selbst schwebt körperlos im All.

Wo seid ihr? Wo bin ich?

Er versucht ein Lächeln, doch es gibt kein Gesicht, auf dem es sich ausbreiten könnte.

Besser gesagt, w a s bin ich?

Nun versucht Laotse sich zu drehen, aber da ist nichts, was gedreht werden könnte.

In der Sekunde des Gedankens blickt er bereits in die Richtung, der er sich zuwenden wollte. Jetzt erkennt er über sich in weiter Entfernung das Raumschiff. Es ist eine glänzende Kugel, durchsichtig wie die Wesen, mit denen er eben gesprochen hatte. Wann war das? Sein Geist hat jeden Zeitbegriff verloren.

In Eurer Zeitrechnung war es übermorgen.

Laotse braucht einen Augenblick, um das zu verdauen. Obwohl er keinen Transmitter trägt, kann er die fremde Stimme laut und deutlich wahrnehmen. Am liebsten wäre er näher an die metallisch glänzende Kugel herangeflogen. In dem Augenblick, als ihm der Gedanke durch den Kopf schießt – welchen Kopf? – ist er bereits dicht unter dem silbernen Raumschiff. Durch die metallene Haut kann er verschwommen den im Raum schwebenden Kugelkörper des Kommandanten erkennen. Das gibt ihm Mut, weiterzusprechen ohne zu sprechen.

Was soll das heißen?
Ist die Zukunft schon vergangen?

Seine Stimme wird plötzlich laut, den letzten Satz schreit er ins All.

Verdammt nochmal, w o und w a s bin ich?

Laotse erschrickt. Zum ersten Mal in seinem langen Leben hat er geflucht. Obwohl sich der Kommandant nicht bewegt hat, kann Laotse mit seinen nicht mehr vorhandenen Ohren ein leises Kichern hören.

Du bist nichts. Du existierst gar nicht.
Wir übrigens auch nicht.

Im nächsten Augenblick ist das Raumschiff verschwunden. Laotse will seinen Augen nicht trauen, doch er weiß, es gibt keine Augen mehr.

Es ist unendlich still. Unendlich schwarz.

Ein eisiges Grauen erfüllt ihn. Einsam schwebt er im All, unter ihm dieser riesige, unbekannte Planet. Obwohl er längst aufgehört hat, sich zu wundern, wie er im Weltall atmen kann und warum er die Kälte nicht spürt, fühlt er sich ungeheuer verlassen. Ausgesetzt in einer schwarzen Unendlichkeit, die ihn erschaudern lässt und in der er auf eine Weise anwesend ist, die ihm unbegreiflich ist.

Noch einmal werden seine Überlegungen von der fremden Stimme unterbrochen.

Wir waren nur eine Projektion. Damit du dich nicht
alleine fühlst. Doch jetzt hast du dich an deinen neuen
Zustand schon gewöhnt. Du brauchst uns nicht mehr.

Das Wesen kann den Satz nicht zu Ende bringen, so schnell hat Laotse es unterbrochen.

Bleibt um Himmelswillen da,
ihr könnt mich doch hier draußen nicht allein lassen!

Die Stimme kichert wieder.

Es gibt kein draußen, auch kein drinnen.

Nun wird das Lachen leiser, man spürt, die Stimme ist schon weit weg.

Du kannst überall sein. Und alles.
Viel Vergnügen.

Das letzte Wort war kaum noch zu hören. Laotse überfällt panische Angst. Er zittert, das heißt irgendetwas zittert, aber er weiß nicht, was es ist. Und er verspürt überhaupt keine Lust, die dunkle, unbekannten Masse da unten näher kennenzulernen. Dieser tote Planet interessiert ihn nicht.

Kaum hat sich dieser Gedanke in ihm formuliert, ist der dunkle Planet verschwunden. Es gibt keinen Sonnenaufgang mehr, auch keinen Stern. NTZX 2Y existiert nicht mehr.

Auch Laotse existiert nicht mehr. So viel hat er jetzt verstanden.
Alles um ihn herum ist schwarz. Dunkelheit total, ohne Raum, ohne Zeit.
Nichts mehr existiert. Nur noch das eine, das wahrnimmt, dass nichts existiert.
Dies blitzt als letzter Gedanke auf in dem, das nicht mehr ist.

Und dann passiert etwas Eigenartiges. Die Panik verschwindet.
Das eisige Grauen totaler Verlorenheit weicht einem neuen Gefühl.
Langsam taucht in dem, was Laotse jetzt ist, eine tiefe Wärme auf, in einer Art, wie er sie noch nie erlebt hat.

Ein lautloses Lachen steigt in ihm hoch. Er hat keine Ahnung woher und warum. Es schwillt immer weiter an, explodiert im grenzenlosen Raum seiner Nichtexistenz und lässt ihn, der doch kein oben und unten mehr kennt, herumwirbeln in der endlosen Schleife eines fiktiven Seins. So absurd es ist, er fühlt sich in diesem Lachen plötzlich zu Hause.

Als es verklungen ist und er wieder in der absoluten Stille schwebt, weiß er: er ist angekommen. Laotse wird plötzlich ganz ruhig. Er fühlt sich geborgen, so als hätte ihn die schwarze Unendlichkeit in die Arme genommen.

In diesem Augenblick geschieht etwas Eigenartiges.
An einem Punkt irgendwo im dunklen, grenzenlosen Nichts wird es hell. Das Licht kommt aus einer winzigen Quelle. Es sieht aus wie ein weit entfernter Stern, der blitzschnell näher kommt, anschwillt und mit zunehmender Größe direkt auf ihn zurast. In wenigen Sekunden ist dieses Licht ein riesiger leuchtender Ball.
Und dann ist es da.
Laotse kann den Ball nicht mehr wahrnehmen, er kann nichts mehr wahrnehmen.
Er ist die Lichtquelle geworden.
Sie ist unendlich groß, unendlich alt, unendlich jung.
Unendlich. Sie i s t .

12) DER TOD – eine Illusion

Im Lauf seiner Entwicklung hat der Mensch immer perfektere Techniken entwickelt, negative Dinge zu eliminieren oder sie wenigstens aus seinem Blickfeld zu verbannen. Dazu gehört auch die Vorstellung vom Tod. Den Gedanken, unser kleines Ego, das wir für den Nabel der Welt halten, hört plötzlich auf zu existieren, finden wir unerträglich.

Damit erliegen wir erneut einem Konzept, das uns der Verstand vorspiegelt:

Tod ist negativ

– das Schlimmste, was einem Menschen passieren kann. Woher wissen wir das?

In Tibet, aber auch in anderen Kulturen, haben sich die Menschen seit Hunderten von Jahren intensiv mit dem Tod und dem Prozess des Sterbens auseinandergesetzt. (vgl 11)

Auch in anderen fernöstlichen Traditionen wird das Ende des Lebens als Übergang gesehen in eine andere Welt. Eine Tür schließt sich, eine andere geht auf. Der Tod, wie wir ihn sehen, existiert nicht.

Im Westen hat man erst in letzter Zeit begonnen, sich mit diesem Thema zu beschäftigen. Vor allem sogenannte „Nahtod-Erfahrungen", Berichte von Patienten, die für kurze Zeit klinisch tot waren und wieder zum Leben erweckt wurden, haben das Interesse der Wissenschaftler geweckt. Diese Menschen berichten, dass das Verlassen des Körpers ein sehr angenehmes Gefühl war, dass sie sich sicher und geborgen gefühlt haben. Viele haben sich auf ein großes Licht zu bewegt, dem sie glücklich entgegenschwebten. Als man sie ins Leben zurück geholt hatte. waren sie ungehalten oder enttäuscht. (99)

Um diese Erkenntnis zu vertiefen, hat man an einigen Universitäten in den letzten Jahren ein Wissenschaftsgebiet entwickelt, das man als „Todesforschung" bezeichnen könnte. Daraus entstand ein neuer Beruf, der Sterbebegleiter. Hospizbeauftragte werden zur psychischen Betreuung Schwerstkranker eingesetzt, die dem Tod nahe sind. Sie haben tiefe Erfahrungen über den Augenblick des Todes sammeln können.

Dabei wurde etwas Erstaunliches festgestellt: Die Aussagen fernöstlicher Weisheitslehren und die Berichte westlicher Augenzeugen ergänzen sich: Die Stunde des Todes ist nicht nur die Stunde der Wahrheit, sie ist auch ein Augenblick der Chance.

Buchstäblich die letzte, die wir haben. Die letzte Möglichkeit, das Geheimnis des Lebens zu erfahren und in Frieden zu gehen.

Eine Bekannte von mir starb vor einigen Jahren an Krebs.
An ihrem Bett fand man einen Zettel mit ihren letzten Gedanken:

> *Ich sterbe jetzt – nicht mehr in Seelenqualen und Schmerzen, sondern im bewussten Leben, entsterbe allem, außer dem was ist. Und indem ich täglich mein Unglück in mir sterben lasse, für das Leben sterbe, erkenne ich schließlich die unglaubliche Wahrheit:*
> *Es gibt keinen Tod!*
>
> *Was stirbt, ist nur meine Angst vor dem Sterben. Nur die Angst stirbt. Und der Tod der Angst ist die Befreiung.*
>
> *Das Neue kommt immer.*
>
> *Sei verletzlich und offen – aber nur für die Liebe und für das, was im Augenblick richtig ist. Öffne dich für nichts anderes. Menschliche Liebe entsteht aus Mögen und Nichtmögen. Doch wirkliche Liebe ist kein Mögen. Sie ist ein Zustand jenseits von Mögen und Nicht-Mögen.*

Es scheint als hätte dieser Mensch in den letzten Augenblicken seines Lebens in eine andere Dimension geblickt.

„Es gibt keinen Tod" – ähnliche Aussagen finden wir in allen Weisheitsbüchern. Wie sollen wir das verstehen?

„Ich sterbe für das Leben – welches Leben ist hier gemeint?

Wir erfahren es kurz darauf:

„Ich entsterbe allem, <u>außer dem was ist</u>?"

Dieser einfache Satz birgt ein tiefes Geheimnis.

Wenn der Körper stirbt, was passiert dann mit unserem Bewusstsein, das nicht materiell ist? Stirbt es zusammen mit dem Gehirn?

Gehen wir noch einmal zurück zur Untersuchung des Kardiologen Pim van Lommel. Neben seiner Beschäftigung mit Neurobiologie hat er über Jahre hinweg Nahtod-Phänomene untersucht. Das Ergebnis seiner Arbeit führte ihn zu einer klaren Erkenntnis: Das Bewusstsein stirbt nicht:

> *Meine Forschung zur Nahtoderfahrung hat mich zu der Konzeption eines nicht-lokalen, endlosen Bewusstseins geführt. (100)*

Dieses ist nicht von einem Körper anhängig. Van Lommel sagt ganz klar

> *..dass unser endloses Bewusstsein schon vor der Geburt unabhängig von unserem Körper bestand und auch nach unserem Tod in einem Raum, in dem Zeit und Distanz keine Rolle spielen, fortbestehen wird. Nach der Theorie des nicht-lokalen Bewusstseins hat unser Bewusstsein weder Anfang noch Ende.*

Dann wäre der Tod tatsächlich nicht endgültig. Könnte das *endlose Bewusstsein*, von dem van Lommel spricht, das sein, auf das die Sterbende in ihrem Text hingewiesen hat?

„Ich entsterbe allem, *außer dem, was ist.*"

Was IMMER ist?
Was also auch da war, bevor wir geboren wurden?

Noch in den letzten Augenblicken des Lebens kann das Absolute erfahren werden. Doch wäre es nicht sinnvoller, diese Erfahrung schon eher zu realisieren?

> *Menschen können...durch Transzendenz des Ichs auch den Tod transzendieren. Sich vom Unbewussten zum Ich-Bewusstsein zu bewegen, das heißt, den Tod bewusst zu machen, sich vom Ich-Bewusstsein zum Überbewusstsein zu bewegen, heißt den Tod ungültig machen. (101)*

Für die spirituellen Meister aller Kulturen war der Tod schon immer eine Illusion.

Damit berühren wir einen heiklen Punkt. Wissenschaftler, die eine rein materielle Weltsicht vertreten, finden solche Behauptungen absurd. Sie sind weiterhin der Meinung, dass Bewusstsein von Gehirn erzeugt wird. Auch wenn sie bis heute nicht wissen, wie.
Für sie sind die positiven Erfahrungen bei Nahtod Erlebnissen nur biochemische und elektromagnetische Vorgänge im Gehirn. Bis heute wagen es nur wenige, ihre Stimme gegen das vorherrschende Weltbild zu erheben, doch es werden immer mehr.
Nicht zufällig erinnert van Lommel an anderer Stelle an das Quantenvakuum, den leeren Raum des „Nichts" von dem die Physiker sprechen.

Das Bewusstsein enthält den gesamten nicht-lokalen Raum. Dies gilt sowohl für mein als auch für Ihr Bewusstsein. Und jeder Teil des Bewusstseins enthält ebenfalls den gesamten Raum, denn jeder Teil des Unendlichen ist unendlich. (102)

Das erinnert uns an die Behauptung von Goswami, der dafür Begriffe wie das *Quantenselbst* oder *kosmisches Ich* benutzte. Ein Advaita-Meister formuliert es ähnlich:

Das Unbekannte bringt sich durch das Bekannte selbst zum Vorschein. Aber sie sind nicht zwei. Das Ultimative drückt sich selbst in Raum und Zeit aus und stirbt wieder in sich selbst hinein. (103)

Es drückt sich auch durch uns aus.

Nähern wir uns dem Thema des Todes noch aus einer anderen Perspektive. Dazu greifen wir einen Gedanken auf, den wir schon kennen. Wenn ich einen Verstand und eine Psyche habe, aber nicht bin – wenn ich einen Körper h a b e , aber nicht der Körper b i n , wer oder was stirbt dann am Ende?

Sobald du weißt, dass der Tod nur den Körper betrifft und nicht dich, kannst du den Körper betrachten wie ein Stück Kleidung, das man ablegt.(104)

Was bleibt dann noch?

Dies führt uns zurück zur zentralen Frage WER BIN ICH? die wir schon zu Anfang unserer Überlegungen in den Raum gestellt haben. Erst wenn wir die Antwort kennen, kann sich die letzte Wahrheit auftun. Sie kommt aus der Stille, dem Bereich jenseits des Denkens und des Verstands, den die meisten Menschen nicht kennen.

„Du musst sterben, bevor du stirbst, damit du nicht verdirbst, wenn du stirbst."

Das sind die Worte eines christlichen Mystikers, es könnten auch die von Buddha sein. Es gab nicht nur Jesus und Buddha, sondern zahlreiche andere, die zu dem, was man „Erleuchtung" nennt, vorgedrungen sind. Wie sollen wir das verstehen?

Das Ego und das persönliche Ich müssen sterben, das heißt als Illusion erkannt werden. Dann verliert der Tod seinen Schrecken. Wenn wir in diesem Sinne sterben, solange wir leben, müssen wir später nicht verderben, wenn der Körper vergeht. Dann wissen wir, wer wir wirklich sind und was der Tod bedeutet und sind geborgen *in dem, was ist,* wie es die sterbende Frau geschrieben hat.

Und was ist das?

Als Verständnishilfe wird von den Meistern gerne folgendes Gleichnis zitiert:

Jede Welle auf dem Ozean hat eine eigene Form. Deshalb hält sie sich für ein Individuum. Vielleicht hat sie ein großes Ego, fühlt sich größer, schöner, schneller als die Welle vor ihr, eleganter als die Welle hinter ihr. Dem Ufer nähert sie sich ungern, denn sie sieht, dort werden die Wellen gebrochen, sie sterben.

Was heißt das?

Die Welle wird wieder zu dem, was sie schon vorher war, zum Ozean. Sie war immer nur Wasser und nie verschieden vom endlos großen Meer. Ihre vorübergehende, individuelle Existenz in Raum und Zeit war nur Einbildung.

In diesem Bild ist der Ozean *Das, was ist.*
Jenseits der Zeit.

13) „Erleuchtung" – das letzte Geheimnis.

Immer wieder ist dieser Begriff in unseren Überlegungen aufgetaucht. Doch wir haben nie gefragt, was das eigentlich ist – Erleuchtung. Die Antwort kann nur der geben, der sie erfahren hat. Aus dem Kontext wird klar, es ist der Kontakt zum Absoluten. Doch auch das ist nur ein Wort. Als ein Zen-Meister gefragt wurde, was er über das Absolute sagen kann, war die Antwort kurz:

Nichts.

Dieser Meinung war Laotse schon vor 2500 Jahren:

Das TAO über das man sprechen kann, ist nicht das Tao.

Was tun?

Schweigen.

„Sei still und *wisse*, dass ich Gott bin" steht in der Bibel.
Nicht: Denke, dass ich Gott bin.
Denken kann uns zu keiner Erfahrung führen.

Leider könnte ich ohne Denken diesen Text nicht schreiben und
Sie könnten ihn nicht lesen. Doch wir wissen, die letzte Wahrheit,
das Absolute, kann weder gedacht noch in Sprache ausgedrückt
werden. Das Endliche kann das Unendliche nicht erfassen. Wie
also können wir über etwas reden, das unserem Verstand nicht
zugänglich ist? Versuchen wir es. Dabei bedenken wir, dass der
Finger, der auf den Mond zeigt, nicht der Mond ist, wie es ein Zen-
Text so schön sagt.

In Indien benutzt man für den Begriff „Erleuchtung" oft ein
anderes Wort: *Erwachen*. Im Englischen, in das indische Texte
zuerst übersetzt wurden, heißt das „realization."
Der Mensch realisiert plötzlich, wie die Welt wirklich (real) ist.
Dieser Mensch *erwacht*, wie aus einem Traum. In einer blitzarti-
gen Erkenntnis erfährt er, dass das Absolute und die relative, alltägliche Welt „nicht-zwei" (non-dual) sind, sondern eine Einheit.

Diese Nichtdualität ist eine unmittelbare und direkte
Erkenntnis, die in bestimmten meditativen Zuständen
auftritt, dann aber zu einer ganz einfachen, alltäglichen
Wahrnehmung wird, ob man meditiert oder nicht. (105)

Selten sprechen spirituelle Meister von dem, was im Moment
des Erwachens passiert. Ein Vorgang, der sich jenseits des Denkens ereignet, kann nicht vermittelt werden. Deshalb haben die
großen indischen Meister auch keine Bücher geschrieben. Was wir
von ihnen wissen, ist in den Texten oder Tonaufnahmen erhalten,
die Besucher bei gemeinsamen Gesprächen aufgezeichnet haben.
Über das sehr persönliche Erlebnis der Erleuchtung wird auch da
kaum gesprochen. Doch es gibt Ausnahmen.

Ich fühlte wie der Körper sich ausdehnte, ein leuchtendes Licht erschien aus meinem Herzen. Ich sah dieses Licht in allen Richtungen, ich sah es aus einer peripheren Perspektive und das Licht war in Wirklichkeit ich selbst. Da war nicht mein Körper und das Licht, es gab nicht zwei. Dieses brillante Licht, dessen Zentrum ich war, dehnte sich über das ganze Universum aus. Ich war fähig, die Planeten, die Sterne, die Galaxien als mich selbst zu fühlen. Dieses Licht war so hell und so schön, es war Glückseligkeit, unaussprechlich, unbeschreiblich. Nach einer Weile ließ das Licht nach, aber es entstand keine Dunkelheit. Da war ein Platz zwischen Licht und Dunkelheit, ein Platz jenseits des Lichts. Man könnte ihn leer nennen, aber es war nicht nur Leere. Es war dieses Reine Bewusstsein, von dem ich immer spreche. Ich war mir bewusst: ICH BIN DAS ICH BIN und war mir gleichzeitig des ganzen Universums bewusst. Da gab es keine Zeit, keinen Raum, da war einfach nur das ICH BIN. (106)

Nicht immer ist diese Erfahrung zu Anfang positiv. Oft kann das Individuum den Ansturm des Absoluten nicht verkraften und bleibt verwirrt zurück. Manche sind früher vielleicht in der Psychiatrie gelandet. Andere haben Monate gebraucht, um das Erlebnis zu verarbeiten.

Doch für sie alle gilt: Das Phänomen der Erleuchtung wird nicht manifest, wenn wir wollen, sondern wenn ES will. Wir können uns vorbereiten, indem wir den Geist leer machen und Raum schaffen für das Erleben der Wahrheit. (Das hat auch Jesus gemeint, als er forderte: *Ihr müsst sterben, um zu leben*.) Sterben muss unser Ego, unser kleines Ich mit all seinen Wünschen, seiner zwanghaften Bindung an die materielle Welt. Erst wenn der innere Spiegel leer ist von falschen Vorstellungen, wird der Raum frei, in dem die universale Wahrheit auftauchen kann. Latent war sie schon immer vorhanden.

Das sagt auch die Bibel: „Der Mensch ist das Ebenbild Gottes."
Heute würde man sagen: *Die Potentialität Gottes.*
Die indischen Meister sprechen vom *Selbst.*

Deshalb ist ein spiritueller Weg im Grunde kein Weg. Er führt
uns dahin, wo wir bereits sind und immer waren.

> *Das Selbst ist der ununterbrochene Fluss des Lebens...*
> *Wir können es nicht denken, weil wir es sind. (107)*

Man kann es sogar noch einfacher sagen:

> *Das Selbst kann man nicht erreichen: Das Selbst liest*
> *gerade diese Seite.(108)*

Das Problem ist nur, dass wir das bisher nicht erkannt haben.
Wenn es geschieht, gibt es allerdings niemand mehr, der etwas
begreifen könnte.

Als einer der ersten deutschen Zen-Meister gefragt wurde, ob
er wirklich erleuchtet sei, war die Antwort für die Zuhörer ver-
wirrend.

> „Wenn ich Ja sage, lüge ich, wenn ich Nein sage, lüge ich
> ebenfalls!"

Das ist nur logisch: Jemand, der kein Ich mehr hat, ist keine
individuelle Person mehr. In diesem Sinne gibt es kein erleuchte-
tes Individuum, gab es nie einen Erleuchteten.

> *Der Weise hat nicht die leiseste Idee davon, eine Person*
> *zu sein, wenn er handelt, empfindet, denkt. Das Ego ist*
> *vollkommen abwesend. (109)*

Deshalb ist dieser Mensch jetzt frei in einem absoluten Sinn, hängen doch alle Unannehmlichkeiten in unserem Leben vom Konzept eines Egos ab. Nur ein „Ich" kann leiden, nur der Verstand eines Ichs verliert sich in Bewertungen wie gut und schlecht.

Dies erinnert uns an die Frage, die wir bei der Betrachtung des Bewusstseins schon einmal gestellt haben: Wenn es kein Ego gibt, wer trifft dann Entscheidungen? Und wo ist der freie Wille geblieben?
Buddha hatte darauf schon vor 2500 Jahren eine klare Antwort:

Es gibt Handlungen, aber keinen Handelnden.

Wenn das Ich eine Illusion ist, können auch „Entscheidungen" eines Ichs nur Illusion sein.
Für die meisten von uns ist das immer noch eine schockierende Feststellung. Allerdings trifft sie sich mit den Aussagen der Quantenphysiker und Hirnforscher, denen wir begegnet sind.
Was wir aber bisher nicht bedacht haben, ist die Konsequenz, die sich daraus ergibt:

Wir können nie anders handeln, als wir handeln.

Ein verblüffender Gedanke. Doch wenn wir uns mit ihm vertraut machen, entdecken wir vielleicht die grenzenlose Freiheit, die sich dahinter verbirgt: Wir können nichts mehr falsch machen.

Diese Erkenntnis dürfen wir allerdings nicht leichtfertig übernehmen. Sie gilt nur für den, der die nicht-duale Bewusstseinsebene erreicht hat.

Wenn Sie erst ihre wahre Natur erkennen, sind Sie nicht mehr als Individuum lebendig, sondern einfach als Teil der Manifestation, die sich spontan ergibt. (110)

Kann man ohne Ego leben, ist das möglich? Auch darüber gibt es genügend Berichte. Die meisten Menschen tun einfach weiterhin das, was sie immer getan haben. Allerdings in nie gekannter Freiheit. Äußerlich führen sie ein ganz normales Leben, innerlich sind sie eins mit allem. Die Vorstellung, dass Erwachte sich aus dem Leben zurückziehen und in irgendwelchen Höhlen im Himalaya leben, ist eine romantische Illusion. Solche Menschen mag es geben, aber ihr Weg kann nicht der unsere sein. Die Entwicklung unseres Bewusstseins muss sich im täglichen Leben bewähren. Deshalb verschwindet das kleine Ego, mit dem wir denken, auch nicht völlig, es verliert nur seine Dominanz. Auch ein Zen-Meister denkt nach, wenn er an seiner Steuererklärung sitzt oder einen Strafzettel ausfüllen muss. Denken ist eine wesentlicher Bestandteil unseres Seins.

Ein klarere Formulierung wäre also: Nicht das Ego verschwindet, sondern die Illusion eines <u>vom Ganzen isolierten Ichs</u> löst sich auf.

Das Absolute, das universelle Bewusstsein, das Seiende ist alles, was gesehen wird. Wenn es sich selbst als Phänomen offenbart, ist es die begrenzte Form, die denkt, dass sie unabhängig ist, es aber nicht ist. Diese Form ist die Manifestation des Bewusstseins. Wenn es nicht manifest ist, ist es allem innewohnend. (111)

Warnend fügt der indische Weise hinzu: „Wenn Sie denken, dass Sie das verstanden haben, ist das nicht so. Es ist unmöglich, solange Sie das Rätsel desjenigen nicht gelöst haben, der glaubt verstanden zu haben."

Solange wir uns noch als individuelle Person fühlen, ist das illusorische „Ich" sehr konkret. Es trifft sehr wohl Entscheidungen, in einer dualen Welt kann es richtig oder falsch handeln.

Doch in dieser anderen Dimension, jenseits der Dualität, gibt es kein richtig oder falsch, da existiert nur: *das, was ist*. Und das schließt alles ein.

Eine der zentralen Aussagen im Herz-Sutra, einem der Kerntexte des Buddhismus lautet:

Form ist Leere, Leere ist Form.

Das Eine ohne das Andere gibt es nicht. Für den Erwachten sind das keine Gegensätze (das wäre ja wieder dual,) in ihm existieren beide Ebenen zugleich. Der Gegensatz zwischen weltlichem Alltag und spiritueller Erfahrung hat sich aufgelöst, es gab ihn im Grunde nie.

> *Alltägliches Leben und „Sein" sind nicht zwei, da*
> *Bewusstsein und seine Objekte, Handlungen oder*
> *Gedanken, eins sind.*
> *Das alltägliche Leben erscheint im Bewusstsein. Sie sind*
> *dieses Bewusstsein, aber Sie sind nicht, was Tag für Tag*
> *erscheint. (112)*

Dies führt uns zu der zentralen Frage zurück, die uns von Anfang an begleitet hat:

WER BIN ICH?

Und wie lautet die Antwort? Sie ist in dem eben zitierten Text verborgen.

Wenn wir also eines Tages endlich erfahren, was wir wirklich sind, wenn also das kleine „Ich," mit dem wir denken, verschwindet, was bleibt übrig? Die Leere. Aber diese Leere ist *kein Nichts*.
Sie ist reines Bewusstsein – das, was wir sind und immer waren.

Stellen wir uns ein Hochhaus vor mit vielen Zimmern. In jedem ist das, was wir normalerweise nie wahrnehmen: Raum (Bewusstsein). Diesem Raum ist es egal, wo die Möbel stehen, wer sich hier aufhält oder was passiert. Doch die Wände des Zimmers begrenzen den Raum, sie schaffen unser kleines Ego-Bewusstsein. Wenn das Haus eines Tages zusammenfällt, ist dieser Raum davon nicht betroffen. Er wird wieder eins mit dem unendlichen Raum, der das Haus umgeben hat und der immer da war. Von diesem war er nie wirklich getrennt.

So könnte man sich Erleuchtung vorstellen, dieses „das Sterben, wenn wir leben".

Vielleicht verstehen wir nun auch den Satz aus der Bibel „Liebe deinen Nächsten wie dich selbst" anders. Er könnte dann heißen: Liebe deinen Nächsten a l s dein Selbst.

Alles ist das Selbst.
Der einzige Unterschied zwischen dir und mir
besteht in den Worten von „dir" und „mir".
Das Selbst in dir ist das Selbst in mir
Und in jedem Wesen. (113)

Das Selbst ist hier nur ein anderes Wort für das Absolute. In buddhistischen Texten wird dieses gern mit den schlichten Worten ICH BIN bezeichnet. („Ich bin – *etwas*" wäre ja wieder dual.) Für manche ist dies ein anderer Name für Gott. Das Unbekannte, das alles umfasst und jenseits der Dualität und jenseits der Zeit existiert.

Das nicht zu erkennen, sondern zu s e i n, könnte Erleuchtung bedeuten.

Es gibt immer wieder Menschen, die das erleben. Manche formulieren schlicht, manche eher poetisch. Nachvollziehen können wir das nicht. Aber wir können staunend die Potentialität erkennen, die uns offensteht. Sie ist zeitlos. Und sie ist in uns allen. Immer. Auch in diesem Moment. Diese abstrakte Intelligenz, das Absolute, das sich durch uns ausdrückt, ist auch das, was nicht stirbt, wenn wir sterben. Der Tropfen fällt ins Meer, die Individualität verschwindet.

Das kleine Ich löst sich im leeren Raum auf, das Reale spiegelt sich im Geistigen und umgekehrt. Der Kreislauf schließt sich.

Dies ist kein abstrakter oder intellektueller Vorgang, wie es die Worte vielleicht suggerieren. Beim Erwachen öffnen sich die Pforten zu einer Liebe, die wir bisher nicht kennen. Diese Liebe ist grenzenlos, weil sie nicht mehr auf ein Ich bezogen ist.

Auch die sterbende Frau sprach von dieser „Liebe jenseits von Mögen und nicht Mögen", also jenseits der Liebe zwischen Personen.

Ein deutscher Zen-Meister drückt es so aus:

Ganz zu Liebe geworden,
so gleite ich festen Tritts durch diese Welt.
Mir selbst abhanden gekommen und doch ganz da.
Wunder über Wunder – das Ich ausgelöscht.
Leerer Raum – nichts als Liebe.
Ich weiß nicht, wem ich danken soll.
Ich wüsste auch gar nicht, wer es tun sollte.
Kein Ich – kein Gegenüber.
Nur grenzenlose Weite, allumfassender Bewusstseinsraum.
NICHTS zu sein ist ALLES sein.
ALLES sein ist NICHT-Sein. (114)

Uns zu öffnen für die Wahrheit, dies könnte der Auftrag der Evolution sein, die Bestimmung des Menschen. Wenn wir beide Welten, die äußere und die innere, die materielle und die geistige, in uns vereinen, haben wir das *Reich Gottes* auf Erden realisiert, wie es die Bibel ausrückt. Buddhisten würden sagen, *wir haben unser wahres Selbst verwirklicht.*

Menschen, welche die universale Dimension erfahren haben, verstehen das. Das Ich, das Fragen stellt, hat sich aufgelöst – es ist zum universalen Bewusstsein geworden.

Solche Menschen haben keine Fragen mehr.

Sie sind selbst zum Absoluten geworden.
Das sie immer schon waren.

Vielleicht sitzt einer der Erwachten gerade im Biergarten neben Ihnen und betrachtet eine Wespe, die über seinen Arm krabbelt. Es könnte sein, dass er dabei lächelt.

Nachwort

Und jetzt? Vielleicht sind Sie nach der Lektüre dieser Seiten etwas ratlos und fragen sich, was Sie mit all diesen Gedanken anfangen sollen.

Ich würde sagen – nichts.

Wenn Sie bei gewissen Passagen eine innere Resonanz verspürt haben, wird sich diese ihren Weg alleine suchen.

Wie kommt man dazu, so ein Buch zu schreiben?

Schon als Schüler hat mich die Geschichte von Diogenes im Fass fasziniert. Erinnern Sie sich noch? Der große Philosoph ist so anspruchslos, dass er in einer Tonne lebt. Eines Tages besucht ihn Alexander der Große, der schon viel von ihm gehört hat.

„Ich bin der mächtigste Mann der Welt und kann dir jeden Wunsch erfüllen. Sage mir jetzt, was ich für dich tun kann?"

Diogenes sieht zu ihm hoch und lächelt.

„König, geht mir aus der Sonne."

Diese Antwort hat mich fasziniert.

Was hatte dieser Diogenes, das wir nicht haben?

Die Frage hat mich nie mehr losgelassen. Dennoch habe ich mich später nicht der Philosophie zugewandt, sondern der Literatur. Nach dem Studium habe ich Dokumentarfilme gedreht, Drehbücher geschrieben und auch einige Romane. Meine Arbeit als Filmemacher hat mich in viele Länder dieser Erde geführt, zu fernen Kulturen und immer wieder auch in Regionen der Dritten Welt. Dort habe ich hautnah erlebt, dass wir in den reichen Industrieländern nur deshalb so reich sind, weil andere so arm sind. Selbst wenn diese Behauptung den Sachverhalt stark vereinfacht, falsch ist sie nicht.

Dann entdeckte ich die ersten Bücher über Zen. Sie faszinierten mich sofort, auch wenn ich sie nicht verstand. Doch literarisch sprachen mich die merkwürdigen Texte und die rätselhaften

Aussprüche der alten Meister sofort an. Ich wurde neugierig und las immer mehr, später auch Klassiker der indischen Mythologie.

Als ich in Kalifornien einen Film über Henry Miller drehte, entdeckte ich das *Esalen-Institut*. Es liegt in Big Sur, einer traumhaften Landschaft direkt am Pazifik und ist bis heute eine Begegnungsstätte für spirituell und alternativ orientierte Menschen unterschiedlichster Herkunft. Als ich dort ein Seminar über Meditationstechniken besuchte und gerade entspannt über die Wiese ging, kam mir ein tibetischer Lama entgegen. Er fragte, woher ich komme und was mich hierher geführt hat. Die Atmosphäre des Ortes würde mich inspirieren, außerdem würde ich gerne reisen, war meine Antwort. Der Mann sah mich lange an, dann sagte er nur: "What is here, is there. And what is there is here."

Dieser Satz ließ mich ratlos zurück. Aber er ließ mich auch nicht mehr los. Wieder ein Mensch, der anscheinend etwas entdeckt hatte, das ich nicht kannte, nach dem ich mich aber innerlich sehnte.

Eines Tages erfuhr ich, dass es nicht weit von München einen Zen-Meister gibt. Aus reiner Neugierde besuchte ich einen seiner Kurse und dann noch eine Weile die wöchentliche Meditationsgruppe. Doch schon bald musste ich feststellen, dass stilles Sitzen nichts für mich war. Ich bin jemand, der die Aktion liebt und sehr ungeduldig ist. Für Meditation keine gute Voraussetzung. Auch wenn es mir nicht leicht fiel, teilte ich dem Meister eines Tages mit, dass ich nicht mehr kommen würde, da ich für Zen nicht geeignet sei. Wolfgang Walter sah mich an und lächelte: „Sagt mir jetzt die Raupe, dass sie nicht geeignet ist, ein Schmetterling zu werden?"

Dieser Satz traf mich ins Herz.

Bis heute bin ich alles andere als ein guter und regelmäßiger Meditierender. Aber ich versuche, mich zu akzeptieren und taste mich weiter vorwärts auf dem Weg, der keiner ist.

Und woher das Interesse für die Naturwissenschaft? Das gab es nie. Physik und Mathematik hatte ich in der Schule nie gemocht, in diesen Fächern war ich immer schlecht. Die aufregenden Dimensionen der neuen Physik entdeckte ich wieder in Kalifornien, wo mir das Buch *Die tanzenden Wu-Li Meister* in die Hände fiel. Der Titel und das Cover suggerierten fernöstliche Geheimnisse. Doch es war ein Buch über Physik, was ich aber erst später bemerkte. Ich las es dennoch und war fasziniert. Es war verständlich und sogar witzig geschrieben. Begeistert haben mich dabei nicht irgendwelche Formeln. Es gab nur wenige und die habe ich nicht verstanden. Meine Faszination lag vielmehr in den philosophischen Implikationen, also in dem, was diese radikal neuen Erkenntnisse für den Menschen bedeuten oder bedeuten könnten.

Nun hatte ich also zwei sehr unterschiedliche Interessensgebiete, die ich intuitiv weiter verfolgte und die mich bis heute beschäftigen. Eines Tages kam mir die Idee, die in vielen Büchern und noch mehr Nischen meines Kopfes verstreuten Bruchstücke an Erkenntnis zusammenzufassen und auf den Punkt zu bringen. Damit würden sich vielleicht auch ein paar Fragen klären, die ich unbewusst bis heute mit mir herumgetragen habe.

Das Ergebnis dieses Versuchs halten Sie jetzt in der Hand. Ich würde mich freuen, wenn die Lektüre für Sie in irgendeiner Weise gewinnbringend ist.

Eine Bibliographie jenseits der erwähnten Werke habe ich keine beigefügt. Zu viele Einflüsse stehen hinter diesen Gedanken, zu viele Bücher, Seminare, Retreats und Begegnungen. Sie alle aufzuzählen, würde wenig bringen. Wer einige Punkte dieser Überlegungen vertiefen will, wird zu allen Themen reichlich Lektüre finden. Die Spreu vom Weizen zu trennen, kann nicht meine Aufgabe sein. Was für den einen hilfreich ist, kann für den anderen banal sein.

Nun behaupte ich nicht, dass die Gedanken in diesem Text alle neu sind. Mein Bemühen war, sie unter einem anderen Blickwinkel zusammenzufassen. Der Versuch, das Ergebnis zu begreifen, ist aufregend genug. Dabei kann uns der Verstand eine Weile begleiten, aber irgendwann muss sich die Raupe bemühen, ihn loszulassen.

Wenn man Schmetterling werden will, ergibt sich das vielleicht ganz von selbst.

Anmerkungen

Ich verwende gelegentlich die Bezeichnung „alte Meister". Das ist natürlich kein allzu präziser Begriff, ich verstehe ihn ähnlich wie in der Kunstgeschichte, wo man auch von alten Meistern spricht und dabei an Leute denkt wie Rembrandt, Dürer oder Michelangelo. Menschen, deren außergewöhnliche künstlerische Leistung allgemein anerkannt ist.

Ähnlich verstehe ich den Ausdruck „spirituelle Meister". Ob er sich auf historische Figuren oder zeitgenössische Personen bezieht, spielt keine Rolle. Der Begriff sagt nur, dass die Tiefe ihrer Erkenntnis und Erfahrung (für mich) außer Zweifel steht.

Natürlich lässt sich die Bezeichnung leicht missbrauchen, da sich im Grunde jeder Meister nennen kann. Doch in vielen spirituellen Traditionen gibt es klare Regeln. Nur ein echter Meister darf einen Schüler zu seinem Nachfolger ernennen, nur dann hat dieser das Recht, sich auch so zu nennen.

Ein anderes Wort, das man leicht missverstehen kann, ist „Mystik". Der Begriff klingt nach verstaubtem Mittelalter, nach Alchemie und Kellergewölben. Eine falsche Vorstellung.

Ein Mystiker ist ein Mensch, der einem spirituellen Weg folgt. Er bemüht sich, eine Erkenntnis zu gewinnen oder eine Erfahrung zu machen in einer Dimension jenseits der uns bekannten Welt. Einen Quantenphysiker, der Zen praktiziert, könnte man also durchaus als Mystiker bezeichnen.

1) Hans-Peter Dürr (Hrsg): <u>Physik und Transzendenz</u>
    Bern, München, Wien 1986, S. 38

2) Der Nobelpreisträger und Molekularbiologe Christian de
    Duve sagte es kompromisslos: *Unsere Gene und damit
    unsere angeborene Möglichkeiten unterscheiden sich kaum
    von denen des Cro-Magnon-Menschen, der vor 15000
    Jahren lebte...Der Unterschied..beruht fast ausschließlich*

auf kultureller Vererbung. Er liegt in der Ansammlung von Wissen, Technik, Kunst, Glaubensgrundsätzen, Sitten und Traditionen, erworben und weitergegeben von den etwa 600 Generationen, die in dieser Zeitspanne aufeinander folgten.
Aus dem Staub geboren – Leben als kosmische Zwangsläufigkeit Hamburg 1997

3)   Wolf Singer, Deutschlands bekanntester Gehirnforscher, in: Spektrum Sachbuch: Rätsel Ich – *Gehirn, Gefühl, Bewusstsein.* Berlin/Heidelberg 2007, S.280

4)   Der Bewusstseinsphilosoph Thomas Metzinger spricht in diesem Zusammenhang von einer „Weltsimulation", erzeugt von unserem Gehirn. (Im Kapitel über das Bewusstsein" gehen wir darauf noch genauer ein.) Eine neurobiologische Beschreibung über den Vorgang des Sehens findet sich in: Wolf Singer Der Mensch und sein Gehirn Hrsg. Heinrich Meier und Detlev Ploog München 1997, S. 39

5)   Werner Heisenberg, ein Quantenphysiker, der bereits mit 32 Jahren den Nobelpreis erhalten hat, beschreibt diesen Augenblick so*: In dem Moment aber, in dem die richtigen Ideen auftauchen, spielt sich in der Seele dessen, der sie sieht, ein ganz unbeschreiblicher Vorgang von höchster Intensität ab. Es ist das staunende Erschrecken, von dem Plato in Phaidon spricht, mit dem die Seele sich gleichsam zurückerinnert, was sie unbewusst doch immer schon besessen hat.*
In diesem Zusammenhang zitiert er auch Plotin: *Die Schönheit ist das Durchleuchten des ewigen Glanzes des „Einen" durch die materielle Erscheinung.*
Werner Heisenberg: Quantentheorie und Philosophie Stuttgart 1979, S.112

Was ist das Eine?
Diesen Gedanken werden wir später noch genauer
verfolgen. Der Physiker Goswami ist zum Beispiel der
Ansicht, dass es bei besonders originellen Gedanken, vor
allem beim Phänomen der Kreativität, zu Quantensprüngen
im Gehirn kommt. Er setzt voraus, das es neben dem
klassischen Gehirn ein Quanten-Teilchensystem gibt, das
für bewusstes Entscheiden und für Kreativität verantwortlich ist. Dieses System ist Teil eines „nicht-lokalen
Bewusstseins", vergleichbar mit dem „Einen", von dem
Plotin spricht.

Der Quantenphysiker Hans-Peter Dürr sieht das ganz
ähnlich. Er spricht von multidimensionalen Räumen:
*Wenn mir intuitiv eine Lösung einfällt, ist das vielleicht
nur möglich, weil ich eine Verbindungsstruktur zu einem
höheren Raum sehe.* H.-P-Dürr/M. Österreicher: <u>Wir
erleben mehr als wir begreifen</u> Freiburg, 2001 S.65

6)   Aufzeichnungen seiner Gespräche mit Besuchern sind
     erschienen in Ramana Maharshi: <u>Gespräche des Weisen
     vom Berge Arunachala</u> Interlaken 1984. Eine etwas
     kompaktere und kommentierte Ausgabe ist: Ramana
     Maharshi: <u>Sei, was du bist</u> Frankfurt 2006

7)   Im Kapitel über die Zeit vertiefen wir diese Gedanken. Er
     wird sich im Lauf unserer Überlegungen als Schnittpunkt
     für die spirituelle Dimension des Kosmos erweisen.

8)   Henry Miller: <u>Big Sur oder die Orangen des Hieronymus
     Bosch</u>, Reinbek 1975

9)   Einer der weltweit renommiertesten Hirnforscher ist
     der Neurologe Antonio R. Damasio. Er sieht Gefühle in
     enger Abhängigkeit von allen anderen Wahrnehmungen

des Gehirns und des restlichen Organismus. Für streng materialistische Forscher ist die Domäne des Geistes und der Gefühle eng an die biologischen Abläufe des Gehirns gekoppelt. Freude oder Liebe sind für sie nichts weiter als Schwingungen neuronaler Netze. Für Damasio sind Gefühle physisch real, er definiert sie als *konkret, kognitiv und neuronal.* Emotionen bezeichnet er als „Innere Objekte". Sie sind der Auslöser zur Entwicklung eines Selbst-Bewusstseins im Menschen. Eine umfassende Analyse zu diesem Thema liefert Damasio in: <u>Ich fühle, also bin ich</u> München 2000

10) Im Englischen bezeichnet man die Nervenzellen im Bauch als „second brain". Damasio spricht von "somatischen Markern", also Erinnerungen des Bauchhirns, die Entscheidungen im Gehirn vorbereiten und beeinflussen.

11) Synopsis*: Der Tyrann Gilgamesh herrscht über die Stadt Uruk. Die Götter schicken einen der ihren zur Erde, um ihn zu besänftigen. Nach seiner Ankunft verbirgt sich Enkidu im Wald und spricht mit den Tieren. Die verängstigten Bewohner schicken ihre beste Kurtisane zu ihm, um den Gott zu besänftigen. Tagelange treiben die beiden lustvolle Spiele. Das Ergebnis: Der Gott verliert seine göttlichen Fähigkeiten, wird aber zum besten Freund von Gilgamesh. Zusammen begehen sie zahlreiche Heldentaten.*
In moderner Übersetzung neu erschienen: Raoul Schrott (Hrsg) Gilgamesh München 2001

12) Mathieu Ricard: <u>Glück</u> München 2009 (TB)

13) Ulrich Warnke in: <u>Wer die Quelle kennt</u> (Hsg. Wolfgang Walter), Asbach 2008 S. 11

14) Tibetanische Buch vom Leben und Sterben (Bardo Thoe-
del) Bern, München 1993 entstand im 8. Jhr. n. Ch. Es ist
eine Anleitung für Sterbende, die unmittelbare Zeit nach
dem Tod zu überbrücken.
Wesentlich älter ist Das Ägyptische Totenbuch, eine
Sammlung von Schriften, die über Jahrhunderte entstanden
sind. Der Titel ist den Papyri entnommen, die man bei den
Mumien gefunden hatte.) Zu den tibetischen Ausführungen
siehe auch: Ken Wilber: Das Atman-Projekt (jetzt wieder in
neuer Übersetzung erschienen). Einen Überblick über die
Beziehung zum Tod in den großen Kulturen der Welt gibt
Konstantin von Barloewen (Hg) Der Tod in den Weltkultu-
ren und Weltreligionen (1996)

15) Zum Thema „Zeit" gibt es zahlreiche Abhandlungen, die
aber den Rahmen unserer kurzen Betrachtung sprengen
würden. Hier einige Beispiele:

Henning Genz: Wie die Zeit in die Welt kam Hamburg 1996
Lee Smolin: Im Universum der Zeit – Auf dem Weg zu
einem neuen Verständnis des Kosmos beschäftigt sich ganz
grundsätzlich mit dem Phänomen Zeit, dem Smolin eine
zentrale Rolle im Universum zuschreibt. Seiner Ansicht
nach sind ihr auch die Naturgesetze unterworfen, die deshalb auch nicht unveränderlich sein können.
Einen Blick aus philosophischer Sicht, eben erschienen,
bietet: Jürgen Safranski: Zeit München 2015

Wenn Sie Ihre Synapsen strapazieren wollen, empfehle ich
einen Blick in: Brian Greene: Der Stoff, aus dem der Kosmos ist – Raum, Zeit und die Beschaffenheit der Wirklichkeit, München 2004. Im Kapitel Zeit und Quant behandelt
Greene „Einsichten in das Wesen der Zeit aus der Quanten-
perspektive". Dieses Buch ist außerdem eine hervorragende
Einführung in die neue Physik.

16) Zen-Meisterin Charlotte Beck definiert den jetzigen Moment so: *Jeder Augenblick, wie er ist, i s t die spontane Manifestation der absoluten Wahrheit... Dieser eine Augenblick ist der Raum des Buddha, die Erleuchtung, das Paradies.*
Charlotte Beck Zen im Alltag München 1990S. 200/222

Vorläufig ist das noch schwer zu verstehen, wir gehen darauf noch genauer ein.
Umfassend wird dieser Gedanke erläutert in dem Werk des Kanadiers Eckhart Tolle:
Jetzt – *die Kraft der Gegenwart* Bielefeld 2010, ein internationaler Bestseller.
Zu dem Thema gibt es noch einige andere Werke wie z.B. Jean Klein: Nichts als Gegenwart Hamburg 2012

17) Ein Überblick über die zahlreichen Studien findet sich in: Michael Murphy: Der Quantenmensch (Originaltitel: *The future of the body*) Wessobrunn 1994 (im Anhang: Wissenschaftliche Studien über Meditation.) Interessante Verweise finden sich auch in: Wolf Singer/Mathieu Ricard: Hirnforschung und Meditation – ein Dialog Berlin 2008

18) Hans-Peter Dürr in Gott, der Mensch und die Wissenschaft S. 138
Etwas komplizierter ausgedrückt klingt der Sachverhalt so: *Was wir als Materie betrachten, ist nichts als die quantisierte, semistabile Bündelung der Energien, die dem Vakuum entspringen. In der Schlussbilanz ist Materie nur eine Störung der Wellenfunktion in dem nahezu endlosen Energieozean, der das fundamentale Medium und somit die primäre Wirklichkeit dieses Universums darstellt.*

Ervin Lazlo: Zu Hause im Universum (Science and the Akashik Field) Berlin 2005, S.66

19) Jacques Monod: <u>Zufall und Notwendigkeit</u> (1970) zitiert aus: Hans-Peter Dürr in: Dürr, Meyer-Abich, Mutschler, Pannenberg, Wuketits: <u>Gott, der Mensch und die Wissenschaft</u> Augsburg 1997 S. 138
Dort findet sich auch das nachfolgende Zitat.

20) Dieses Beispiel habe ich entnommen aus: Gary Zukav: <u>Die tanzenden Wu-Li</u> Meister – Der östliche Pfad zum Verständnis der modernen Physik (1986), damals eines der unterhaltsamsten und verständlichsten Bücher über die neue Physik.

21) Die Abkürzung bezieht sich auf die drei damit befassten Physiker:
Einstein – Polski – Rosen. In diesem Kontext sollte man immer bedenken, dass der Begriff „Teilchen" eine Metapher ist, die missverständlich sein kann, da sie ein „Ding" suggeriert: *Das Experiment beschreibt nur miteinander korrelierte Phänomene, die aus der Interaktion zwischen den mikrophysischen Welt, unseren Messapparaten und unseren Ideen entstehen. Daran sieht man, dass Physiker, sogar wenn sie auf die Ganzheitlichkeit der Welt zu sprechen kommen, auf eine Sprache zurückgreifen, die letztlich die verdinglichte Welt wieder aufleben lässt.*

Mathieu Ricard/Trinh Xuan Thuan: <u>Quantum und Lotos</u> – *Vom Urknall zur Erleuchtung* München 2008, S. 102.

22) <u>Quantum und Lotus</u> S.101

23) <u>Quantum und Lotus</u> S. 104-105
Bei der Aussage zur Verbundenheit im Makrokosmos bezieht sich Thuan auf eine neue Interpretation eines Phänomens, das als „Foucault´s Pendel" bekannt ist.

24) *Der große Quantenphysiker John Archibald Wheeler und sein Schüler, der Nobelpreisträger Richard haben errechnet, dass einige Kubikzentimeter Vakuum, die in eine Glühbirne passen, so viel Energie enthalten, dass alle Meere der Welt damit zum Kochen gebracht werden könnten.* Zitiert nach Ulrich Warnke in: Quelle S. 11. (Die Berechnung der Energiedichte des Vakuums von Wheeler stellt Laszlo hingegen in Frage. Siehe nachfolgender Buchhinweis S.69)
Doch noch in anderer Hinsicht könnte das Vakuum eine entscheidende Rolle spielen: *Das Quantenvakuum hält alles fest, was in Raum und Zeit geschieht und vermittelt diese Information an andere Dinge.*
Ervin Lazlo: Zu Hause im Universum (Science and the Akashik Field), Berlin 2005, S.66

Über das „Nichts" an sich gibt es mehrere Abhandlungen. Eine ist die von Henning
Genz: Die Entdeckung des Nichts Hamburg 1999

25) Hans-Peter Dürr in: Dürr, Meyer-Abich, Mutschler, Pannenberg, Wuketits: Gott, der Mensch und die Wissenschaft Augsburg 1997, S. 138

26) Dieses Zitat und den vorausgehenden Gedanken habe ich entlehnt aus dem Buch des österreichischen Quantenphysikers Anton Zeilinger: Einsteins Spuk – *Teleportation und weitere Mysterien der Quantenphysik* München 2007, S. 73

27) Evin Laszlo: Das fünfte Feld (The Whispering Pond) Berlin 2000

28) Ervin Lazlo: Zu Hause im Universum (Science and the Akashik Field), Berlin 2005, S. 144

29) Laszlo ibidem, S. 184

30) Sri Nisargadatta Maharaj: <u>Bevor ich war, bin ich</u> (*Prior to consciousness*), Hamburg 2011, S. 47
Eine gute Einführung in sein Denken und viele Originaltexte findet man in: Ramesh S. Balsekar: <u>Pointers</u> Bielefeld 2009

31) Dürr ibidem, S.138

32) <u>Quelle,</u> S. 90

33) Ulrich Warnke in <u>Quelle</u> S. 12

34) Ken Wilber: <u>Die Drei Augen der Erkenntnis</u> München 1988
In Kurzform ist diese These auch wiedergegeben in:
<u>Das Wahre, Schöne, Gute</u> – *Geist und Kultur im 3. Jahrtausend*
(The Eye of the Spirit) Frankfurt 1999, ab S. 136

Wer einen umfassenden Einblick in das Thema Bewusstsein jenseits neurologischer Details gewinnen möchte, sollte sich in die Arbeiten von Ken Wilber vertiefen. Er wurde einmal als „Einstein der Bewusstseinsforschung" bezeichnet, nicht ohne Grund. Das Bemühen, die neuesten Erkenntnisse der Geisteswissenschaften, der Neurobiologie und die der spirituellen Erkenntniswege zusammenzufassen und den alten Widerspruch zwischen Wissenschaft und Religion aufzulösen, ist sein Lebensthema. Die integrale Sichtweise bezieht Wilber vor allem auf sein „Modell der vier Quadranten" (komprimiert auch in: <u>Eine kurze Geschichte des Kosmos</u> Frankfurt 1997, seitdem aber immer weiter verfeinert). Der Grundgedanke ist dieser: Kein Ich, kein Bewusstsein kann isoliert existieren. Es steht in Beziehung zu anderen Wesen, zur Umwelt, zum Kosmos.

Deshalb kann man es auch nicht isoliert betrachten, sondern muss all diese Aspekte mit einbeziehen. Die 4 Quadranten, die zu berücksichtigen sind, bezeichnen das Innere (1) und Äußere (2) des *Individuellen* sowie das Innere (3) und Äußere (4) des *Kollektiven*. Was hier etwas theoretisch klingt, wird durch entsprechende Diagramme klarer.

Der integrale Ansatz ist einer alle Ebenen und alle Quadranten umfassende Vorgehensweise verpflichtet, die das ganze Spektrum des Bewusstseins nicht nur im Ich-Bereich, sondern auch im Wir- und Es-Bereich abdeckt und dadurch Kunst mit Moral und Wissenschaft, Selbst mit Technik und Umwelt, Bewusstsein mit Kultur und Natur, Buddha mit Sangha und Dharma und das Wahre mit dem Schönen und dem Guten integriert.

Das Wahre, Gute Schöne, S. 73

Wichtig ist nun, dass es in allen 4 Quadranten Entwicklungsstufen gibt. Ein Mensch muss sich also bemühen, nicht nur auf einer Ebene fortzuschreiten (z.B. auf der subjektiven Ebene im 1. Quadrant durch intensive Meditation), er sollte sich auch auf anderen Gebieten weiterentwickeln, z.B. sozial, politisch und künstlerisch etc. Eine Auflistung der verschiedenen Strömungen zur „Wissenschaft des Bewusstseins" findet sich auf S. 384.

Das Konzept von Wilber ist sehr anspruchsvoll, weshalb seine Bücher auch immer komplexer und komplizierter werden. Sein bisher letztes präzisiert seine Vorstellungen noch umfassender: Einen umfassenden Überblick über sämtliche Aspekte zeitgenössischer Betrachtungsweisen gibt: Intergrale Spiritualität (engl: Integral Spirituality – *A Startling New role for Religion in the Modern and Postmodern World*

München 2007 Der englische Untertitel beschreibt sein
Lebensthema zutreffend.

35)   Das Wahre Schöne, Gute.. S. 143 dort findet sich auch das
      nachfolgende Zitat.

36)   Quantum und Lotus, S. 38

      Ricard fährt fort: *Die buddhistische Methode setzt bei der
      Analyse an und greift häufig auf das „Gedankenexperi-
      ment" zurück, das gedanklich schlüssig ist, obwohl es in
      der Realität nicht durchgeführt werden kann. Auch die
      Naturwissenschaft setzt dieses Instrument gezielt ein.*

37)   Sri H.W.L. Poonja Papaji Der Gesang des Seins
      (engl: *The Truth is*), München 1997, S.37

38)   zitiert nach Wilber: Halbzeit der Evolution Bern, München
      1981, S. 358

39)   Dürr ibidem, S.15

40)   Poonja: Der Gesang…, S.12

41   Quelle, S. 219

42)   Tripura Rahaysya (10.Jh.) zitiert aus Quelle, S. 180

43)   Brian Greene: Das elegante Universum Berlin 2000, S. 175
      Brian Greenes Buch bietet eine hervorragende Zusammen-
      fassung der wichtigsten Erkenntnisse der modernen Phy-
      sik von Einstein bis zur Gegenwart. (Aktualisiert in: Der
      Stoff, aus dem der Kosmos ist) Wer eine etwas einfachere,
      aber nicht oberflächliche Einführung sucht, findet diese in:
      Lesch/Gaßner: Urknall, Weltall und das Leben München
      2014

44) *Ist es nicht überwältigend, dass die Gleichungen, die Atome
     beschreiben, denjenigen für den Klang von Musikinstru-
     menten ähneln?..Bei Atomen ist das, was vibriert, abstrak-
     ter. Hier sind die Lichtschwingungen mit den Farben des
     Lichts verbunden, das ein Atom aussendet oder absorbiert.
     Dies ähnelt sehr den Ideen, die schon Pythagoras im Sinn
     hatte, als er in der Bewegung der Planeten eine Sphären-
     musik zu erkennen glaubte. In der Tat kreisen die Elektro-
     nen um den Atomkern ähnlich wie Planeten um die Sonne.
     In diesem Sinne sind Atome Musikinstrumente, die
     geradezu perfekte Sphärenmusik produzieren*

     Interview mit Wilczek im SPIEGEL 33/2015

     Die musikalische Metapher erinnert an die Bücher des
     Jazz-Experten Joachim-Ernst Berendt: Nada Brahma – *die
     Welt ist Klang* Reinbek 1983 oder Das Dritte Ohr Reinbek
     1985)

45) Charlotte Beck: Zen im Alltag München 1990, S.257

46) Pim van Lommel: Endloses Bewusstsein München 2013,
     S. 300

47) zitiert nach Werner Heisenberg Das Teil und das Ganze
     München 1996 (Letztes Kapitel *Elementarteilchen und
     Platonische Philosophie,* das Gespräch zwischen Carl-
     Friedrich von Weizsäcker, Hans-Peter Dürr und Werner
     Heisenberg)

48) Stephen Hawking: Eine kurze Geschichte der Zeit
     Reinbeck 1988 S. 155

     Ein Beispiel macht das anschaulich: *Die umwerfende
     Präzision, mit der die anfängliche Dichte des Universums*

abgestimmt ist, ist vergleichbar mit der Zielgenauigkeit,
die ein Bogenschütze braucht, um seinen Pfeil in ein Ziel
mit einem Quadratmeter Seitenlänge zu platzieren, das sich
an der Grenze des Universums befindet – 15 Milliarden
Lichtjahre entfernt.
Quantum und Lotus S. 66

49) Schon mathematisch ist reiner Zufall bei der Entstehung
des Universums eine Unmöglichkeit, wie Hans-Peter Dürr
nachweist in: Auch die Wissenschaft spricht nur in Gleich-
nissen Freiburg 2004, S. 56

50) Der Begriff Selbstorganisation kommt aus der System-
theorie und bezeichnet einen Prozess, bei dem eine höhere
strukturelle Ordnung erreicht wird ohne äußere Einwir-
kung. Solche Prozesse untersucht man auch in der Chemie,
Biologie und Soziologe.
Materie hat die Eigenschaft, unter bestimmten physikali-
schen Rahmenbedingungen Strukturen zu bilden, die sich
weiterentwickeln können, also komplexer werden, ohne
dass ein Bauplan vorliegt. Diesen Prozess nennt man
Selbstorganisation.
Dürr: Gott, der Mensch und die Wissenschaft, S.74
Einen guten Überblick über die weitreichenden Implikationen gibt Ervin Laszlo in: Kosmische Kreativität Frankfurt
1997.

51) Erwin Schrödinger: Die vedantische Grundansicht
(zititiert nach Dürr siehe 1)

52) Capra Das Tao der Physik Bern München 1997

53) Mir sind zwei Publikationen bekannt, in denen Teile dieser
Gespräche aufgezeichnet sind: Krisnamurti/Bohm:
The Ending of Time New York, 1985 / Jiddu Krisnamurti:
Fragen und Antworten München 1985

54) David Bohm: Die implizierte Ordnung. Grundlagen eines dynamischen Holismus S. 9 München 1985, daraus auch das folgende Zitat

55) David Bohm: Beyond Mechanism The Universe in Recent Physics and Catholic Thought, University Press of America 1986, S.31

56) Amid Goswami: Das bewusste Universum *(The Self_Aware Universe)* Freiburg 1997. Auch wenn dieses Buch nicht neu ist, die Thematik ist zeitlos.

57) Kapitelüberschrift: *Eine neue Hypothese der Wechselwirkung zwischen Geist und Gehirn auf der Grundlage der Quantenphysik: Die Mikroarealhypothese* John C. Eccles Wie das Selbst sein Gehirn steuert, 1996 Berlin, Heidelberg S. 162. Schon der Titel des Buchs wendet sich entschieden gegen den materialistischen Ansatz. Die grundlegende Hypothese von Eccles ist, *dass das Selbst das Gehirn wirksam in seinen Absichten und Aufmerksamkeiten kontrollieren kann.* S. 13
In diesem Buch setzt er sich auch mit den Theorien anderer Wissenschaftler, u,.a. Roger Penrose, auseinander.

58) Goswami ibidem S.215 (hier zitiert er den Kollegen Fred Alan Wolf)
Der Grundgedanke erinnert an den schon viel früher von C.G. Jung geprägten Begriff der „Synchronizität", der ebenfalls ein „nicht-lokales Bewusstsein" suggeriert. Vorstellungen von Quanteneffekten im Gehirn haben inzwischen auch deutsche Physiker übernommen, z.B. Thomas Görnitz Thomas Görnitz/Brigitte Görnitz: Der kreative Kosmos Heidelberg 2002, S.325 ff

59) Pim van Lommel Endloses Bewusstsein, S. 234

60) Stanislav Grof: Kosmos und Psyche – *An den Grenzen menschlichen Bewusstseins* Frankfurt 2000, S. 359. Das Standardwerk ist:Stanislav und Christina Grof: Holotropes Atmen 2001

61) Sylvester Walch: Vom Ego zum Selbst – *Grundlinien eines spirituellen Menschenbildes,* 2011

Dimensionen der menschlichen Seele – *Heilung durch veränderte Bewusstseinszustände,* 2013

62) Goswami ibidem, S 237

63) Jean Klein Nichts als Gegenwart (engl. *I am*) Hamburg 2012, S.114

64) van Lommel, S. 310

65) Goswami, S. 237 – daraus auch das nachfolgende Zitat, S. 243

66) Hans-Peter Dürr stellt zwar auch fest, dass das Gehirn ein Quantensystem ist „letztendlich gibt es nicht anderes als Quanten", doch bei der Frage des freien Willens ist er vorsichtiger*: Der freie Wille steht noch außerhalb der heute ausformulierten Quantenphysik* S. 56/47
Hans-Peter Dürr/M-Österreicher: Wir erleben mehr als wir begreifen, Freiburg 2001

Die Überlegungen, inwiefern Quanteneffekte bei lebenden Organismen eine Rolle spielen könnten, haben sich inzwischen zu einem neuen Forschungsgebiet entwickelt, die *Quantenbiologie.* Neueste Erkenntnisse und Hypothesen finden sich in dem eben erschienenen Buch von Jim Al-Khalili und Johnjoe McFadden:

Der Quantenbeat des Lebens: Wie Quantenbiologie die Welt neu erklärt, Berlin 2015

67) Die beiden Wissenschaftler maßen die „Introspektionszeit" an Patienten. Wenn der Proband spontan einen Knopf drücken soll, vergeht bis zur Aktion etwa 100stel Sekunde, Doch wenn er das, was er macht, auch verbal ausdrücken soll, vergeht eine halbe Sekunde. Das ist deutlich mehr. Wie kann das sein? Die zusätzliche Zeit benötigt das Ego, um den Vorgang zu erkennen und ihn als „Ich-Entscheidung" zu präsentieren. Anders ausgedrückt: Das Bereitschaftspotential (die Muskelbewegung in Richtung des Knopfs) war bereits 400 Millisekunden vor der Willensentscheidung da. Die Ich-Entscheidung, also die Sekundärbewusstheit, wie es Goswami nennt, hinkt immer nach.
(Libet hat allerdings auch festgestellt, dass Meditation dazu führen kann, die Introspektionszeit zu verkürzen.)

In einem anderen Libet-Experiment sollten die Teilnehmer auf Kommando einen von zwei Knöpfen drücken, frei nach ihrer Wahl. Die Messungen an den Probanden ergaben, dass sich die Hand bereits auf einen der beiden Knöpfe zu bewegt, bevor im Gehirn der Versuchsperson die Entscheidung dafür getroffen wurde. Das Ego reklamiert diese nachträglich als Ausdruck des eigenen Willens, obwohl die Wahl längst getroffen war. Libet räumt allerdings ein, dass es eine winzige Zeitspanne von 150msec gibt, in der die getroffene Entscheidung bewusst gestoppt werden kann. Das Gehirn hat in diesem Intervall eine letzte Chance, es kann „willensbestimmte Ergebnisse selektieren und unter Kontrolle bringen." Deshalb hat Libet aus seinen Experimenten nicht den Schluss gezogen, den freien Willen endgültig dem Determinismus zu opfern, wie es viele Neurologen nach ihm getan haben.

Benjamin Libet Mind Time *– wie das Gehirn Bewusstsein produziert* Frankfurt 2005, S.246

Der amerikanische Philosoph John Searle ist in seinem eben erschienenen Buch A theory of Perception. Seeing Things as they are New York 2015 anscheinend der Erste, der das Libet-Experiment kritisch sieht (Diese Information entnahm ich einer Rezension von Willi Hochkeppel aus der SZ vom 15.9.2015)

68) Wolf Singer in: Spektrum Sachbuch: Rätsel Ich *– Gehirn, Gefühl, Bewusstsein.* Berlin/Heidelberg 2007, S. 284

Physiker formulieren es ähnlich:
Determiniert werden unsere freien Entscheidungen durch die Ergebnisse der flüchtigen und äußerst vielfältigen Wechselwirkungen zwischen den Milliarden von Neuronen in unserem Gehirn. So frei wie das Wechselwirken der Neuronen, das sie bestimmt, so frei sind unsere Entscheidungen.
Carlo Rovelli: Sieben kurze Lektionen über Physik Reinbek 2015 S.83

Wer sich in andere Betrachtungsweisen zu dem Thema vertiefen will, kann wieder zu den Büchern von Antonio Damasio greifen. In Selbst ist der Mensch (München 2011) versucht der renommierte Neurologe die Entstehung des Selbst-Bewusstseins biologisch zu erklären.

69) *Ohne diesen bewussten Glauben wäre der bewusste Geist bestenfalls ein winziges, dunkles Fenster auf die echte Welt, aber zum Fatalismus verdammt. Wie ein Gefangener in lebenslanger Einzelhaft, ohne die Freiheit, die Welt zu erforschen, ohne Hunger nach Überraschungen.*
Gibt es also den freien Willen? Ja, wenn auch nicht in

letztgültiger Realität., so doch zumindest im operationellen Sinn als Notwendigkeit für geistige Gesundheit und damit für das Fortleben des Menschen

E. O.Wilson: <u>Der Sinn des menschlichen Lebens</u> München 2015. S. 172 ff.

70) Metzinger: <u>Das Ego Tunnel</u> *–eine neue Philosophie des Selbst* Berlin 2009, Dies und seine folgenden Zitate stammen aus den Seiten 22 – 25

71) Klein ibidem S. 69

72) Metzinger, S. 22 und ff

73) Klein ibidem, S. 113 – das gleich folgende Zitat S. 99

74) Warnke in <u>Quelle,</u> S. 10

75) Lommel, S.432

76) Klein ibidem, S. 115

77) Klein ibidem, S. 39

78) Mathieu Ricard in <u>Quantum und Lotus,</u> S. 337

79) Dieses Beispiel stammt von Hans-Peter Dürr: <u>Auch die Wissenschaft spricht nur in Gleichnissen</u> Freiburg 2008, S. 85. Es ist keineswegs übertrieben. In kurzen, schockierenden Fakten stellte ein englischer Wissenschaftler Erkenntnisse aus allen die Ökologie betreffenden Forschungsgebieten zusammen. Er kam zu dem Ergebnis, dass es längst zu spät für eine Umkehr ist. („We are fucked")
Stephen Emmott: <u>10 Milliarden</u> Berlin 2015

Mit dieser Ansicht steht Emmott nicht allein. Als 2012 in Hannover eine wissenschaftliche Tagung stattfand, weil sich das Erscheinen des Berichts *Grenzen des Wachstums* zum 40. Mal jährte, zogen mehr als 160 Wissenschaftlerinnen und Wissenschaftler aus allen Teilen der Welt ein Resümee, wo man heute stehe. Fazit: Die Schäden, die der Mensch im ökologischen System angerichtet hat, seien bereits zu groß, die Folgen irreversibel.

80) de Duve ibidem

81) Werner Heisenberg: Der Teil und das Ganze, S. 279

82) Dürr: Gott…, S.140

83) *Jede echte Religion bezeugt den einen oder anderen Aspekt des göttlichen Mysteriums, der sich in ihren Mythen und Ritualen, in ihren Gebräuchen und Traditionen, in ihren Gebeten und der mystischen Erfahrung zeigt. Jede von ihnen hat etwas zur universalen Kirche beizutragen* Bede Griffiths: Die Hochzeit von Ost und West. (1983) Eine thematisch ähnliche Publikation ist: Bede Griffith Unteilbarer Geist – *Quelle der Heiligen Schriften* Andechs 1996 Die Werke von Houston Smith sind in diesem Zusammenhang ebenfalls hilfreich, auch die Publikationen von Alan Watts und Raimon Pannikar.

84) Nisargadatta ibidem, S. 108 (da auch das folgende Zitat)

85) Wilber Das Gute, Wahre, Schöne…, S. 418

86) Der bayerische Zen-Meister Wolfgang Walter (E´un-Ken) hat sich von der japanischen Tradition gelöst und geht einen eigenen Weg. Auf seiner homepage *zen-walter* kann

man links die Spalte *Der andere Weg* anklicken und sich weiter informieren.

87)   Charlotte Joko Beck: <u>Zen im Alltag</u>, S. 200

88)   *Schöpfung im erfahrbaren Sinn geschieht jeden Augenblick. Das macht auch die singuläre Bedeutung des „Jetzt!" aus...Weil in diesem Augenblick etwas, das bisher nur als Potentialität, als Möglichkeit angelegt war, auf einmal verkrustet. Es gerinnt und wird auf einmal zur Materie... Die Wirklichkeit ereignet sich in jedem Augenblick neu als Realität.*
      Dürr: <u>Auch die Wissenschaft..</u>, S.62

89)   Eine Frage wie diese nennt man „Koan". Diese sind mit dem Verstand nicht zu lösen. Die Antwort kommt aus dem Bereich jenseits des Denkens und wird vom Schüler deshalb meist nicht verbal gegeben, sondern durch eine spontane Bewegung oder Geste vermittelt.
      Vor einer ähnlichen Situation wie die Zen-Schüler standen damals die Begründer der modernen Physik: *Wie kann es kommen, dass der menschliche Geist, der rational arbeitet, auf einmal so klar erkennt: Mit meinem bisherigen Instrumentarium komme ich hier nicht weiter. Aber dann lernt er, dass er doch in eine Welt eindringen kann, wo die Regeln der gewohnten Rationalität nicht gelten.*
      Hans-Peter Dürr: <u>Auch die Wissenschaft spricht nur in Gleichnissen,</u> S.149

90)   Erfahrung des Autors.
      Solche Erlebnisse, so intensiv sie auch sein mögen, soll der Schüler gleich wieder vergessen. Er würde sonst auf eine ähnliche Erfahrung warten und damit nicht länger absichtslos in der Gegenwart präsent sein können.

91)   D.T. Suzuki: <u>Der westliche und der östliche Weg,</u>
Frankfurt 1982
Eine grundsätzliche Betrachtung zum Thema Erleuchtung
(japanisch *Satori*) legt er vor in: <u>Satori</u> – Der Zen-Weg zur
Befreiung. Bern München 1987

92) *In allen Wissenschaftsbereichen muss man die Injunktion
vollziehen.. Wenn man dieses wissen will, muss man jenes
tun. Im Bereich der spirituellen Wissenschaft ist das die
Praxis der Meditation oder Kontemplation. Auch hier
gibt es Injunktion, Erleuchtung und Bestätigung, die ohne
weiteres verifizierbar oder falsifizierbar sind…*Ken Wilber
<u>Das Gute, Wahre, Schöne</u> S. 142

Unterschiede im Ergebnis kann es dennoch geben.
Daniel Brown, ehemaliger Direktor der Harvard Medical
School, hat sich damals intensiv mit fernöstlichen
Meditationstechniken befasst. Er war der erste westliche
Mediziner, dem es gestattet wurde, „Erleuchtete"
wissenschaftlicher Versuche zu unterziehen. Die
Veränderung, die sich im Bewusstsein vollzieht, beschreibt
er in der klaren Sprache des Mediziners, wobei er darauf
hinweist, dass es d i e Erleuchtung nicht gibt. Der Weg über
die Meditation ist für jeden identisch, aber die letzte, tiefe
Erfahrung hängt vom kulturellen Kontext des Schülers ab.
Es macht einen Unterschied, ob er aus der hinduistischen
Tradition kommt, aus der buddhistischen oder einer
christlichen. *There is one path which leads to different
ends, different enlightenment experiences.*

Wilber, Engler, Brown: <u>Transformation of Consciousness</u>
Boston 1986
Immer noch ein Standardwerk zu dem Thema.

93) Ken Wilber legte in <u>Halbzeit der Evolution</u> (*Up from Eden*)
Bern, München 1981 eine umfassende und interdisziplinäre
Theorie zur Evolution des menschlichen Bewusstseins vor.
In dem Maße, in dem das Ego seine natürliche Fortent-
wicklung über das Ego hinaus nicht fortsetzt, ... beraubt
es sich selbst der höheren Weisheit, höherer Erfüllung,
höherer Identität. Wilber wendet sich vehement gegen
einen primitiven Darwinismus:
Evolution ist nicht ein statistischer Zufall, sondern
angetrieben vom GEIST selbst. Darum schreitet die
Evolution ständig voran, darum tut sie es in einem Tempo,
das alle statistischen Wahrscheinlichkeiten hinter sich lässt.
Diese ewige Sicht der Evolution (philosophia perennis)
vermag, was der Darwinismus nicht kann: Sie gibt nicht
nur Auskunft über das w a s der Evolution, sondern auch
über das w a r u m. (S.348)

Ervin Laszlo formuliert es so:
Die postdarwinische Biologie hat entdeckt, dass biolo-
gische Evolution nicht lediglich das Resultat zufälliger
Mutation unter Bedingungen der natürlichen Auslese ist.
Die <u>Koevolution</u> alle Dinge mit allen anderen Dingen im
Lebensnetz des Planeten ist ein systematischer Prozess
mit eingebauter Dynamik. Sie ist Teil der Evolution des
Universums.
Laszlo ibidem S.161

94) Die Wahrscheinlichkeit, dass es intelligentes Leben,
vielleicht sogar technische Zivilisationen gibt, wurde
schon 1969 von Francis Drake berechnet, später von
Carl Sagan überarbeitet. Demnach könnte es in unserer
Milchstrasse über 10 000 hochentwickelte Zivilisationen
geben, vielleicht sogar wesentlich mehr. Diese Zahl wurde
kürzlich von Forschern des Kepler-Observatoriums sogar
noch weiter nach oben korrigiert.

Angeblich sind es Millionen von Planeten. In diesem Zusammenhang muss man auch das *Projekt Breakthrough Listen* des russischen Investors Yuri Milner sehen. Unterstützt von Stephen Hawking wird soll jetzt eine neue Lauschoffensive bezüglich fremder Intelligenzen gestartet werden. (Das amerikanische SETI-Programm hingegen gibt es schon lange.)

Wer weiß, wie viele andere, außergewöhnliche und für uns gerade unvorstellbare Formen von Komplexität es in den unermesslichen Räumen des Kosmos gibt. Dort ist dermaßen viel Raum und es wäre kindisch anzunehmen, dass es in diesem unbedeutenden Winkel einer der gewöhnlichsten Galaxien etwas Besonderes gibt. Das Leben auf der Erde ist nur eine Kostprobe dessen, was im Universum möglich ist. So wie auch unser menschliches Leben nur eine mögliche Form unter anderen ist.
Rovelli ibidem. S. 87

Das Problem einer möglichen Kontaktaufnahme ist allerdings gewaltig: Die Milchstrasse hat eine Ausdehnung von 100 000 Lichtjahren. Würden wir eine Nachricht in die Mitte der Galaxis schicken, wäre sie 50 000 Jahre unterwegs, die Antwort würde ebenso lange auf sich warten lassen. Unsere Nachbar-Galaxie, der Spiralnebel Andromeda, ist bereits 2 200 000 Lichtjahre entfernt. Eine Antwort von dort könnte uns frühestens nach 4.4 Millionen Jahren erreichen. Doch auch Andromeda ist wiederum nur eine unter den Milliarden von Galaxien des Universums.

95)   Nisargadatta S. 160

96)   Stephen Hawking: Eine kurze Geschichte S. 173

97)   Stephen Hawking Einsteins Traum Reinbek 1996 S.177

98) Dürr Gott, die Welt. S. 165

99) frühere Berichte über Nahtod-Erlebnisse finden sich in u. a. in Raymond Moody Leben nach dem Tod Reinbek 1977 (immer wieder als TB aufgelegt) und in Grof/Halifax Begegnungen mit dem Tod

100) Lommel ibidem (auch das nachfolgende Zitat) S. 425

101) Wilber Halbzeit... S. 389

102) Lommel ibidem S.310

103) Klein ibidem S. 167

104) Klein

105) Wilber Das Wahre... S. 402

106) Robert Adams: Stille des Herzens 1997 (Dieses Erlebnis hatte er mit 14 Jahren im Mathematikunterricht.) Bielefeld 2005 S. 26

Gute Beschreibungen von Versenkungszuständen (*Samadhi, Nirvana etc*) bzw. vom Gewahrsein eines Erwachten finden sich in: Das Schöne, Wahre, Gute im letzten Kapitel, sowie in Ken Wilber: Einfach „Das" Frankfurt 2001 S. 185 ff. und an anderen Stellen.

107) Beck S. 169

108) Wilber Das Wahre.. (ausführlich im letzten Kapitel)

109) Klein S. 62

110) Nisargadatta S. 85

111) Nisargadatta S. 146

112) Klein S. 82

113) Poonja: <u>Der Gesang</u>.. S. 42

114) Wolfgang Walter, Webseite zen-walter.de

Dank an:

Adam Scharl
Gertraud Butzke-Bogner
Werner Völkl
Hans-Christian Huf
Kurt Brenner
Gert Heidenreich

und Alexander Kölbing, für dessen engagiertes Lektorat

sowie Herbert Lenz, ohne den es dieses Buch nicht geben würde

und natürlich an Zen-Meister Wolfgang Walter, der mich durch
sein Interesse an Quantenphysik und Hirnforschung motiviert
hat, diese Themen weiter zu verfolgen.

Unsterblich

Gibt es eine Seele, dann liegen ein Jenseits – wie immer es aussehen mag – und die Unsterblichkeit nahe. Ist ein materialistisches Weltbild der Maßstab aller Dinge – tja, dann ist der Tod wohl das Ende. Aus und vorbei!

Ein Königsweg öffnet sich mit der Annahme, dass Geist, Seele oder Bewusstsein schon vor dem Körper, also der Materie, gegeben war. Angenommen – und es sprechen einige gute Gründe dafür – dass dieser gar nicht so neue Blickwinkel zutrifft, dann lockt eine jenseitige Welt der Möglichkeiten. Gehirn- und Bewusstseinsforschung, Sterbebegleitung und Nahtoderlebnisse, die Welt der Quanten sowie fernöstliche Lehren geben immer mehr und bessere Antworten auf die alte Frage der Menschheit: **Gibt es ein Leben nach dem Tod?**

Nein, auch dieses Buch kann nichts beweisen. Aber es informiert, inspiriert und macht sehr, sehr nachdenklich.

ISBN: 978-3-8312-0425-0
€ 24,95
400 Seiten

Über den Kopf hinaus

Überlegen, abwägen, schluss-
folgern – diese geistigen Leistungen
sind wie selbstverständlich mit unserem Dasein verknüpft. Dabei gehört
das Denkvermögen zum Rätselhaf-
testen überhaupt. Was ist das
Wesen unserer Gedanken, unserer
Erinnerung, unseres Bewusstseins?

Werner Huemer suchte für dieses
Buch nach Antworten. Er sprach
mit Gehirnforschern, Philosophen,
Technikern und Sterbeforschern,
begleitete Experimente und fand
eindrucksvolle Belege und Theorien
dafür, dass der Geist über den Kopf
hinaus wirken kann. Das bisher so
erfolgreiche materialistische Weltbild steht vor ungeahnten Heraus-
forderungen.

ISBN: 978-3-8312-0398-7

€ 19,95

335 Seiten

rosenrot

Bis heute entziehen sich Farben einer naturwissenschaftlichen Erklärung. Es gibt viele Ansätze, aber keiner stellt zufrieden. Dabei sind sie, die Farben, doch überall. Wir leben in einer bunten Welt. Vom Rot der Rose über das Tiefblau des Meeres bis hin zum lodernden Sonnenuntergang erleben wir Tag für Tag ein Feuerwerk für die Augen.

Wie entsteht das alles? Wer ist der Künstler dieses Rausches an Tönen, Schattierungen und Kontrasten? Ist es überhaupt die Welt, die bunt ist? Oder gaukelt das Gehirn uns das nur vor? Warum sollte es das tun? Wir wollen versuchen, Licht in die Angelegenheit zu bringen.

CHRISTIAN ZIPPEL

rosenrot
oder die Illusion der Wirklichkeit

ISBN: 978-3-8312-0395-6

€ 19,95

212 Seiten

Gott und die anderen Großen

Warum wird Gott wieder interessant, wenn das Weltall und seine Bausteine vermessen sind und die Wissenschaft sich auszukennen meint? Wird der wissenschaftliche Mensch zuletzt religiös, wie Max Planck meint, wenn er das Erlebnis der Erkenntnis hat und sich zu seinen Gefühlen bekennt?

Wer erkundet, welches Bild sich die großen Forscher auf der Erde von dem großen Gott im Himmel gemacht haben, kann sein Wissen vermehren und seinen Glauben überprüfen. Er wird auch staunen, wie variabel über Gott gedacht werden kann, dem man auf der einen Seite zutraut, den Ablauf der Dinge durch ein Würfelspiel zu bestimmen, und zwar so, dass man die Würfel nicht mehr finden kann, und dem man auf der anderen Seite für die zentrale Ordnung verantwortlich macht, die Forscher erfahren und erleben und die sich gegen jeden Kleinmut durchsetzt und Menschen Mut macht.

ISBN: 978-3-8312-0393-2

€ 19,95

176 Seiten

Unsere 6 dimensionale Welt

Neueste Forschungsergebnisse beweisen: Geist wirkt auf Materie ein. In einem neuen Weltbild können quantitative und qualitative Aspekte gleichermaßen beschrieben werden. Damit erscheinen Berichte über Alchemie, Magie und Mystik in einem neuen Licht. Die Wissenschaft sieht sich mit einem physikalischen Weltmodell konfrontiert, in dem übernatürliche Phänomene eine natürliche Erklärung finden.

Magie als Wissenschaft des Bewusstseins ist eine Definition, die sich aus Untersuchungen von Bewusstseinsvorgängen in einer sechsdimensionalen Theorie ergibt. Mit der Erkenntnis, dass die 5. und 6. Dimensionen die organisierende und die teleologische Weltausrichtung beschreiben, ist die Möglichkeit gegeben, dass Ideen-Komplexe bei ihrer Wechselwirkung mit Materie Wahrscheinlichkeitszustände ändern und damit paranormale Reaktionen auslösen können, sofern sie aus (metaphorisch) hohen Stufen der 5. und 6. Dimensionen kommen. In diesem Kontext erscheinen Vorstellung und Wille, als Eigenschaften dieser Trans-Strukturen, die mit Quantenphänomenen allein nicht zu beschreiben sind.

Illobrand von Ludwiger

UNSERE 6 DIMENSIONALE WELT

Wissenschaftsverständnis von Magie, Mystik & Alchemie

ISBN: 978-3-8312-0390-1

€ 24,95

384 Seiten

Unsterblich in der 6 dimensionalen Welt

Heim vollendet Einsteins Ansätze zu einer einheitlichen Feldtheorie. Er geometrisiert nicht nur das Gravitationsfeld, sondern sämtliche physikalischen Felder. In Heims Theorie lassen sich alle Elementarteilchen als dynamische, quantisierte geometrische Strukturen angeben. Die Massen der Elementarteilchen werden sehr genau wiedergegeben, was bisher weder die String, noch die Loop-Quanten-Theorie können!

Ein Urknall findet im kosmologischen Modell Heims nicht statt. Der Kosmos entwickelte sich nach Heim sehr, sehr lange nur als ein leerer Raum – als reine quantisierte Geometrie. Durch die Einführung einer aspektbezogenen Logik gelingt in Heims 6-dimensionalem Weltbild die einheitliche Beschreibung physikalischer, biologischer und psychischer Prozesse und somit die Lösung des Leib-Seele Problems.

Das Buch will auf die Bedeutung, die das neue moderne Weltbild für jeden Einzelnen von uns hat, aufmerksam machen. Es zeichnet ein hoffungsvolleres und sinnvolleres Bild des Daseins als es nur die Raumzeit vermag.

Illobrand von Ludwiger

UNSTERBLICH IN DER 6 DIMENSIONALEN WELT

DAS NEUE WELTBILD DES PHYSIKERS BURKHARD HEIM

ISBN: 978-3-8312-0394-9

€ 24,95

208 Seiten

Reden über Gott und die Welt

Es geht um nichts weniger als die ersten und letzten Dinge im Universum und im Leben eines Menschen.

In 22 Themenkreisen tauscht sich Harald Lesch – bekennender Naturwissenschaftler, Philosoph und protestantischer Christ – mit seinem Freund Thomas Schwartz aus. Der ist katholischer Pfarrer und Professor für Theologie und Angewandte Ethik. Der Leser ist herzlich eingeladen, in diesem Bunde der Dritte zu sein.

ISBN: 978-3-8312-0396-3
€ 29,95
390 Seiten

EXIT – Ende gut alles gut

Auf der einen Seite ist das Staunen über das Sein, über diese Welt, auf der anderen Seite das Wissen, dass der Mensch diese Welt wieder verlassen muss. In diesem Spannungs-feld stellt sich eine der grundlegenden Fragen jedes einzelnen Menschen: „Wie soll man leben?"

Das Leben soll frei und selbstbestimmt sein. Teil des Lebens sind auch das Altern und der Tod. Ist ein selbstbestimmtes Lebensende die letzte Herausforderung?

Darf sich der Einzelne selbst töten, wenn er seines Lebens überdrüssig ist? In einer zuneh-mend funktionalen, konformistischen und alternden Gesellschaft, ist die Selbsttötung ein Phänomen, das mehr und mehr Men-schen persönlich betrifft.

Was sagen dazu die großen Religionen? Wie ändert sich die Haltung der Gesellschaft zur Selbsttötung im Spiegel der Zeitgeschichte? Kontrovers sind die Antworten der Philoso-phen auf die vielleicht größte Frage des Lebens. Welche Bedeutung hatte und hat die Selbsttötung in anderen Kulturkreisen? Welchen Anspruch dürfen Staat, Kirche und Medizin auf den Einzelnen, der sich töten will, erheben? Welche Verantwortung haben wir Menschen gegenüber denen, die sich selbst töten wollen? Warum wollen Menschen überhaupt ihr Leben vorzeitig beenden? Und warum ist das Leben eine Alternative?

Dieses Buch fasst zusammen und gibt einen Überblick. Es ist Basiswerk für eine informierte und verantwortliche Meinungsbildung.

Klaus Kamphausen

EXIT

Ende gut
Alles gut

Das Lebensende als letzte Herausforderung

ISBN: 978-3-8312-0392-5
€ 14,95
290 Seiten

Die Geheimnisse des Großen und des Kleinen,
des Makro- und des Mikrokosmos finden sich
in über 1.500 Büchern, Hörbüchern und
DVD-Film-Dokumentationen des Münchner
Verlags Komplett-Media.

Kostenlose Kataloge liegen bereit.
(Tel. 089/ 69 86 99 94 350)

Einen schnellen Überblick gibt auch das Internet:

www.der-wissens-verlag.de